„Ich habe Sie leider nicht verstanden.“

Sprache in Kommunikation und Medien

Band 8

Herausgegeben von / Edited by
Ulla Kleinberger, Martin Luginbühl & Franc Wagner

PETER LANG
Bern · Berlin · Bruxelles · Frankfurt am Main · New York · Oxford · Wien

Evelyn Thar

„Ich habe Sie leider nicht verstanden.“

Linguistische Optimierungsprinzipien für die mündliche Mensch-Maschine-Interaktion

PETER LANG
Bern · Berlin · Bruxelles · Frankfurt am Main · New York · Oxford · Wien

Bibliografische Information Der Deutschen Nationalbibliothek
Die Deutsche Nationalbibliothek verzeichnet diese Publikation in der Deutschen Nationalbibliografie; detaillierte bibliografische Daten sind im Internet über ‹http://dnb.d-nb.de› abrufbar.

Die vorliegende Arbeit wurde von der Philosophischen Fakultät der Universität Zürich im Frühjahrssemester 2013 auf Antrag von Frau Prof. Dr. Ulla Kleinberger und Herrn Prof. Dr. Heiko Hausendorf als Dissertation angenommen.

ISBN 978-3-0343-1682-8 br.
ISSN 1662-1840 br.
ISBN 978-3-0351-0834-7 eBook
ISSN 2235-7483 eBook

Diese Publikation wurde begutachtet.

Hochfeldstrasse 32, CH-3012 Bern, Schweiz
info@peterlang.com, www.peterlang.com

Inhalt

II Theorie

III Empirie

Abbildungsverzeichnis

1. Einleitung

1.1 Ausgangslage

Wie sprechen Menschen mit einem Computer oder einer Maschine? Wie sprechen wir den Computer an? Welche Gesprächsstrategien werden angewendet und worauf stützen sich diese ab? Was passiert, wenn der Computer uns nicht versteht?

Diesen Fragen möchte die vorliegende Arbeit aufgrund der Untersuchung von aktuellen, kommerziell eingesetzten, sprachgesteuerten Dialogsystemen nachgehen.

Sprachgesteuerte Dialogsysteme bilden eine Benutzerschnittstelle zwischen Mensch und Maschine, deren Zugang über die natürliche Sprache erfolgt. Grundsätzlich kann die Interaktion zwischen Mensch und Maschine über verschiedene Benutzerschnittstellen stattfinden. Von der Chat-Kommunikation bis zur Robotersteuerung, um nur zwei Beispiele zu nennen, existieren sowohl schriftliche wie auch gesprochene Kommunikationsformen. Eine Benutzerschnittstelle, die gesprochene Benutzereingaben zulässt, kann wiederum sehr unterschiedlich gestaltet sein: Das Spektrum der möglichen Eingabeformen erstreckt sich von Einzelwort-Kommandos bis zu natürlichsprachlichen Eingaben von ganzen Sätzen. Demgegenüber kann eine schriftliche Benutzerschnittstelle durch einen Touchscreen oder Tastatureingaben gestaltet sein oder – wie in der Chat-Kommunikation – frei formulierte Eingaben zulassen.

Sprachgesteuerte Benutzerschnittstellen wurden bis anhin vor allem im beruflichen Umfeld eingesetzt, wie beispielsweise in der Medizin als Diktier- und Steuerungsgeräte während Operationen. Durch die verbesserte Spracherkennung ist die Sprachsteuerung unterdessen auch im privaten Bereich verbreitet. Wir sind es gewohnt, mit dem Navigationsgerät im Auto zu sprechen oder nutzen die Sprachsteuerung des Mobiltelefons. Gerade die Sprachsteuerung des Mobiltelefons erfreut sich immer grösserer Beliebtheit, wie eine Studie zu *Voice Search* von Google[1] zeigt.

1 http://googleblog.blogspot.de/2014/10/omg-mobile-voice-survey-reveals-teens.html, zitiert am 28.11.2014.

Gemäss der Studie nutzen gerade Jugendliche vermehrt die Möglichkeit der Sprachsteuerung.

Die natürlichsprachlichen Dialogsysteme, die als Untersuchungsgegenstand für diese Arbeit dienten, stellen eine gesprochene Benutzerschnittstelle dar, die über einen telefonischen Zugang hergestellt wird. Diese Art von telefonbasierten Dialogsystemen wird zur Unterstützung des Telefonkanals in der Kundenkommunikation eingesetzt und ist unterdessen weit verbreitet. Kunden sind es heutzutage gewohnt, ein automatisches System anzutreffen, wenn sie den Kundenservice eines Dienstleistungsunternehmens anrufen. Diese Telefonsysteme können einen sehr kurzen Dialog umfassen, bei dem nur die gewünschte Sprache gewählt wird oder der Anrufer sein Anliegen einer der angebotenen Menüoptionen zuordnen muss, bevor der Anruf in ein Call-Center weitergeleitet wird. Die automatisierte Interaktion kann sich jedoch auch über mehrere Minuten hinziehen, falls es sich um ein Transaktionssystem wie eine Fahrplanauskunft oder ein Banktransaktionssystem handelt.

Zudem kann der Eingabemodus variieren: Bei einem tastaturgesteuerten System wird die Wahl der gewünschten Option über das Drücken einer Taste auf der Telefontastatur ausgelöst. Die sprachgesteuerten Systeme hingegen, die in dieser Arbeit untersucht werden, reagieren auf sprachliche Äusserungen der Benutzer,[2] der Anrufer *spricht* also mit dem automatischen Dialogsystem.[3]

Ob wir per Telefon, im Auto oder direkt mit unserem Mobiltelefon sprechen, spielt für das Ziel dieser Arbeit letztlich eine untergeordnete Rolle. Der Fokus der Arbeit liegt darauf, mittels empirischer Untersuchung zu analysieren, wie wir mit einem Computer sprechen, und daraus Optimierungsprinzipien für ein verbessertes Systemdesign abzuleiten.

2 Im Sinne der Lesefreundlichkeit wird in dieser Arbeit bei Personenbezeichnungen, sofern sie als sprachliche Instanzen und konventionalisierte Kategorien auftreten, das generische Maskulinum verwendet (Benutzer, Anrufer usw.). Bei allen anderen Personenbezeichnungen werden entweder Paarformen, bei denen sowohl die weibliche als auch die männliche Form genannt wird, oder geschlechtsabstrakte Begriffe verwendet (Testperson).

3 Als natürlichsprachlich gelten tastatur- und sprachgesteuerte Systeme, da sich natürlichsprachlich auf die Systemausgabe bezieht, die in natürlicher Sprache erfolgt. Bei den untersuchten Dialogsystemen wird die Eingabe über die Sprache ausgeführt, sie wird jedoch bei den meisten Systemen durch eine tastaturgesteuerte Eingabemöglichkeit ergänzt (vor allem für die Nummerneingabe).

1.2 Zielsetzung

Die Analyse des Korpus soll neben den Antworten auf die anfangs gestellten Fragen auch die Grundlage für weiterführende Überlegungen liefern. Neben der Darstellung der linguistischen Probleme und des Konversationsverhaltens der Nutzer sollen Empfehlungen für eine optimierte Dialogstrategie ausgearbeitet werden, welche einerseits die linguistische Theorie berücksichtigt und andererseits die Analysen aus der Benutzeruntersuchung einbezieht. Diese optimierte Dialogstrategie soll Vermeidungs- und Lösungsstrategien auf der Systemseite beinhalten, wobei diese nicht auf der Ebene der Spracherkennung und -synthese ansetzen. Es handelt sich dabei vielmehr um gesprächsanalytische Lösungsansätze, die auf Dialogebene einfliessen, zu einem optimierten Systemdesign führen und somit eine intuitivere Interaktion mit dem Dialogsystem ermöglichen. Die Empfehlungen für eine optimierte Dialogstrategie werden in acht Optimierungsprinzipien zusammengefasst, die als konkrete Anleitungen für die Gestaltung von sprachgesteuerten Dialogsystemen zu verstehen sind.

Das Ziel der Arbeit liegt darin, aufzuzeigen, wie mit der heute vorhandenen Technologie benutzerfreundliche und effiziente Dialogsysteme erstellt werden können, wenn linguistische Theorien, insbesondere gesprächsanalytische Ansätze und die grundlegenden Verhaltensmuster aus dem untersuchten Benutzerverhalten, berücksichtigt werden.

1.3 Aufbau der Arbeit

Die Arbeit besteht aus drei Teilen: Im ersten Teil werden die Grundlagen besprochen. Die methodische Vorgehensweise wird vorgestellt, was sowohl die gesprächsanalytische Methode als auch die Eckdaten der empirischen Untersuchung und der Korpuserstellung umfasst. In diesem Teil wird zudem der eigentliche Untersuchungsgegenstand beschrieben, indem ein Überblick über natürlichsprachliche Dialogsysteme gegeben wird, der den Aufbau, die technische Konzeption und verschiedene weitere Aspekte wie das *Voice User Interface Design* einschliesst.

Der zweite Teil der vorliegenden Arbeit beschäftigt sich mit theoretischen Ansätzen. Das telefonbasierte Dialogsystem wird nicht nur unter dem Gesichtspunkt der Mensch-Maschine-Interaktion untersucht – auch die telefonische Kommunikationssituation fliesst in die theoretischen Überlegungen mit ein.

Aufgrund des maschinellen Gesprächspartners sind Untersuchungen aus dem Feld der Mensch-Maschine-Interaktion von Interesse. Dabei wird eine linguistische Dialoganalyse vorgenommen, Grundsätze aus der Mensch-Maschine-Interaktion werden vorgestellt und weitere relevante Gebiete wie die Benutzerfreundlichkeit (Usability) werden diskutiert. Die Kommunikationskompetenz, die sich Anrufer aufgrund des Mediengesprächstyps Telefon angeeignet haben, wird ebenfalls in diesem Teil beschrieben. Die doppelte Kommunikationstechnologie, die sich durch das Medium Telefon und den maschinellen Gesprächspartner ergibt, wird in Bezug auf ihre Auswirkungen sowie auf die dadurch auftretenden Anforderungen für die Gesprächsteilnehmer untersucht.

Im dritten Teil schliesslich geht es um die Empirie. Die in der empirischen Untersuchung aufgetretenen Phänomene werden unter verschiedenen Gesichtspunkten analysiert. In Kapitel sechs werden die Phänomene aus Sicht der Benutzer präsentiert. Kapitel sieben konzentriert sich auf die Untersuchung der Interaktionsphänomene und umfasst nicht nur Interaktionsschwierigkeiten und Reparaturen, sondern auch gesprächsanalytische Untersuchungsgegenstände wie Sprecherwechsel oder Rezipientensignale.

Die Arbeit soll jedoch nicht mit der Analyse der aufgetretenen Phänomene enden. Ziel ist es, einen Schritt weiter zu gehen und die Ergebnisse der Analyse in die Gestaltung von optimierten Dialogsystemen einfliessen zu lassen. Aufgrund der Analyse der aufgetretenen Kommunikationsprobleme und des theoretischen linguistischen Wissens soll eine Anleitung für eine systemseitige Dialogstrategie erstellt werden, die zu einer erfolgreich(er)en Interaktion mit einem automatischen Dialogsystem führt.

I Grundlagen

2. Methodische Vorgehensweise

2.1 Überblick

Dieses Kapitel widmet sich den theoretischen Grundlagen und der methodischen Vorgehensweise. In einem ersten Schritt wird die Gesprächsanalyse als Methode vorgestellt, danach werden das Vorgehen der Datensammlung und die Parameter der empirischen Untersuchung beschrieben.

Untersucht werden die Gespräche mithilfe der Gesprächsanalyse. Gesprächsanalyse wird in der vorliegenden Arbeit im Sinne der *Ethnomethodologischen Konversationsanalyse* verwendet, die auf die amerikanische *conversational analysis* zurückgeht.[1] Brinker und Sager formulieren den Fokus der *conversational analysis* folgendermassen:

> Im Vordergrund des Forschungsinteresses der ‚conversational analysis' stehen allerdings nicht die sprachlichen Einheiten und Strukturen, sondern es geht primär um den Versuch einer Rekonstruktion der in Gesprächen ablaufenden Prozesse der Bedeutungszuschreibung und Interpretation sowie der für solche Vorgänge grundlegenden Interaktions-bedingungen. (Brinker/Sager 2010: 16f.)[2]

Die gesprächsanalytische Untersuchung soll Aufschluss darüber geben, wie mit natürlichsprachlichen Dialogsystemen im Alltag umgegangen wird und welche Faktoren das Gespräch mit dem maschinellen Gesprächspartner erfolgreich verlaufen oder scheitern lassen.

Um mit dem maschinellen Gesprächspartner zu interagieren, greifen die menschlichen Kommunikationsteilnehmer auf eine bereits vorhandene Gesprächskompetenz zurück oder erarbeiten sich ein neues Regelwerk für die Interaktion mit diesem. Ob diese Regeln neu erlernt werden müssen

1 Siehe dazu Kallmeyer/Schütze 1976, Kallmeyer 1981, Bergmann 1981, Kallmeyer 1988, Bergmann 1994 und 2001.

2 Auf eine ausführliche Diskussion des Begriffes „Gesprächsanalyse" wird in dieser Arbeit verzichtet, einen guten Überblick der im deutschsprachigen Raum verwendeten Begrifflichkeiten und ihrer Historie bietet Kroll (2009).

und – sofern auf bestehende Regeln zurückgegriffen wird – woher diese Regeln stammen, wird mithilfe der gesprächsanalytischen Untersuchung aufgezeigt.

Die Untersuchung basiert auf Gesprächsaufnahmen mit kommerziell eingesetzten Dialogsystemen. Dabei wurde darauf geachtet, dass sowohl die Auswahl der Dialogsysteme als auch die Auswahl der Testpersonen möglichst vielfältig ausfällt. Die Dialogsysteme stammen deshalb aus verschiedenen Branchen und weisen unterschiedliche Dialogstrukturen auf.

Die Testpersonen sind zwischen 20 und 66 Jahre alt, je zur Hälfte männlichen und weiblichen Geschlechts und unterscheiden sich im Bildungsstand sowie bezüglich der technischen Vorkenntnisse.

2.2 Gesprächsanalyse als Methode

Die Interaktion mit den natürlichsprachlichen Dialogsystemen wird mithilfe der Gesprächsanalyse untersucht. Was mit Gesprächsanalyse gemeint ist und wieso gerade sie sich als Untersuchungsmethode eignet, sei mit folgendem Zitat erklärt:

> Wofür interessiert sich die Gesprächsanalyse? Sie will wissen, wie Menschen Gespräche führen. Sie untersucht, nach welchen Prinzipien und mit welchen sprachlichen und anderen kommunikativen Ressourcen Menschen ihren Austausch gestalten und dabei die Wirklichkeit, in der sie leben, herstellen. Diese Gesprächswirklichkeit wird von den Gesprächsteilnehmern konstituiert, d. h., sie benutzen systematische und meist routinierte Gesprächspraktiken, mit denen sie im Gespräch Sinn herstellen und seinen Verlauf organisieren. (Deppermann 2008: 9)

Damit ist auch das Ziel dieser Arbeit beschrieben: zu analysieren, wie Menschen am Telefon mit einem Computer sprechen. Wird der Computer als Gesprächspartner akzeptiert? Wie wird das maschinelle Gegenüber angesprochen? Werden eher telefonische Gesprächsstrategien oder solche der Mensch-Maschine-Interaktion eingesetzt? Wer übernimmt die Gesprächsorganisation? Verhalten sich die Benutzer kooperativ? Was passiert, wenn der Computer einen nicht versteht? Welche Strategien wenden die Benutzer an, wenn die Maschine nicht wie gewünscht reagiert?

Um diese Fragen zu beantworten, wird eine qualitative empirische Untersuchung mit interpretativem Charakter durchgeführt, mit dem Ziel, die zugrunde liegenden Strukturen zu ermitteln. Diese zugrunde liegenden Strukturen gilt es herauszuschälen und zu versuchen, Muster zu erkennen. Für diese Muster wiederum soll nach Erklärungen gesucht werden. Dieses Vorgehen entspricht eher der Interaktionalen Linguistik:

> Im Unterschied zu vielen anderen linguistischen Ansätzen, die Sprachstrukturen aus anderen Perspektiven beschreiben, hebt die Interaktionale Linguistik hervor, wie Interaktionspartner in Gesprächen linguistische Strukturen lokal den Zwecken und Erfordernissen der Interaktion angepasst anwenden und nutzen, ggf. ausnutzen, und sie in diesem Sinne lokal und in situ immer wieder neu erzeugen. (Selting 2007: 335)[3]

Das Vorgehen der Gesprächsanalyse funktioniert grundsätzlich als *bottom-up*-Ansatz, der sich bei der Untersuchung der Mensch-Maschine-Interaktion anbietet: Im Umgang mit einem Dialogsystem gibt es vordergründig keinen vorgegebenen Regelsatz, keine allgemeingültigen Vorstellungen darüber, wie die Interaktion mit dem maschinellen Gesprächspartner gestaltet werden soll. Die Methode sieht deshalb vor, das Gesprächsverhalten durch Beobachtungen „draussen im Feld“ zu ergründen. Gesprächsanalyse als *Ethnomethodologische Konversationsanalyse*[4] trägt dieses Vorgehen bereits im Namen: „ethno“ steht dabei für die geltenden Regeln innerhalb einer Interaktionsgemeinschaft. Die fehlende Kenntnis dieser Regeln zwingt den Beobachter in die Rolle eines Ethnologen und dazu, die unbekannte Gesprächssituation als etwas Fremdes wahrzunehmen, dessen Sinn und Funktionieren sich erst durch die Beobachtung erschliesst (Zielke 2007: 78).

Die Wahl der Konversationsanalyse als Untersuchungsmethode ist auch dadurch begründet, dass deren Forschungsergebnisse zu Sprecherwechsel, Reparatur, Sequenzialität sowie Gesprächsbeginn und -ende als zu untersuchende Kategorien für die Mensch-Maschinen-Interaktion aufgegriffen werden (siehe Kapitel 7).

Zu Beginn muss jedoch die Frage geklärt werden, ob bei der Mensch-Maschine-Interaktion überhaupt von einer Interaktion gesprochen werden kann.

3 Siehe auch Selting/Couper-Kuhlen 2000.

4 Gesprächsanalyse und Konversationsanalyse werden im Deutschen oft synonym verwendet (siehe Deppermann 2008: 10 und Imo 2013: 72). Zur genauen Abgrenzung von Gesprächs- und Konversationsanalyse sei auf Deppermann (2008) verwiesen. Einen guten Überblick zur Gegenüberstellung von Konversations- und Diskursanalyse bietet Levinson (2000: 311).

Hoeppner äussert seine Bedenken, indem er bewusst den Begriff „Interaktion“ als Abgrenzung zur „Kommunikation“ für den Mensch-Maschine-Dialog einsetzt:

> Der Begriff „Interaktion“ wird hier [im Mensch-Maschine-Dialog, Anmerk. E. T.] absichtsvoll verwendet, und zwar als Kontrast zu „Kommunikation“ Wenn auch häufig von Mensch-Maschine-Kommunikation gesprochen wird, so ist es doch fraglich, ob sich der Begriff der Kommunikation, so wie er für zwischenmenschliche Handlungen gebraucht wird, auch auf den Umgang zwischen Mensch und Maschine anwenden lässt. (Hoeppner 2001: 1607)

Pfänder/Wagner lassen jedoch auch den Begriff „Interaktion“ für den Mensch-Maschine-Dialog nicht gelten:

> Ein Computer-Interface [erlaubt, Anmerk. E. T.] keine Interaktion im sozialen Sinne: Gemeinsames Aushandeln und Monitoring (im Sinne einer gegenseitigen Vergewisserung, Objekte und Handlungen identisch zu bezeichnen und zu bewerten) finden nicht statt. (Pfänder/Wagner 2009: 92)

Pfänder/Wagner sprechen von „Interaktion im sozialen Sinne“, Hoeppner sieht die für zwischenmenschliche Handlungen eingesetzte Kommunikation bei der Mensch-Maschine-Interaktion nicht gegeben. Die beiden Zitate lassen den Schluss zu, dass der Begriff „Interaktion“ unterschiedlich angewendet wird. An dieser Stelle soll keiner der beiden Definitionen der Vorzug gegeben werden. Der Fokus soll darauf liegen, wie die Konversationsanalyse ihren Untersuchungsgegenstand definiert.

Nach Hutchby/Wooffitt beschäftigt sich die Konversationsanalyse mit *„the systematic analysis of the talk produced in everyday situations of human interaction: talk-in-interaction“* (Hutchby/Wooffitt 2008: 11). Ausführlicher beschreiben sie den Untersuchungsgegenstand mit:

> The objective of CA ist o uncover the often tacit reasoning procedures and sociolinguistic competencies undelying the production and interpretation of talk in organized sequences of interaction. (Hutchby/Wooffitt 2008: 12)

Diesen *„talk-in-interaction“* fasst Imo folgendermassen zusammen:

> Es geht also [in der Konversationsanalyse, Anmerk. E. T.] [...] um die Analyse von über Sprache vermittelten kooperativen, intersubjektiv erzeugten Handlungen, die in ihrer Prozesshaftigkeit untersucht werden sollen. (Imo 2013: 53)

Auch für die untersuchten Mensch-Maschine-Dialoge gilt, dass sie über Sprache vermittelt und in ihrer Prozesshaftigkeit untersucht werden können. Die beiden Kriterien „kooperativ" und „intersubjektiv" bedürfen jedoch einer genaueren Betrachtung. Denn der Aspekt des Kooperativen, den Pfänder/Wagner mit dem „gemeinsamen Aushandeln" umschrieben haben, stellt für die maschinellen Dialoge ein Problem dar. Das gemeinsame Aushandeln ist in der Mensch-Maschine-Interaktion je nach Blickwinkel nicht möglich oder zumindest stark eingeschränkt. Möglich ist ein kooperatives Aushandeln in bescheidenem Ausmasse durch die Kontextgebundenheit der Interaktionen. Diese erlaubt es der Maschine, sich im Idealfall an ein kooperatives Gespräch anzunähern und ein solches durch das Zusammenspiel von maschineller Spracherkennung und Kontextwissen zu simulieren.

Das zweite problematische Kriterium für die Mensch-Maschine-Interaktion stellt die geforderte Intersubjektivität dar. Denn die bei der Interaktion zwischen menschlichen Kommunikationspartnern gegebene „*Generalthese der wechselseitigen Perspektiven*", wie es Schütz/Luckmann ausdrücken (2003: 99), lässt sich bei der Mensch-Maschine-Interaktion nur bedingt umsetzen. Menschliche Gesprächspartner erstellen Hypothesen, um ihr Gegenüber einzuschätzen, und können Intersubjektivität herstellen, indem sie davon ausgehen, dass ihr Gegenüber über ein ähnliches Bewusstsein verfügt. Die Möglichkeit des Perspektivenwechsels besteht gemäss Schütz und Luckmann aus der „*Vertauschbarkeit der Standorte*" (ebd.) und der „*Kongruenz der Relevanzsysteme*" (ebd.).

> Erstens die Idealisierungen der Vertauschbarkeit der Standorte. Wäre ich dort, wo er jetzt ist, würde ich die Dinge in gleicher Perspektive, Distanz, Reichweite erfahren wie er; und wäre er hier, wo ich jetzt bin, würde er die Dinge in gleicher Perspektive erfahren wie ich. Zweitens die Idealisierung der Kongruenz der Relevanzsysteme. Ich und er lernen es als gegeben hinzunehmen, dass Unterschiede der Auffassung und Auslegung, die sich aus der Verschiedenheit meiner und seiner biographischen Situation ergeben, für seine und meine, für unsere gegenwärtigen praktischen Zwecke irrelevant sind. (Schütz/Luckmann 2003: 99)

Auch der Perspektivenwechsel ist bei der Interaktion mit der Maschine demnach nicht oder nur bedingt möglich. Dieser Umstand wird sich auch mit dem Fortschritt des maschinellen Verstehens nicht verbessern. Beim Dialog mit der Maschine wird deren Subjekt auch dann nicht klar fassbar sein.

An dieser Stelle kann das Konzept des *recipient designs*[5] weiterhelfen, um herauszufinden, wie der menschliche Gesprächspartner sein maschinelles Gegenüber definiert, da das konversationsanalytische *recipient design*

5 Zum Konzept des *recipient design* in der Konversationsanalyse siehe Sacks/Schegloff 1979, Schegloff 1972, Schegloff 2007 und Heritage 2007.

> a) die Abhängigkeit des Interaktionshandelns von Annahmen über den Partner, insbesondere über seine für den aktuellen Interaktionszusammenhang relevanten Wissensbestände zum Gegenstand hat,
>
> b) sich auf beobachtbare (sprachliche) Verfahren der Anpassung der Gestaltung von Turns an je spezifische, identifizierbare Sprecher in einer zentrierten Interaktion bezieht,
>
> c) die interaktive und lokale Ausrichtung, Aushandlung und Korrektur des recipient design anhand der Reaktionen des Rezipienten als konstitutiv für den Gegenstand erkennt. (Schmitt/Deppermann 2009: 82)

Zusammenfassend lässt sich sagen, dass die Mensch-Maschine-Dialoge in Bezug auf das gemeinsame Aushandeln und die Möglichkeit des Perspektivenwechsels eingeschränkt sind. Ob ein grundlegendes gemeinsames Aushandeln möglich ist, wird die Untersuchung der Gesprächsaufnahmen zeigen.

Trotz dieser Einschränkungen werden die Mensch-Maschine-Dialoge in der vorliegenden Arbeit als Interaktionen angesehen. Auch soll ungeachtet dieser Einschränkung des Interaktionsbegriffes für die Mensch-Maschine-Interaktion die Konversationsanalyse als Untersuchungsmethode genutzt werden, da sie, wie am Beispiel des *recipient design* gezeigt, ein Instrumentarium bietet, die Unzulänglichkeiten der Mensch-Maschinen-Dialoge zu untersuchen.

Da in der vorliegenden Arbeit aufgrund der gesprächsanalytischen Untersuchung konkrete Handlungsanweisungen für ein optimiertes Systemdesign erarbeitet werden, wird die Gesprächsanalyse zudem im Sinne der Angewandten Diskursforschung erweitert:

> Die Angewandte Diskursforschung wendet die Methoden der Diskurs- und Gesprächsanalyse auf solche – in der Regel beruflichen – Kommunikationsereignisse an, in denen die Beteiligten Probleme sehen oder vermuten. Das Ziel dabei ist, Probleme, die sich aus der Eigenlogik von Diskurstypen und den institutionellen Bedingungen kommunikativen Handelns ergeben, genauer zu erfassen, um so für die Ausbildung oder Beratung begründete Handlungsalternativen zu entwickeln. (Becker-Mrotzek/Meier 2002: 40)

Anstelle der Handlungsalternativen für die Ausbildung oder Beratung werden in dieser Arbeit Vorschläge zur Systemoptimierung genannt. Somit entspricht der Grund für die Verwendung der gesprächsanalytischen Methode dem Selbstverständnis der *Angewandten Diskursforschung*:

> Ziel ist es, die kommunikative Praxis durch das Aufspüren von Verständigungsschwierigkeiten und deren Problemanalyse zu verbessern. (Becker-Mrotzek/Meier 1999: 35)

Die Weiterentwicklung der Konversationsanalyse durch die Angewandte Diskursforschung wird auch benutzt, um von der strengen Empirie-Vorgabe der Konversationsanalyse abzurücken. Bei den untersuchten Gesprächen fliessen in die Analyse auch Vorwissen zum Kontext und Hintergrund der Benutzer sowie eine mögliche Auswirkung des Kontextes auf das Gesprächsverhalten ein. Zudem lässt sich die vorgenommene Benutzerkategorisierung nur mit dem Verweis auf die Angewandte Diskursforschung rechtfertigen, da sie den strikten Vorgaben der Konversationsanalyse zur Übertragung von Annahmen auf die untersuchten Gespräche nicht entspricht (vgl. Imo 2013: 88).

2.3 Empirische Untersuchung

Um das Gesprächsverhalten der Benutzer in der Interaktion mit dem Dialogsystem untersuchen zu können, wurde ein Korpus erstellt, das die Gesprächsaufnahmen von 40 Personen unterschiedlichen Geschlechts und Alters enthält. Insgesamt umfasst das Korpus über 22 Stunden Gesprächsaufnahmen.[6]

Für die Erstellung des Korpus wurden Telefongespräche mit sechs verschiedenen sprachgesteuerten Dialogsystemen aufgezeichnet. Die Telefongespräche wurden in zwei verschiedenen Untersuchungen in den Jahren 2006[7] und 2010 durchgeführt.[8]

6 Es sind insgesamt 22 Stunden 18 Minuten und 38 Sekunden an Gesprächsaufnahmen.

7 Die erste Benutzeruntersuchung wurde im Rahmen einer ersten exemplarischen Studie zu natürlichsprachlichen Dialogsystemen durchgeführt, bei der verschiedene Dialogsysteme miteinander verglichen wurden: Thar, Evelyn (2006): Wie spreche ich mit einem Computer? Eine Untersuchung des Benutzerverhaltens in natürlichsprachlichen Dialogsystemen. Lizenziatsarbeit Universität Zürich [unveröff.].

8 Die Telefongespräche wurden digital aufgezeichnet, entweder direkt durch das Telefon mithilfe der eingebauten Aufnahmefunktion oder mit einem zusätzlichen Zwischengerät. Die Anrufe auf die verschiedenen Sprachapplikationen wurden mit einem normalen Festnetztelefon getätigt, das heisst, der Hörer musste ans Ohr gehalten werden, ein Headset wurde nicht benutzt.

Die erzeugten Gesprächsaufnahmen sollen das natürliche Gesprächsverhalten[9] mit einem natürlichsprachlichen Dialogsystem aufzeigen. Die Vorgabe der Konversationsanalyse nach einer strikt empirischen Analyse wird in dieser Untersuchungsanordnung bewusst nicht eingehalten. Die Konversationsanalyse verlangt,

> [...] auf dem Weg einer strikt empirischen Analyse „natürlicher" Texte (vorrangig Transkriptionen von Tonband- und Videoaufzeichnungen „natürlicher" Interaktion) die formalen Prinzipien und Mechanismen zu bestimmen, mittels deren die Handelnden in ihrem Handeln die sinnhafte Strukturierung und Ordnung dessen, was um sie vorgeht und sie in der sozialen Interaktion mit anderen äussern und tun [...]. (Bergmann 1991: 213)

Diese Anforderung wurde nicht eingehalten, um dem Ziel der vorliegenden Arbeit gerecht zu werden. Denn um Optimierungsprinzipien erstellen zu können, ist es wichtig, dass die zu lösenden Aufgaben und Anfragen für alle Testpersonen die gleichen sind.

Obwohl das Telefonsetting durch die Aufnahme nur geringfügig verändert wurde und die Testpersonen sich während des Telefonierens jeweils alleine in einem geschlossenen Raum befanden, stellte sich das Problem des Beobachterparadoxons (Labov 1980). Da die Testpersonen zu Beginn über die Aufnahme der Gespräche informiert wurden, muss davon ausgegangen werden, dass dieses Wissen um das Mithören zumindest teilweise zu einem abweichenden und unnatürlichen Gesprächsverhalten führte. Dies äusserte sich einerseits darin, dass sich die Testpersonen aufgrund dieses Beobachtet-Fühlens geduldiger und freundlicher im Umgang mit dem Dialogsystem zeigten. Diese Auswirkung wurde in den nachträglichen Gesprächen von mehreren Testpersonen erwähnt.

Andererseits gingen einige der Testpersonen so weit, eine zweite Gesprächsebene zwischen Testperson und Untersuchungsleiter zu etablieren. Dies machte sich in Äusserungen während der Telefongespräche bemerkbar, die nicht an das Dialogsystem gerichtet waren, sondern an den Untersuchungsleiter. So wies beispielsweise eine der Testpersonen im Nachgespräch ausdrücklich darauf hin, dass das „*Tschüss*" am Ende der Gesprächsaufnahme nicht an das Dialogsystem, sondern an den Untersuchungsleiter gerichtet war.

9 Mit „Natürlichkeit" – wenn überhaupt im Zusammenhang mit Sprachportalen davon gesprochen werden kann – ist die Benutzung eines Dialogsystems aus eigenem Antrieb und mit klarem Anrufgrund gemeint.

Zudem muss ein zweiter Umstand bedacht werden, der die Natürlichkeit der Gesprächssituation einschränkt: Die Testpersonen haben vorgegebene Aufgaben gelöst, die zwar möglichst realistische Szenarien beschrieben, die geforderten Informationen wurden jedoch nicht aus eigenem Antrieb eingeholt. Wie sich in den Nachgesprächen herausstellte, kann hierzu keine klare Tendenz ausgemacht werden. Einige der Testpersonen waren der Meinung, dass sie sich mehr anstrengen würden, wenn sie die Informationen tatsächlich brauchen würden. Andere Testpersonen hingegen sahen durch die Untersuchungssituation ihren Ehrgeiz angestachelt und wollten (auch vor dem Untersuchungsleiter) ein möglichst gutes Ergebnis erzielen.

Diese Einschränkungen aufgrund der Untersuchungssituation müssen zwar bedacht werden, schmälern die Untersuchungsergebnisse aus dem beobachteten Gesprächsverhalten jedoch nicht, da davon ausgegangen werden kann, dass die relevanten Verhaltensmuster durch die Untersuchungssituation nicht beeinflusst wurden.

Die Gesprächsaufnahmen des Korpus stammen von insgesamt 40 Testpersonen und wurden in zwei Aufnahmereihen erstellt.[10] Um einen möglichen altersbedingten Unterschied im Umgang mit den Dialogsystemen festzustellen, wurden für die Testpersonen drei Altersgruppen definiert: 20 bis 30 Jahre, 30 bis 50 Jahre und 50 bis 65 Jahre.

Die Definition dieser drei Altersbereiche ergibt sich durch ihren Bezug zum Arbeitsleben. Auf diese Weise kann ein Vergleich gezogen werden zwischen Personen, die eher an den Anfang ihres Arbeitslebens zu positionieren sind, mit Personen, die mitten im Berufsleben stehen und mit solchen, die sich bereits am Ende ihres Arbeitslebens befinden.[11]

Zudem wurde bei der Auswahl der Testpersonen darauf geachtet, dass eine möglichst heterogene Gruppe zusammengestellt werden konnte. So wurde eine gleichmässige Geschlechterverteilung angestrebt, die bei der

10 Die ersten Aufnahmen fanden zwischen dem 26.10. und 24.11.2005 in Zürich statt, die zweite Aufnahmereihe wurde vom 23.1. bis 1.3.2010 ebenfalls in Zürich durchgeführt.

11 Das konkrete Alter der zehn Testpersonen lag in der ersten Altersgruppe zum Untersuchungszeitpunkt zwischen 23 und 29 Jahren, das Durchschnittsalter bei 26,2 Jahren.

Bei der zweiten Altersgruppe erstreckte sich das konkrete Altersspektrum von 31 bis 45 Jahren, das Durchschnittsalter lag bei 36,9 Jahren. Diese Altersgruppe umfasste 20 Testpersonen.

Bei der dritten Altersgruppe war die jüngste Testperson 50, die älteste 66 Jahre alt. Das Durchschnittsalter lag bei dieser Gruppe bei 57,7 Jahren und sie umfasste wie Gruppe 1 zehn Testpersonen.

ersten und dritten Altersgruppe zu jeweils sechs weiblichen und vier männlichen Testpersonen führte; bei den 30- bis 50-Jährigen sind es zehn Frauen und zehn Männer.

Auch eine Durchmischung in Bezug auf die verschiedenen Berufsfelder der Testpersonen wurde realisiert, wobei jedoch eingeräumt werden muss, dass der Bildungsstand gerade in den ersten beiden Altersgruppen relativ hoch ist. Von den zehn Personen in der ersten Gruppe haben acht eine Ausbildung an einer Fachhochschule und zwei an einer Universität abgeschlossen (oder sind im Begriff, diese abzuschliessen). In der zweiten Altersgruppe haben acht Testpersonen einen Universitätsabschluss und sieben einen Fachhochschulabschluss; vier Testpersonen haben eine abgeschlossene Berufslehre und eine Testperson hat „Anderes" angekreuzt. In der Altersgruppe der 50- bis 65-Jährigen sind es sechs Personen mit abgeschlossener Berufslehre, drei mit Fachhochschulabschluss und einmal wurde eine andere Ausbildung angegeben.

Beim Wohnort ist eine altersbedingte Unterscheidung zwischen den Altersgruppen auszumachen: In der jüngsten Altersgruppe (20- bis 30-Jährige) überwiegt als Wohnort die Stadt (8 von 10) und bei den 30- bis 50-Jährigen sind es sogar 17 von 20 Personen mit Wohnort in der Stadt.[12] Bei der ältesten Gruppe hingegen wohnen acht von zehn Testpersonen auf dem Land.

Von den 20 Testpersonen der jüngsten und ältesten Testgruppe hatte die Hälfte bereits Erfahrung mit einem computergesteuerten Sprachsystem. Bei den 20 Testpersonen der mittleren Altersgruppe wurde zwischen der Erfahrung mit einem tastatur- und sprachgesteuerten Telefonsystem unterschieden. 19 Personen hatten bereits ein tastaturgesteuertes System benutzt, aber nur sechs Personen hatten auch schon Erfahrungen mit einem sprachgesteuerten System.

Bei der zweiten Testreihe wurde zudem nach dem Verhältnis zum Computer gefragt, um eventuell Rückschlüsse auf das Gesprächsverhalten zu ziehen. Es stellte sich jedoch heraus, dass die Extrem-Option „Ich vermeide es wenn möglich, den Computer zu benutzen" von keiner der Testpersonen angekreuzt wurde; drei Testpersonen gaben aber an, den Computer nur selten zu benutzen. Der Grossteil (10 Testpersonen) wählte die mittlere Position und sah sich geübt im Umgang mit dem Computer, der vor allem für Mail- und Textverarbeitungsprogramme eingesetzt wurde. Vier Testpersonen

12 Drei Testpersonen gaben als Wohnort „Agglomeration" an.

gaben an, den Computer auch für die Musik- und Bildbearbeitung zu benutzen, und drei Testpersonen wiesen sogar eine Ausbildung im Informatik-Bereich auf.

2.4 Untersuchte Dialogsysteme

Die sechs ausgewählten Dialogsysteme sind zum Zeitpunkt der Untersuchungen kommerziell eingesetzte Systeme. Sie befinden sich nicht in der Testphase und wurden auch nicht lediglich zu Untersuchungszwecken erstellt.

Um vielfältige Gesprächsaufnahmen zu generieren, wurden möglichst unterschiedliche Systeme für die Aufnahmen ausgewählt.[13] Es handelt sich bei den Systemen um drei Auskunftssysteme – eine Verkehrsinformation, eine Kinoprogrammauskunft und ein Kundenservice-System – und zwei Transaktionssysteme, beide aus dem Bankenbereich. Das sechste System ist etwas anders strukturiert. Beim telefonischen Dating-Portal fragt nicht der Benutzer das Sprachsystem nach Informationen, sondern der Anrufer wird vom Dialogsystem befragt und um die Angabe seiner persönlichen Daten gebeten, die zur Anmeldung im Dating-Dienst notwendig sind. Diese Besonderheit und die sehr langen Dialoge machten dieses Sprachsystem für die Gesprächsaufnahmen besonders interessant.

13 Für die Auswahl der an der Untersuchung beteiligten Dialogsysteme wurde als Qualitätsmerkmal die Nominierung und Prämierung durch den Voice Award herangezogen. Der Voice Award (seit 2010 „Smart Service Award") wird seit 2004 für die beste deutschsprachige Sprachapplikation verliehen. Er soll laut den Herausgebern *„die Bekanntheit und Akzeptanz von Sprachdialogsystemen in der Öffentlichkeit und in Unternehmen steigern und die Entwicklungsarbeiten bei den Anbietern weiter vorantreiben"* (siehe: www.voice-community.de, neu: www.smarter-service.com/tag/smarter-service-award-2012/, zuletzt besucht am 10.2.2013). Im Jahr 2005 war das untersuchte Telefonbanking einer Schweizer Grossbank für das beste *Voice User Interface* nominiert, die Verkehrsinformation und die Kinoprogrammauskunft waren sogar in mehreren Kategorien nominiert, darunter auch in der Hauptkategorie *Best Practice*, in welcher im Praxistest die beste Sprachapplikation prämiert wird. Die Kinoprogrammauskunft gewann den Award in dieser Kategorie und die Verkehrsinformation wurde mit dem Award in der Kategorie *Bester Mehrwertdienst* ausgezeichnet. Das untersuchte Kundenservice-Portal gewann im Jahr 2009 sogar den Award in der Kategorie *Best User Interface*.

Auch im Dialogablauf unterscheiden sich die ausgewählten Systeme. So sind die Verkehrsinformation, der automatisierte Kundenservice und die Telefonbanking-Systeme menübasiert, die Kinoprogrammauskunft hingegen stellt offene Fragen und bildet den natürlichsprachlichen Dialog nach. Beim telefonischen Dating-Portal kann man von einem interviewähnlichen System sprechen, das der menschlichen Interaktion nachempfunden wurde.

Die Testpersonen erhielten für jedes Dialogsystem zwei Aufgaben, die es zu lösen galt. Ob sie dies in einem oder zwei Anrufen erledigen wollten, blieb ihnen überlassen. Es wurde bei der Formulierung der Aufgabenstellungen darauf geachtet, dass die Aufgaben möglichst realistisch gestaltet wurden und dass keine überdurchschnittlich knifflige und versteckte Transaktion getätigt werden musste. Das Aufgabenblatt wurde den Testpersonen vor dem Anruf schriftlich vorgelegt und dabei im Gespräch sichergestellt, dass die einzelnen Aufgaben verstanden wurden. Als Einführung und Erklärung für das jeweilige Dialogsystem war zudem – wenn möglich – ein Auszug des Pressetexts oder eine kurze Beschreibung des Systems auf dem Aufgabenblatt vermerkt.

Für die (Probe-)Anmeldung beim telefonischen Dating-Portal wurde den Testpersonen eine vom System geforderte deutsche Wohnadresse und Telefonnummer zur Verfügung gestellt. Bei den restlichen Angaben war es den Testpersonen überlassen, ob sie dabei den tatsächlichen Gegebenheiten folgen und wahrheitsgetreu antworten wollten oder nicht.

Die Gesprächsaufnahmen wurden in zwei Testreihen erstellt. Bei der ersten Testreihe wurden von den Testpersonen der jüngsten Altersgruppe die folgenden fünf Dialogsysteme angerufen: die Verkehrsinformation, zwei Telefonbanking-Systeme, die Kinoprogrammauskunft und das telefonische Dating-Portal. Die älteste Altersgruppe war ebenfalls Teil der ersten Benutzeruntersuchung. Diese Testpersonen riefen bei den gleichen Dialogsystemen an, nicht jedoch beim telefonischen Dating-Portal. Dieses wurde nur von der jüngsten Altersgruppe getestet.

In der zweiten Testreihe riefen die Testpersonen der mittleren Altersgruppe die Kinoprogrammauskunft und den automatisierten Kundenservice an.

1. Verkehrsinformation

Bei diesem Sprachdialogsystem können per Telefon Informationen zur aktuellen Verkehrssituation in der Schweiz abgerufen werden. Es stehen aktuelle

Informationen zum Schienenverkehr, zu Staus, zum Zustand auf Autobahnen, Hauptstrassen und Pässen sowie zu den Wartezeiten bei Verladestationen zur Verfügung. Dieser Informationsdienst bietet die Sprachen Deutsch, Französisch und Italienisch an.

Der zugrunde liegende Menüaufbau wurde aufgrund der Telefongespräche erstellt und sieht folgendermassen aus:

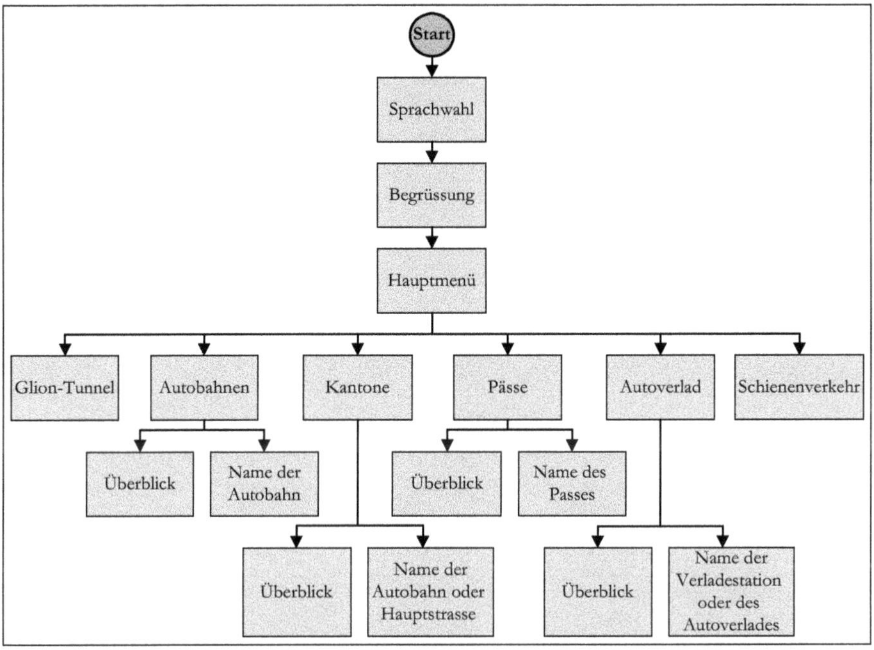

Abbildung 1: Menüstruktur Verkehrsinformation.

Nach der Sprachauswahl bietet das Hauptmenü die sechs Optionen Glion-Tunnel, Autobahnen, Kantone, Pässe, Autoverlad und Schienenverkehr an. Bei Nennung der Optionen Glion-Tunnel und Schienenverkehr gibt das System einen Überblick über aktuelle Störungen. Bei den restlichen vier Optionen muss die gewünschte Autobahn, Hauptstrasse, Verladestation oder der gewünschte Pass genannt werden, bevor das System dazu die aktuelle Situation ausgibt.

Für jedes zu testende Dialogsystem erhielten die Testpersonen ein Aufgabenblatt. Bei der Verkehrsinformation waren die folgenden Aufgaben zu lösen:

Verkehrsinformation, Telefonnummer: XXX
(0 muss immer vorgewählt werden, um eine externe Leitung herzustellen.)

Pressetext:
„Unter der Nummer XXX erhalten Sie rund um die Uhr Auskunft über die Verkehrssituation auf Autobahnen, Tunnelzufahrten und Pässen sowie über Zugverspätungen von mehr als 20 Minuten.“

Aufgabe 1
Wählen Sie die Telefonnummer XXX und finden Sie heraus, ob der Furkapass befahrbar ist. Zudem interessiert es Sie, ob es beim Autoverlad Furka längere Wartezeiten gibt und ob auf der A2 mit Staus zu rechnen ist.

Antworten:

Furkapass:		
Autoverlad Furka:	Verlad Realp:	
	Verlad Oberwald:	
A2:		

Aufgabe 2
Um 17 Uhr endet Ihr Meeting in der Stadt Zürich. Sie möchten so schnell wie möglich nach Hause in den Kanton Aargau. Sie fragen sich, wie die Verkehrslage wohl aussieht und ob Sie schneller sind, wenn Sie das Auto stehen lassen und mit dem Zug nach Hause fahren.

Antworten:

Stau	
Allfällige Zugverspätungen	
Sie entscheiden sich für:	☐ Zug ☐ Auto

Abbildung 2: Aufgabenblatt Verkehrsinformation.

Bei diesem Dialogsystem konnte auf den Pressetext zurückgegriffen werden, der eine kurze Beschreibung des Systems liefert. Bei der Gestaltung der Aufgaben wurde darauf geachtet, das Funktionsspektrum des Systems möglichst auszuschöpfen.

Auffällig bei diesem Dialogsystem ist, dass die Menüführung durch eine weibliche Stimme erfolgt, während die Informationsausgaben von einer männlichen Stimme gesprochen werden. Die Systemansagen können unterbrochen werden und durch das Nennen der gewünschten Autobahn-Nummer lässt sich die Verkehrssituation auf der Autobahn sofort abrufen.

Ein Hilfemenü wird angeboten und steht jederzeit zur Verfügung, um Auskunft darüber zu geben, wie das System bedient werden kann.

2. Telefonbanking
Beim Telefonbanking einer Schweizer Grossbank können zu Beginn drei verschiedene Optionen ausgewählt werden: eine sprachgesteuerte Navigation des Systems, die tastaturgesteuerte Navigation oder die Beratung durch einen Mitarbeiter aus dem Call-Center.

Der folgende schematische Überblick zeigt den Menüaufbau und die möglichen Menüpunkte.

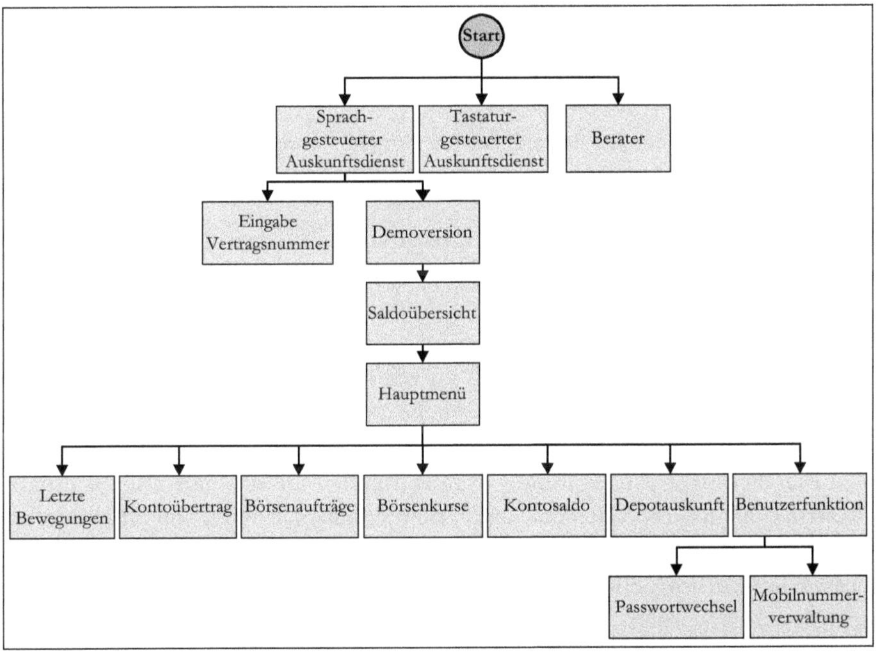

Abbildung 3: Menüstruktur Telefonbanking.

Das Hauptmenü besteht bei diesem System aus sieben Optionen, die jedoch gruppiert angeboten werden: Nach der Ansage der ersten vier Optionen macht das System eine Gesprächspause, bevor die letzten drei Optionen präsentiert werden.

Das folgende Aufgabenblatt wurde den Testpersonen vor den Telefonaten ausgehändigt.

Telefonbanking, Telefonnummer XXX
(0 muss immer vorgewählt werden, um eine externe Leitung herzustellen.)

Pressetext:
„Das e-banking via Telefon ermöglicht Ihnen rund um die Uhr, Ihre alltäglichen Bankgeschäfte bequem, einfach und kostengünstig abzuwickeln. Und zwar von zu Hause oder unterwegs, im In- und Ausland."

Aufgabe 1
Wählen Sie die Telefonnummer XXX. Von den angebotenen Möglichkeiten wählen Sie den sprachgesteuerten Auskunftsdienst. Sagen Sie „Demonstration", um das Sprachsystem im Demo-Modus benutzen zu können.
Überweisen Sie nun 1'000.- CHF von Ihrem Privatkonto mit der Endung 40T auf Ihr Kontokorrentkonto.

Aufgabe 2
Rufen Sie das e-banking nochmals an und wählen Sie wieder den Demonstrations-Modus. Unter dem Menüpunkt Benutzerfunktionen ändern Sie Ihr Passwort. Ihr neues Passwort lautet: 111111.

Abbildung 4: Aufgabenblatt Telefonbanking.

Die Testpersonen konnten bei ihren Anrufen das System in einem Demonstrationsmodus benutzen; auf diese Weise mussten keine realen Transaktionen getätigt werden. Denn im Gegensatz zu den Auskunftssystemen ist bei den Transaktionssystemen zu bedenken, dass eine Transaktion vorgenommen wird, was gerade im Bankenbereich zu erhöhten Sicherheits- und Authentifizierungsanforderungen führt. Normalerweise muss sich der Benutzer mit einer persönlichen Identifikationsnummer anmelden.

Bei diesem Telefonbanking-System handelt es sich um ein systemgesteuertes Transaktionssystem, das Benutzeräusserungen in Stichworten erkennen kann. Die Systemansagen, die von einer weiblichen, nicht synthetisierten Stimme vorgetragen werden, können durch verschiedene Stichworte unterbrochen werden.

3. Telefonbanking inklusive Kartensperrungen

Dieses Transaktionssystem eines Schweizer Geldinstituts funktioniert ähnlich wie das bereits vorgestellte Telefonbanking. Die Menüstruktur dieses Dialogsystems sieht folgendermassen aus:

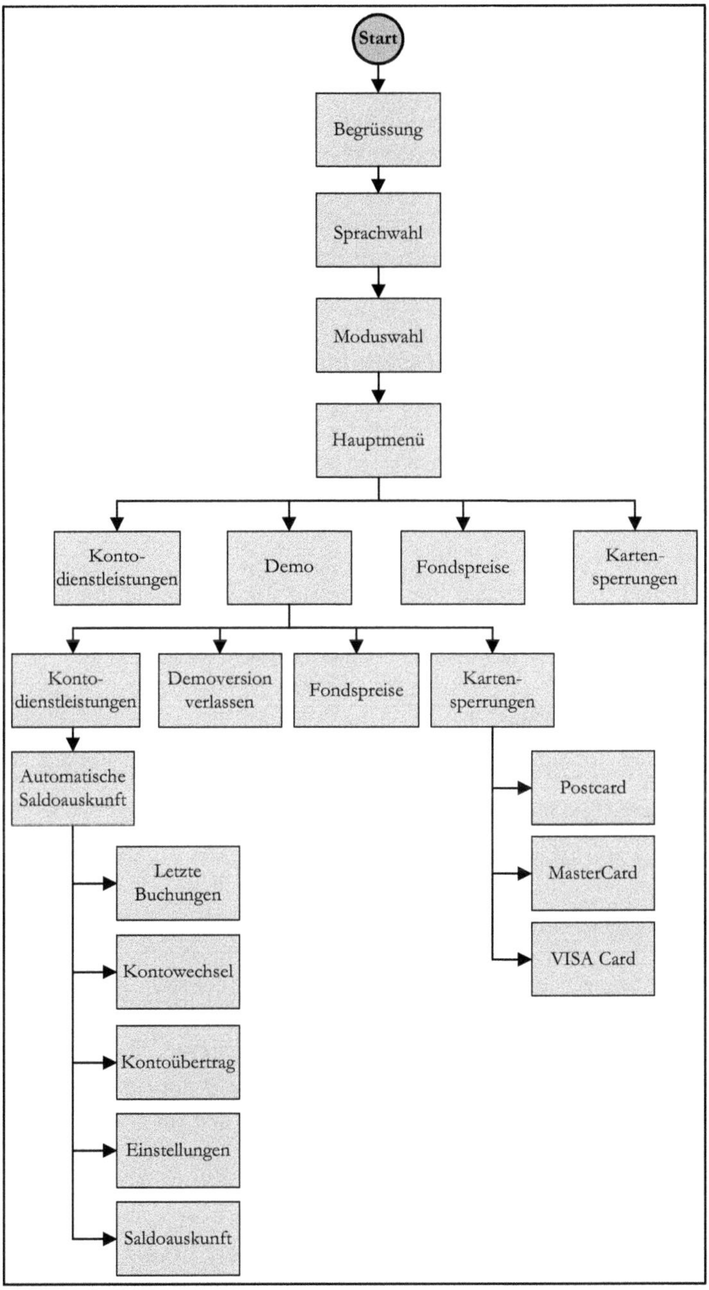

Abbildung 5: Menüstruktur Telefonbanking inklusive Kartensperrungen.

Die Optionen werden bei diesem Dialogsystem auf zwei Menüebenen angeboten. Im Vergleich zum bereits vorgestellten Telefonbanking unterscheiden sich die Transaktionsmöglichkeiten jedoch darin, dass bei diesem System auch Kartensperrungen vorgenommen, aber keine Börsenaufträge getätigt oder Börsenkurse abgerufen werden können. Grundsätzlich sind die beiden Telefonbanking-Systeme vergleichbar bezüglich Themenbereich, Funktionalität und Handhabung. Auch dieses Telefonbanking verfügt über eine systemgesteuerte Dialogführung und kann durch Stichworte unterbrochen werden.

Bei diesem Dialogsystem mussten die folgenden Aufgaben gelöst werden.

Telefonbanking inklusive Kartensperrungen, Telefonnummer XXX
(0 muss immer vorgewählt werden, um eine externe Leitung herzustellen.)

Pressetext:
„Mit dem Telefonbanking X ist es möglich, von jedem beliebigen Telefon aus Kontoinformationen abzurufen und Kartensperrungen vorzunehmen. 7 x 24 Stunden, ohne Wartezeit, von überall auf der Welt und selbstverständlich per Handy."

Aufgabe 1
Rufen Sie die Telefonnummer XXX an und drücken Sie die 2 für Sprachsteuerung. Wählen Sie die Demoversion. Lassen Sie sich nun den Saldo Ihres Depositokontos 92-498047-4 angeben. Dazu müssen Sie erst auf dieses Konto wechseln.

Saldo Depositokonto 92-498047-4:

Aufgabe 2
Rufen Sie nochmals an und wählen Sie wieder die Demoversion. Nun möchten Sie sich die letzten Buchungen auf Ihrem Konto 25-9779-8 anhören. Es interessiert Sie, ob und an welchem Datum die Gutschrift des Einzahlungsscheins über CHF 134.10 eingetroffen ist.

Eingang Gutschrift EZ CHF 134.10:

Abbildung 6: Aufgabenblatt Telefonbanking inklusive Kartensperrungen.

Im Vergleich zum ersten Telefonbanking, bei dem eine Überweisung zu tätigen und das Passwort zu ändern war, mussten die Testpersonen sich bei diesem Dialogsystem den Kontostand ausgeben lassen und den Eingang einer bestimmten Gutschrift prüfen.

4. Kinoprogrammauskunft

Das innovative Auskunftssystem eines deutschen Multiplexkinos zeichnet sich im Vergleich zu den anderen angerufenen Dialogsystemen durch einige spezielle Eigenschaften aus: Es verfügt über eine gemischte Dialogführung, kann mit Mehrsatzantworten umgehen, stellt offene Fragen und kann vor allem sinnvoll auf Fragen antworten, die es nicht kennt oder nicht richtig verstanden hat.

Die Systemäusserungen werden anders als bei den übrigen Systemen in dieser Untersuchung von einer männlichen Stimme gesprochen. Wenn das System eine Benutzeräusserung nicht versteht, reagiert es mit einer adäquaten Antwort, bei der die missverständlichen Satzteile im Originalton des Benutzers vorgespielt werden. Der folgende Beispieldialog zeigt das spezielle Antwortverhalten des Systems bei Verständnisschwierigkeiten.

Kinoprogrammauskunft: Aufnahme 1.16.1 (0:00–1:31)[14]
S = System (männliche Stimme)
R = Recording (Aufnahme) der Eingabe des Anrufers
A = Anrufer

```
Jingle: Musik (Fanfare), Blasinstrumente (ca. 5 Sek)
01    S: HALLo und herzlich willkommen bei der
         kinoauskunft für die kinos cinecitta, imax,
         mad, atrium, meisengeige, metropolis und
         casablanca in x und das manhattan in x.=
02       =ich KENne das programm für die woche vom
         <<abgehackt>siebenundzwanzigsten oktOBer bis
         zum zweiten NovembER↑>.
03       sie dürfen mich JEDerzeit unterbrechen und
         FRAgen stellen.
04       zum beispiel WAS läuft heute um acht uhr im
         cinecitta?
05       oder auch WELche filme laufen im metropolis?
06       [wenn...]
07    A: [°h ich °h] ich möchte den film FLIGHTplan
         selen sehen.
08       können sie mir sagen WANN und in welchem kino
         dieser film gezeigt wird.
09    S: der von ihnen genannte film
10    R: in welchem'
11    S: ist mir NICHT bekannt.
12       welchen film möchten sie STATTdessen sehen?
```

14 Die Gesprächsauszüge in dieser Arbeit wurden gemäss dem Gesprächsanalytischen Transkriptionssystem 2 (GAT 2) transkribiert (Selting et al. 2009).

```
13   A: ich möchte den film FLIGHTPLAN sehen.
14   S: gut, um wie viel UHR etwa möchten sie ins
        kino?
```

Zudem reagiert das System mit typischen Rezeptionssignalen („*Mhm*", „*Gut*", „*Ah*") auf Benutzeräusserungen.

Auch bei diesem System mussten zwei Aufgaben gelöst werden.

Kinoprogrammauskunft, Telefonnummer: xxx
(0 muss immer vorgewählt werden, um eine externe Leitung herzustellen.)

Das Kinoinformationssystem gibt Auskunft über das Programm in acht verschiedenen Kinos in Nürnberg und Erlangen.

Aufgabe 1
Sie möchten den Film „Flightplan" sehen. Wählen Sie die Telefonnummer xxx und finden Sie heraus, wann und in welchem Kino dieser Film gezeigt wird.

Antwort:

Kino:	
Spielzeiten:	

Aufgabe 2
Sie möchten heute Abend ins Kino. Da Sie in der Nähe des Kinos x wohnen, möchten Sie wissen, welche Filme heute Abend in diesem Kino gezeigt werden. Rufen Sie die Programmauskunft noch einmal an.

Antwort:

Filme:	Spielzeit:

Abbildung 7: Aufgabenblatt Kinoprogrammauskunft.

Bei der zweiten Aufgabe war es der Testperson überlassen, wie viele Filme und Spielzeiten notiert wurden. Der Umfang der Antworten fiel, abhängig vom Ausmass der Verständigungsschwierigkeiten der Testperson mit dem System, sehr unterschiedlich aus.

5. Telefonisches Dating-Portal

Beim telefonischen Dating-Portal wurde die Interaktion bei der einmaligen Anmeldung beim Dating-Dienst untersucht, die mit etwa 25 Minuten relativ lange dauert.[15] Ein wichtiger Grund, der für die Einbeziehung dieses Dialogsystems in die Untersuchung sprach, ist die starke Fokussierung auf den Aufbau einer „Persona". Das vielfach praktizierte Vorgehen, mit der Stimme des Dialogsystems ein Gesicht zu verbinden, wird bei diesem Dialogsystem sehr stark genutzt. Die Personifizierung des Systems wird einerseits durch die Wahl des weiblichen Vornamens *Lucy* als Namen für das System verstärkt, der gleichzeitig für die Persona steht.[16]

Auf der anderen Seite wird durch Begriffe wie „(Sprach-)Computerin", wie das System bezeichnet wird, eine Vermenschlichung vorgenommen. In der Werbebroschüre des Dating-Portals wird explizit mit dem Namen geworben, und auch in der Interaktion mit dem Benutzer macht das System oft persönliche Bemerkungen, wie die folgende Systemäusserung zeigt: „*Leider kann ich dir übers Telefon nicht in die Augen schaun. Deshalb musst du mir jetzt weiterhelfen. Welche Augenfarbe hast du?*"

In der folgenden Transkription eines Dialoges aus dem Korpus sind weitere Anspielungen zu finden, die hinter der Stimme eine reale Person suggerieren (Zeile 3, 6, 150). Da zudem zur Beschreibung dieses Dialogsystems keine Menüstruktur angefügt werden kann, soll die Beispieltranskription im Anhang (S. 285) einen Eindruck von Art und Aufbau dieses Systems geben.

Die Dialogführung liegt bei dieser Sprachapplikation beim System. Speziell ist, dass die Zeitfenster, während derer eine Benutzereingabe möglich ist, durch eine wiederkehrende Melodie markiert sind. Dies soll dem Anrufer als Kennzeichen dienen, damit er weiss, wann er sprechen kann. (Tritt zum ersten Mal in Zeile 15 auf.) Durch das Abbrechen der Melodie und das Ertönen des bestätigenden Klangzeichens (zum Beispiel in Zeile 16) erhält der Anrufer gleich zwei Hinweise, dass das System seine Antwort verstanden hat.

15 Für die Gesprächsaufnahmen wurde eine Demonstrations-Telefonnummer benutzt, bei der die Profile nicht gespeichert werden.

16 Das Thema „Persona" wird in Kapitel 4.3 beschrieben.

Wie die Transkription zeigt, ist die Erstellung des Profils in sechs Frageblöcke unterteilt, die jeweils durch eine implizite Bestätigung aller zu diesem Abschnitt gehörenden Antworten abgeschlossen werden. Im ersten Block fragt das System nach den Grunddaten, zu denen die gewünschte Ansprache (Du/Sie), das eigene und das Geschlecht des gesuchten Partners sowie das eigene und das Alter des gesuchten Partners gehören (Zeile 12 bis 34). Im zweiten Block (Zeile 35 bis 140) werden die „erweiterten" Grunddaten erfragt: die maximale Entfernung zum Wunschpartner, der Wohnort und die Telefonnummer. Zudem werden Lucy-Name, Lucy-Pin und Lucy-Telefonnummer vergeben. Im dritten Frageblock müssen Fragen zu den eigenen Lebensumständen beantwortet werden: Das System fragt nach Familienstand, Anzahl der Kinder, Ausbildung, Beruf, Gehalt, Religion und Sternzeichen (Zeile 141 bis 183). Im vierten Frageblock geht es um die Einschätzung des eigenen Aussehens, das durch Angaben zu Grösse, Figur, Typ, Augen- und Haarfarbe, Haarlänge, Brille, Erscheinungsbild und Rauchgewohnheiten beschrieben werden soll (Zeile 184 bis 242). Im fünften Block werden Fragen zur Freizeitgestaltung gestellt; dazu gehören Antworten zu Ausgehverhalten, Urlaubsgestaltung, Autobesitz, Sportarten, Musik, Haustieren und Hobbies (Zeile 243 bis 321). Im sechsten und letzten Frageblock geht es schliesslich um die Beschreibung des gewünschten Partners. Dazu müssen Antworten zu den Kriterien Familienstand, Kinder, Religion, Sternzeichen, Grösse, Figur, Typ, Augenfarbe, Haarfarbe und -länge, Bart, Brille Gesamterscheinung und Rauchgewohnheiten gegeben werden (Zeile 322 bis 398). Die umfangreiche Befragung wird abgeschlossen durch die Nennung der Telefonnummer, unter der das eben erstellte Profil geändert werden kann (Zeile 401).

Das Aufgabenblatt zu diesem Dialogsystem unterscheidet sich von den Aufgabenblättern der anderen Systeme:

Das Dating-Portal: Telefonnummer XXX
(0 muss immer vorgewählt werden, um eine externe Leitung herzustellen.)

Aufgabe
Wie in der Informationsbroschüre beschrieben, handelt es sich bei diesem Dating-Portal um eine Kontakt-Plattform. Ihre Aufgabe ist es, sich beim Dating-Portal anzumelden. Dazu rufen Sie die Demoversion unter der Telefonnummer XXX an. Bei der Demoversion werden Sie nicht in der Datenbank gespeichert. Sie können lediglich die Anmeldeprozedur durchlaufen. Es ist Ihnen überlassen, ob Sie wahrheitsgetreue oder erfundene Angaben zu Ihrer Person und Ihrem/r Wunschpartner/in machen.
Da diese Kontaktvermittlung auf Deutschland beschränkt ist, müssen Sie jedoch eine Wohnadresse in Deutschland angeben. Sie können folgende Adresse und Telefonnummer verwenden:

Schönhauser Allee 36
10435 Berlin

Telefonnummer: (0 30) 11 11 11 11

Das ganze Interview dauert ca. 20 Minuten. Da Sie sich verschiedene Nummern wie die persönliche Telefonnummer und Ihre PIN merken müssen, schreiben Sie sich diese Nummern am besten auf.

Abbildung 8: Aufgabenblatt Dating-Portal.

Da beim Dating-Portal die Aufgabe für die Testperson darin bestand, ein Profil mit ihren persönlichen Angaben zu erstellen, diente das Aufgabenblatt vor allem dazu, gültige Daten für die Adress- und Telefonnummerneingabe zur Verfügung zu stellen.

6. Kundenservice-Portal
Dieses Sprachdialogsystem verbirgt sich hinter der Hauptnummer eines internationalen Möbelhauses. Sämtliche telefonischen Kundenanfragen werden von diesem Dialogsystem entgegengenommen und wenn möglich automatisiert beantwortet. Die Menüstruktur dieses Dialogsystems sieht folgendermassen aus:

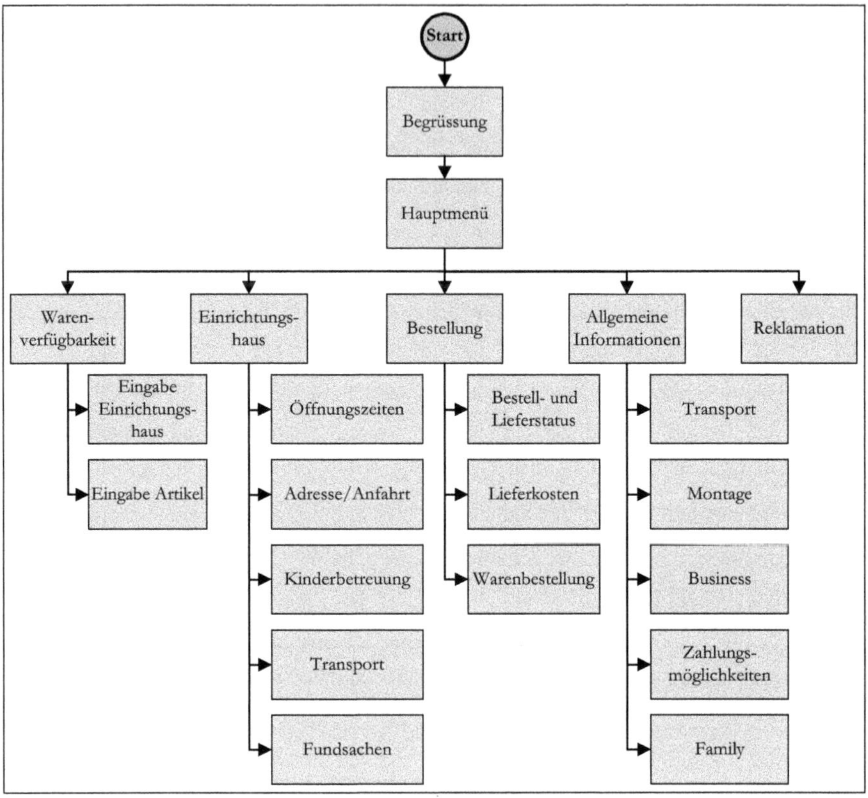

Abbildung 9: Menüstruktur Kundenservice-Portal.

Das Hauptmenü, das die erste Menüebene bildet, besteht aus den fünf Optionen Warenverfügbarkeit, Einrichtungshaus, Bestellung, Allgemeine Informationen und Reklamation. Alle Optionen bieten eine zweite Menüebene an; eine Ausnahme bildet die Reklamation: Bei dieser Option wird der Anruf in das Call-Center weitergeleitet.

Auch bei diesem System wurden den Testpersonen zwei Aufgaben gestellt:

Sprachdialogsystem des Möbelherstellers X, Telefonnummer: XXX

Aufgabe 1
Sie sind bei Freunden in Dortmund zu Besuch und möchten am Samstag in die nahegelegene Filiale des Möbelhersteller X zum Einkaufen. Rufen Sie die Nummer XXX an und finden Sie heraus, bis wann die Filiale in Dortmund samstags geöffnet ist. Da Sie sich in der Gegend nicht genau auskennen, möchten Sie sich auch gleich die Adresse geben lassen.

Antwort:

Öffnungszeiten Samstag:	
Adresse:	

Aufgabe 2
Sie möchten sich den Spiegel „Jondal" kaufen und klären vor der Fahrt ab, ob er bei dieser Filiale auch an Lager ist. Rufen Sie die Nummer noch einmal an, und finden Sie heraus, ob der Spiegel im Einrichtungshaus in Dortmund vorrätig ist.

Antwort:

Vorrätig:	
Nicht vorrätig:	

Abbildung 10: Aufgabenblatt Kundenservice-Portal.

Beim Lösen der Aufgaben bereitete den Testpersonen vor allem die erste Aufgabe Mühe, da das System die gewünschten Informationen schnell gesprochen vortrug und für das Mitschreiben zu wenig Zeit blieb. Zudem wurde vom System die Wiederholung der Ansagen nicht angeboten.

Grundsätzlich dient das System als Vorqualifizierung, um den Anrufer mit der für das Anrufer-Anliegen richtigen Abteilung zu verbinden. Dies gilt vor allem für kompliziertere Anfragen wie Reklamationen oder Anfragen zum Bestellstatus. Es ist jedoch auch ein Informationssystem, das einfache Anfragen beantworten kann und zum Beispiel Informationen zu sämtlichen Filialen in Deutschland oder zum jeweiligen Warenbestand der Möbelhäuser ausgibt. Es handelt sich um ein systemgesteuertes Dialogsystem, dessen Systemstimme von einer nicht-synthetisierten weiblichen Stimme mit schwedischem Akzent gesprochen wird.

2.5 Zusammenfassung

In diesem Kapitel wurde die Wahl der Gesprächsanalyse als Methode begründet und die Parameter der empirischen Untersuchung wurden beschrieben. Die Zusammensetzung der Testpersonen wurde dargestellt und begründet. Ebenso wurde die Wahl der involvierten Dialogsysteme erklärt. Die sechs telefonbasierten Dialogsysteme wurden durch einen schematischen Dialogablauf oder eine beispielhafte Transkription vorgestellt.

3. Natürlichsprachliche Dialogsysteme

3.1 Überblick

In diesem Kapitel wird der Untersuchungsgegenstand der natürlichsprachlichen Dialogsysteme vorgestellt. Neben der Definition der natürlichsprachlichen Dialogsysteme werden die möglichen Einsatzgebiete vorgestellt und die Unterschiede zwischen Informations- und Transaktionssystemen erläutert. Zudem wird der technische Aufbau der Systeme erklärt und die einzelnen Komponenten sowie ihr Zusammenspiel werden gezeigt. Daneben werden die technischen Restriktionen beschrieben, die das Design der Systeme stark beeinflussen. Darauf aufbauend, folgt ein Überblick über die vorherrschenden Designprinzipien bezüglich der Gestaltung der Systemansagen.

Dem *Voice User Interface Design* ist ein eigenes Kapitel gewidmet, da gerade das Design der Dialogsysteme in dieser Arbeit von Interesse ist. Durch das Design der Systemansagen und des Gesprächsablaufes müssen die Geprächе mit dem automatischen System bestimmten Regeln folgen, die von den Benutzern wiederum ein bestimmtes Gesprächsverhalten einfordern.

3.2 Definition und Einsatzgebiete

3.2.1 Definition

Natürlichsprachliche Dialogsysteme ermöglichen die Interaktion zwischen einem menschlichen Benutzer und einer Maschine über natürlichsprachliche Ein- und Ausgaben. Die Interaktion kann in schriftlicher Form erfolgen, wie es zum Beispiel bei dem ältesten und bekanntesten Dialogsystem *ELIZA* (Weizenbaum 1966: 550) der Fall ist, bei dem mithilfe von Tastatur und Bildschirm kommuniziert wird. Bei den für diese Arbeit untersuchten Dialogsystemen ist die Interaktion jedoch in gesprochener Sprache möglich, da die Systeme über Spracherkennungs- und Sprachsynthesekomponenten verfügen. Diese Systeme sind in der Lage, auf die gesprochene Anfrage des Benutzers mit einer ebenfalls gesprochenen[17] Antwort zu reagieren. Als Zugang zu den Dialogsystemen dient das Telefon; dieses Kommunikationsmedium fungiert als Schnittstelle zwischen Benutzer und System.

Bei der Verwendung des telefonischen Zugangs ist zu bedenken, dass die eingeschränkte Bandbreite des Telefonkanals eine reduzierte Sprachqualität sowohl auf Benutzer- wie auch auf Systemseite zur Folge hat. Ausserdem erfolgt die Interaktion in diesen Telefoniesystemen (auch IVR[18]-Systeme) in Echtzeit, was bedeutet, dass die Spracherkennung die Eingaben so schnell verarbeiten muss, wie sie gesprochen werden, damit die darauffolgende Systemreaktion unmittelbar anschliessend ausgeführt werden kann. Lange Reaktionszeiten auf Systemseite sind zu vermeiden, da insbesondere bei der telefonischen Interaktion eine „tote Leitung" zu Verunsicherungen führt.

Neben diesen Anforderungen muss ein telefonisches Dialogsystem noch über weitere Eigenschaften verfügen. Balentine (2007: 295) formuliert die folgenden acht Anforderungen, die seiner Meinung nach eine „gute" IVR ausmachen:

- *Understand touch-tones as well as speech:* Das System muss mit Sprach- und Tastatureingaben umgehen können, um dem Anrufer, wenn gewünscht, auch Tastatureingaben zu ermöglichen.
- *Produce musical sounds as well as speech:* Das System muss Sprach- und Tonausgaben produzieren können, um zum Beispiel ohne Worte eine Rückmeldung auf Benutzereingaben geben zu können, indem ein Earcon[19] als Quittierung der Eingabe gespielt wird.

17 Die „gesprochene" Antwort ist zwar eine akustische, kann aber synthetisch erstellt worden sein. Grundsätzlich ist zwischen den beiden folgenden Möglichkeiten zu unterscheiden: Einerseits gibt es die im Voraus in einem Tonstudio aufgezeichneten Systemansagen (meist gesprochen von einer/einem professionellen Sprecherin/Sprecher), andererseits die durch *Text-to-Speech*-Verfahren synthetisch erstellten Ansagen, die von einer Computerstimme ausgegeben werden.

18 *Interactive Voice Response*: Dieser Begriff wird sowohl für sprach- als auch für tastaturgesteuerte Systeme benutzt.

19 Earcons sind mit einer semantischen Funktion versehene Klangzeichen. Es handelt sich dabei um nicht-sprachliche Klänge, die eine inhaltstragende oder aufmerksamkeitsrichtende Funktion haben. Diese Audio-Elemente dienen der Strukturierung des Dialogverlaufs und der Orientierung der/des Anrufenden. Davon unterschieden werden die sogenannten Audio-Logos oder Jingles, bei denen es sich meist um längere Klangfolgen handelt, die eine Branding-Funktion haben und den Wiedererkennungseffekt unterstützen.

- *Speak with more than one voice:* Das System muss mit mehr als einer Stimme sprechen können, um zum Beispiel Menüansagen von informativen Systemausgaben zu unterscheiden.
- *Speak slower or faster than people can:* Das System muss seinen Sprechrhythmus verändern können.
- *Stick to a behavioral protocol, even when the conversational partner doesn't understand it:* Die Maschine sollte sich konsistent verhalten.
- *Be truly devoid of emotion:* Die Maschine sollte keine Emotionen darstellen, um auf diese Weise menschlicher zu wirken, sondern als Maschine erkennbar bleiben.
- *Communicate with other computers in service to the caller:* Die Eingaben des Anrufers sollen an Datenbanken und Kundensysteme weitergegeben werden können.
- *Behave well in the face of uncertainty:* Bei Verständigungsschwierigkeiten muss die Maschine in der Lage sein, Hilfestellung und Fehlerbehebungsmassnahmen anzubieten.

Der grosse Vorteil der natürlichsprachlichen Dialogsysteme liegt darin, dass auf diese Weise eine durch die Verbreitung der Mobiltelefonie zusätzlich mobile natürlichsprachliche Benutzerschnittstelle zwischen Mensch und Datenbanksystem geschaffen werden kann, die intuitiv und ohne technisches Vorwissen bedienbar ist. Somit kann ein einfacher Zugang zu einer grossen Menge an Informationen geschaffen werden. Die Informationsabfragen können in verschiedenen Anwendungsgebieten eingesetzt werden, so zum Beispiel bei einer Fahrplanauskunft, einer Telefonnummer- und Adressauskunft oder beim Abfragen von Bankinformationen.

3.2.2 Einsatzgebiete

Sprachdialogsysteme werden neben der Informationsabfrage auch zur Durchführung von Transaktionen eingesetzt, wie zum Beispiel dem Abschliessen einer Flugbuchung oder einer Hotelzimmer-Reservation. Im Vergleich zu Informationsabfragesystemen müssen diese Transaktionssysteme einerseits über eine Schnittstelle zu den entsprechenden Softwareapplikationen verfügen. Andererseits unterscheiden sich diese Transaktionsdialoge auch im Ablauf von den Informationsabfragen: Es müssen vermehrt Bestätigungen stattfinden und der Anrufer muss sich zudem über eine Kundennummer und eventuell über eine Sicherheits-Pin anmelden und identifizieren.

Die folgenden Beispiele von Sprachdialogsystemen sollen zur Illustration der verschiedenen Einsatzgebiete und Branchen dienen:

Branche	Informationssysteme	Transaktionssysteme
Verkehr/Reise	- Fahrplanauskunft für den städtischen, nationalen und internationalen öffentlichen Verkehr - Informationen zu Ankunft und Abflug von Flügen - Informationen zum Strassenzustand und Staumeldungen	- Hotel- und Flugbuchungen - Flugbestätigungen
Logistik	- Abfrage des Auftragsstatus - Sendungsverfolgung - Abfrage des Lagerbestandes	- Artikelbestellung und Artikelreservierung - Adresserfassung
Bankenbranche	- Kontostandsabfrage - Kontoübersicht - Börseninformationen	- Kontoüberweisungen - Aktienhandel - PIN-Änderung
Telekommunikation	- Informationen zu aktuellen Netzstörungen - Installationsanleitungen - Rechnungs- und Abonnements-Informationen - Kundenbefragungen	- Abfrage des Bearbeitungsstandes bei technischen Problemen - Zufriedenheitsbefragung nach technischen Problemen - Bestätigung eines Installationstermins - SIM-Kartenregistrierung
Unterhaltung	- Kinoprogrammauskunft	- Taxi- oder Pizzabestellung - Reservation eines Kinotickets
Allgemeine Kundenservice-Portale	- Ausgabe von allgemeinen Informationen wie Adresse, Öffnungszeiten und Produktinformationen - Thematische Vorqualifizierung	- Verwaltung von Bonuspunkten - Hinterlassen eines Rückrufwunsches - Terminvereinbarungen

Abbildung 11: Einsatzmöglichkeiten von telefonbasierten Sprachdialogsystemen.

Grundsätzlich lohnt sich der Einsatz eines Sprachdialogsystems bei einfachen Anfragen, die einen schnellen Zugang zu einer grossen Menge an Informationen bedingen, und in Fällen, in denen sehr viele Anrufe innerhalb kurzer Zeit bearbeitet werden müssen.[20]

Balentine und Morgan (Balentine/Morgan 2001: 17) führen neben der Unterscheidung in Informations- und Transaktionssysteme noch eine weitere Unterscheidungsmöglichkeit an. Sie differenzieren zwischen *cost-saving applications* und *value-add applications*. *Cost-saving applications* werden von Organisationen eingesetzt, die damit eine bereits bestehende Dienstleistung oder einen bestehenden Service automatisieren möchten, um durch die Automatisierung die Kosten zu reduzieren. Es handelt sich also um *self services*, die Dienstleistungen ersetzen, welche dadurch nicht mehr von der Organisation getragen (wie zum Beispiel durch Call-Center oder persönliche Schalterberatungen), sondern von den Kunden selber übernommen werden müssen.

Davon abgegrenzt werden die *value-add applications*, hinter denen ein völlig anderes Geschäftsmodell steht:

> In such an application, the speech recognition technology is viewed as a feature of the product, one desired by the user and one that increases the perceived value of the product or service. Examples include voice-activated features on mobile telephones, enhanced services such as ASR-enabled voicemail or e-mail, personal assistants, and consumer voice portals. (Balentine 2001: 18)

Zu solchen Dialogsystemen gehören somit auch Sprachsteuerungen für Funktionen im Automobilbereich oder sprachgesteuerte Haushaltsgeräte und Geräte im technischen und medizinischen Bereich, die über Sprache gesteuert werden können.

20 Ein gutes Beispiel für den wirkungsvollen Einsatz von Sprachdialogsystemen bildet ein real existierendes Dialogsystem aus Australien, bei dem Wetteinsätze abgegeben werden können (www.unitab.com, zuletzt aufgerufen am 6.5.2011). Vor der Aufschaltung des automatischen Systems konnte das hohe Anrufvolumen jeweils kurz vor Rennbeginn nicht bewältigt werden, so dass nicht alle Anrufe entgegengenommen werden konnten. Um das ganze Anrufvolumen bewältigen zu können, hätte für die halbe Stunde vor Rennstart zusätzliches Personal eingestellt werden müssen. Die Wettenden waren darüber natürlich verärgert, da sie ihre Wetten nicht tätigen konnten. Zudem entging dem Wettbüro viel Geld. Durch den Einsatz des automatischen Wettannahmesystems können nun alle Wetten angenommen werden.

Diese Systeme zeichnen sich durch ein wichtiges Merkmal aus: Sie werden in der Regel nur von einem eingeschränkten Nutzerkreis bedient. Durch diesen Umstand besteht die Möglichkeit, die Spracherkennung in diesen Dialogsystemen an eine Stimme anzupassen und für diese zu trainieren, was zur Folge hat, dass die Spracherkennung markant verbessert werden kann. Diktiersysteme sind zum Beispiel meist sprecheradaptiv gestaltet, um ein bestmögliches Funktionieren zu gewährleisten. Dies steht im Gegensatz zu den *enterprise portals*, wie die *cost-saving applications* auch genannt werden. Diese müssen grundsätzlich ohne spezielles Vorwissen oder Training benutzt werden können (Larson 2004: 41).

Die Gegenüberstellung der typischen Eigenschaften der *enterprise* (*cost-saving applications*) und *consumer portals* (*value-add applications*) zeigt die Wichtigkeit, die dem Dialog und der Interaktion in den *enterprise portals* beigemessen wird (Balentine 2001: 18):

Enterprise Portals/Cost-Saving Applications	**Consumer Portals/Value-Add Applications**
The user does not choose to use speech recognition	The user chooses to use or not use speech recognition
The VRU (Voice Response Unit) is not a product or service that the user pays for directly	The user pays for the product or service directly
The user is calling for a reason, and therefore has some stake in the outcome of the dialogue	The user therefore has a real stake in the performance of the system

Diese Gegenüberstellung zeigt zwei wichtige Eigenschaften der *enterprise portals*: Erstens entscheiden sich die Benutzer im Gegensatz zu den *consumer portals* nicht explizit dafür, das sprachgesteuerte System einzusetzen und sie müssen dafür auch nicht bezahlen. Zweitens ist den *enterprise portals* ein Dialogziel oder ein Dialogergebnis inhärent. Das heisst, die Interaktion mit dem Computer hat ein Ziel, das es zu erreichen gilt, das sich mit dem Anrufgrund deckt und gleichzeitig auch der Grund für die Benutzung des Systems ist. Dieser Fokus auf den Dialog und das Dialogziel macht es gerade bei dieser Art von Dialogsystemen interessant, den Dialogablauf und die Interaktion des menschlichen und maschinellen Gesprächspartners zu untersuchen.

Balentine und Morgan (2001: 330) unterteilen die *enterprise portals* aufgrund der Zielgruppe noch einmal in drei verschiedene Untergruppen und erlauben damit eine genauere Definition und Abgrenzung:

- *Business to Business Portals*: Bei diesen Systemen erstreckt sich der Nutzerkreis auf Partner- oder Tochterfirmen. Es handelt sich um Dialogsysteme, die zum Beispiel von Bank-, Post- oder Reisebürofilialen benutzt werden können, um zentral geregelte Serviceleistungen zu beanspruchen.

- *Business to Employee Portals:* Als Beispiel sei hier die Sprecherverifikation angefügt: Durch die Erweiterung der Spracherkennung um eine Stimmverifikationsapplikation können die biometrischen Merkmale einer Stimme erkannt werden. Da diese Dialogsysteme eine vorgängige Speicherung der Stimmmerkmale erfordern, werden sie gerne im innerbetrieblichen Umfeld eingesetzt, so zum Beispiel, um die Passwörter für interne System-Zugänge selbständig zu ändern, ohne eine Administrationsabteilung zu bemühen und ohne die Sicherheitsbestimmungen zu verletzen.

- *Business to Consumer Portals:* Die Benutzergruppe dieser Dialogsysteme besteht aus den Endkunden. Diese Systeme sind für jeden, der sprechen und hören kann, zugänglich und umfassen die in Abbildung 11 aufgeführten Systembeispiele.

Basierend auf der vorangegangenen Diskussion, verfügen die der Untersuchung zugrunde liegenden Dialogsysteme demnach über folgende Eigenschaften. Sie sind:

- telefonbasiert
- natürlichsprachlich
- sprachgesteuert
- sprecherunabhängig
- Informations- oder Transaktionssysteme
- Enterprise Portals
- Cost-Saving Applications
- Business to Consumer Portals

3.3 Aufbau und technische Konzeption

3.3.1 Aufbau eines Dialogsystems

Die aktuell produktiv eingesetzten telefonischen Dialogsysteme verfügen über einen relativ starren Dialogablauf, der sich oft noch sehr stark am Ablauf der *Touchtone-* oder DTMF-Systeme[21] orientiert und einer hierarchischen Menüführung folgt (Nöth/Fischer 2010: 617). Die Systemansagen dieses Typs („Wählen Sie aus folgenden Möglichkeiten: Kontodienstleistungen, Demo-Version verlassen, Fondspreise oder Kartensperrungen.") sind an die Ansagen für tastaturgesteuerte Anwendungen angelehnt („Für Kontodienstleistungen drücken Sie die Eins, für die Demo-Version die Zwei, für Fondspreise die Drei und für Kartensperrungen die Vier.").

Daneben sind jedoch auch Anwendungen im Einsatz, die offene Fragen stellen und somit freiere und natürlichsprachlichere Formulierungen erlauben („Was möchten Sie wissen?" – „Ich hätt' ne Frage zu meinem Konto.").

Beide Dialoge sind jedoch unterteilt in einzelne Dialogschritte, sogenannte Dialogzustände. Durch die Unterteilung in Dialogzustände kann die Menge der möglichen Benutzereingaben stark verringert werden, wodurch wiederum das Ergebnis der Spracherkennung stark verbessert werden kann. Somit lässt sich das Vokabular, auf welches das Dialogsystem zugreifen können muss, klein halten, da es auf die verschiedenen Dialogschritte aufgeteilt werden kann. Auf diese Weise müssen in den jeweiligen Dialogzuständen nur Teilmengen des gesamten Vokabulars aktiv sein (Carstensen 2001: 488). In Abbildung 12 ist der grundsätzliche Aufbau eines Dialogsystems exemplarisch dargestellt.

21 Dual-tone multi-frequency signaling (DTMF), auf Deutsch Mehrfrequenzwahlverfahren oder auch Tonwahlverfahren.

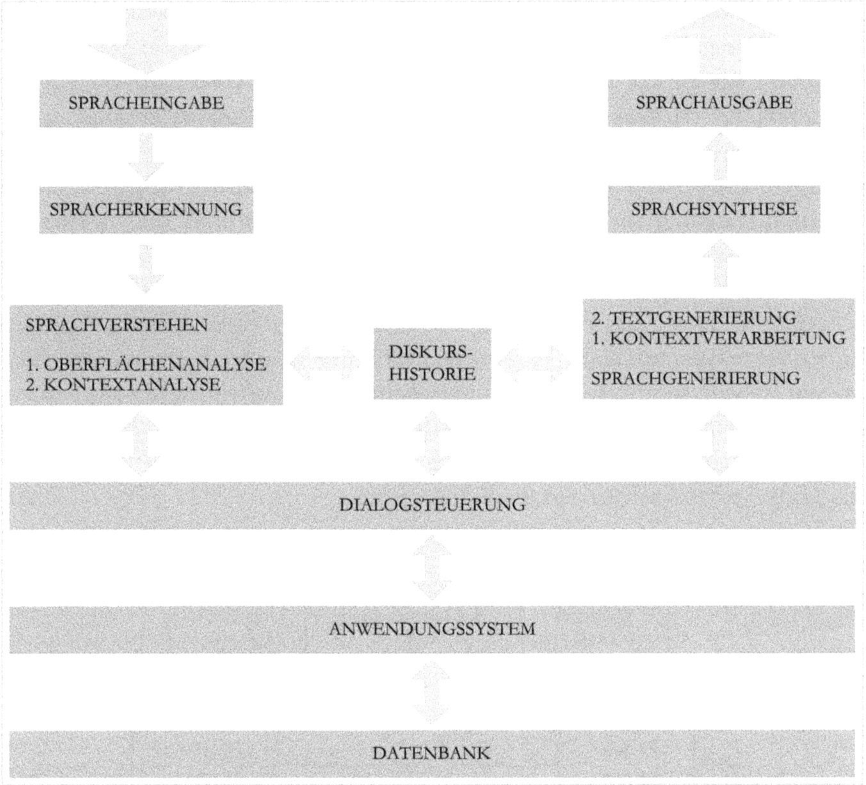

Abbildung 12: Exemplarischer Aufbau eines Dialogsystems, angelehnt an Carstensen et al 2001: 486.

Der Aufbau zeigt sehr vereinfacht die einzelnen Komponenten, die in einem Dialogsystem vorhanden sind.

Die Spracheingabe des Anrufers wird als Erstes von einem Spracherkenner verarbeitet (vgl. Möbius/Haiber 2010: 215 f.). Aufgrund des Ergebnisses der *Spracherkennung* reagiert die *Dialogsteuerung* entsprechend. Die Systemreaktion wird ebenfalls in Sprache ausgegeben, die *Sprachgenerierung* kann zum Beispiel durch Sprachsynthese erfolgen. Die Diskurshistorie spielt in allen drei Komponenten eine Rolle: Bei der Spracherkennung oder besser dem Sprachverstehen (das Sprachverstehen kann auch Teil der Dialogsteuerung sein) muss die Dialoghistorie berücksichtigt werden, um Ellipsen oder anaphorische Ausdrücke in den Benutzeräusserungen aufzulösen. Die Dialogsteuerung stützt sich bei der Aktionsplanung auf die Diskurshistorie und bei der Sprachgenerierung werden wenn möglich bereits bekannte Informationen aufgrund der Diskurshistorie in der Sprachausgabe durch anaphorische Ausdrücke ersetzt (Becker 2010: 629).

Die Darstellung zeigt die sogenannte Pipeline-Architektur oder „Ablaufkontrolle“ (Becker 2010: 627). Bei dieser Architektur ist es nicht möglich, vom System getroffene Annahmen durch spätere Analyseschritte zu korrigieren oder die Eingabemodule mit Kontextinformationen über zu erwartende Eingaben zu versehen. Im Gegensatz dazu enthält die sogenannte Hub- oder Komponenten-Architektur eine zentrale Steuerungskomponente, die das Zusammenspiel der anderen Komponenten steuert (Becker 2010; Seneff et al. 1998; Zue et al. 2000). Neben dem auf diese Weise möglichen Informationsaustausch der Komponenten untereinander können diese auch einzeln ausgetauscht werden, falls eine neuere Version verfügbar ist. Zudem können die einzelnen Module mit anderen Systemen geteilt werden, wenn es sich um ein ähnliches Einsatzgebiet handelt. Abbildung 13 zeigt eine mögliche Hub-Architektur für Sprachdialogsysteme.

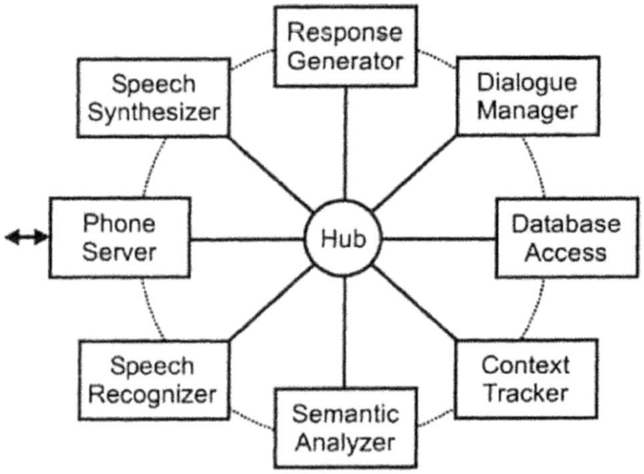

Abbildung 13: Hub-Architektur, angelehnt an die GALAXY-II-Architektur in Seneff et al. 1998: 932 und Zue et al. 2000: 87.

Der Grossteil der kommerziell eingesetzten Dialogsysteme sind der Pipeline-Architektur folgend aufgebaut. Die verschiedenen Module kommunizieren jeweils nur in Richtung der Spracheingabe respektive -ausgabe[22] (vgl. Möbius/Haiber 2010: 214).

22 An dieser Stelle soll darauf hingewiesen werden, dass diese Art von Dialogsystemen dem Standard der kommerziell eingesetzten Systeme entspricht und nicht mit dem

Die einzelnen Komponenten, wie sie in Abbildung 13 dargestellt sind, werden im Folgenden in der Reihenfolge des Ablaufs beschrieben.

3.3.2 Spracherkennung

Die Spracherkennung folgt, vereinfacht dargestellt, folgendem Ablauf: Als Erstes wird das Sprachsignal in Phoneme zerlegt. Diese unstrukturierte Phonemabfolge wird daraufhin vom Spracherkenner mit den in einer Datenbank gespeicherten Referenzmustern verglichen. Ein Ähnlichkeitsmass hilft bei der Bestimmung, welche Phoneme zusammengehören, und die Phoneme werden zu den entsprechenden Wörtern zusammengesetzt. Welche Phoneme in welcher Reihenfolge sinnvolle Wörter ergeben, ist in einem eingebauten Wörterbuch abgelegt, auf das der Spracherkenner Zugriff hat. Liegt kein Wörterbuch vor, wird mit sogenannten (Bi-, Tri- oder) N-gramm-Modellen die Wahrscheinlichkeit berechnet, ob eine bestimmte Phonemfolge einem Wort entspricht (Evert 2010: 125; Möbius 2010: 222). Auf Satz- oder Wortebene ist es zudem sinnvoll, mehrere Satz- oder Worthypothesen in einer *N-Best-Liste* (Kellner 2001: 487) auszugeben. Diese Ergebnisse können zum Beispiel mit der Datenbank des Anwendungssystems verglichen werden und somit dazu beitragen, die „richtige" Benutzereingabe zu identifizieren.[23]

Wenn nun die Menge der möglichen Benutzeräusserungen auf eine Domäne oder sogar ein Teilgebiet derselben eingeschränkt werden kann, lässt sich analog dazu auch die Komplexität der zu erkennenden Formulierungen verringern (Gibbon 2000: 6). Das bedeutet für das jeweilige „aktive" Wörterbuch, dass es für die aktuelle Domäne angepasst und somit stark verkleinert werden kann, was wiederum den Erfolg einer korrekten Spracherkennung erhöht.

Stand der Forschung auf diesem Gebiet gleichgesetzt werden darf. Für den aktuellen Forschungsstand sei auf die Publikationen der internationalen Konferenzen verwiesen: Interspeech, Annual Conference of the International Speech Communication Association (http://www.interspeech2013.org/, zitiert am 9.2.2013), The Association for Computational Linguistics (http://www.aclweb.org/, zitiert am 9.2.2013) und ACM International Conference on Multimodal Interaction (http://www.acm.org/icmi/2013/, zitiert am 9.2.2013).

23 Der am meisten verbreitete Ansatz zur Modellierung von gesprochener Sprache sind Hidden-Markov-Modelle (Evert/Frötschl/Lindstrot 2010: 130; Möbius/Haiber 2010: 218). Bei einem Grossteil der kommerziellen Spracherkenner wird diese Mustererkennungstechnik eingesetzt.

Die Spracherkennung wird von verschiedenen Faktoren beeinflusst und hat mit vielen Schwierigkeiten zu kämpfen. Die Übereinstimmung des Lautbildes bei unterschiedlichem Schriftbild stellt für den Erkenner zum Beispiel eine grosse Schwierigkeit dar, gerade beim Telefonkanal, der durch die Bandbegrenzung und die Komprimierung des Sprachsignals qualitativ eingeschränkt ist (Nöth/Fischer 2010: 617). Hier dienen phonetische Regeln dem Spracherkenner als Entscheidungshilfe. Das folgende Beispiel zeigt die mögliche Verwechslung von [k] und [g], da beide Buchstaben normalerweise nicht aspiriert ausgesprochen werden (Jurafsky 2000: 103).

'Scuse me, while I kiss the sky.	(Purple Haze, Jimi Hendrix)
'Scuse me, while I kiss this guy.	(Falsch gehörte Liedzeile)

Die phonetische Regel besagt nun, dass ein [k], wenn es im Englischen am Anfang eines Wortes oder einer Silbe steht, mit nachfolgender Aspiration ausgesprochen wird. Wenn das [k] jedoch auf ein [s] folgt, wird es unaspiriert ausgesprochen.

Im Folgenden soll ein Überblick gegeben werden, welchen vielfältigen Anforderungen die Spracherkennung in einem Dialogsystem genügen muss (Erbach 2000). Diese potentiellen Schwierigkeiten stellen die Spracherkennung vor grosse Herausforderungen und beeinflussen die Erkennungsrate des Spracherkenners massgeblich (Erbach 2000: 4):

Variation der Sprecher:
Bei unterschiedlichen Sprechern muss die sprecherunabhängige Spracherkennung mit stimmlichen Unterschieden durch Geschlecht, Alter, Dialekt, fremdsprachliche Akzente und persönliche Eigenheiten umgehen können (Hutter/Jekat 2010: 660). Aber auch wenn es sich um denselben Sprecher handelt, ist es unmöglich, dasselbe Wort zweimal genau gleich auszusprechen. Einflüsse wie Krankheit, Müdigkeit oder Stimmungsschwankungen führen zu grossen Unterschieden in der Stimmlage.

Kontinuierliche Sprache:
Die kontinuierliche Sprache ist für die Spracherkennung deshalb problematisch, da es schwierig ist, den Anfang und das Ende der einzelnen Wörter zu erkennen.

Spontansprache:
Die Spontansprache ist im Gegensatz zur „Lesesprache" (die gelesene oder Vorlesesprache beispielsweise bei Nachrichtensprechern) mit ihren umgangssprachlichen Äusserungen viel schwieriger zu erkennen[24] (vgl. Jurafsky/Martin 2000: 347).

Umgebungsgeräusche:
Umgebungsgeräusche und störende Hintergrundgeräusche, die gerade beim Telefonieren nicht selten auftreten, erschweren die Spracherkennung, da sie das Sprachsignal verfälschen.

Gestörte Übertragung:
Bei Störungen des Übertragungskanals schliesslich verschlechtert sich die Spracherkennung zunehmend. Aus diesem Grund sollte ein qualitativ hochstehendes Mikrofon verwendet und der Abstand zum Sprecher möglichst gering gehalten werden. Die telefonische Übertragung des Sprechersignals stellt demnach ein Problem dar und kann zu einer Verschlechterung der Spracherkennung führen (Balentine/Morgan 2001: 98).

Zusätzlich zu diesen möglichen Schwierigkeiten hat es sich in der Praxis gezeigt, dass der Spracherkenner bestimmte Stimmen nur sehr schwer verarbeiten kann (Möbius 2010: 223). Manche Stimmen sind zu hoch, andere zu tief, manche Sprecher sprechen allgemein zu schnell oder zu undeutlich und wieder andere zu aspiriert (oftmals starke Raucher), so dass der auf eine durchschnittliche menschliche Stimme trainierte Spracherkenner nicht damit umgehen kann. Menschliche Gesprächspartner gewöhnen sich nach kurzer Zeit an die stimmlichen Eigenschaften ihres Gegenübers. Die Anforderung an die Spracherkennung wäre es, genauso flexibel und adaptiv zu reagieren, was den kommerziell eingesetzten Spracherkennern jedoch (noch) nicht gelingt.

Zur Spracherkennung gehört auch das Sprachverstehen. Eine Oberflächen- und Kontextanalyse der Spracheingabe unter Einbezug von zusätzlichem Kontextwissen wie Situations-, Welt- und domänenspezifischem

24 Ein aktueller Ansatz zur Verbesserung der Spracherkennung in Dialogen findet sich bei Ward et al. (2012). Spontansprachliche Versprecher können automatisiert entfernt werden, indem die Systeme mithilfe von grossen Datenmengen trainiert werden (Germesin et al. 2008).

Wissen ist bei den kommerziell eingesetzten telefonbasierten Dialogsystemen jedoch meist direkt im Spracherkennungsmodul integriert (Möbius/Haiber 2010: 217).

3.3.3 Dialogsteuerung

Die Dialogsteuerung oder der Dialogmanager ist das Herzstück des Dialogsystems und definiert die grundsätzliche Struktur und Modellierung des Dialogablaufes[25] (Möbius/Haiber 2010: 214, 218). In der Dialogsteuerung ist auch die Aktionsplanung festgelegt. Je nach Benutzereingabe und Dialoghistorie wird in der Dialogsteuerung die bereits vorab definierte Aktion für den entsprechenden Fall ausgewählt (Kellner 2001: 488).

Dabei folgt die Dialogsteuerung dem Aufbau eines endlichen Automaten (vgl. Jurafsky/Martin 2000: 751; Klabunde 2010: 70): Jeder Dialogzustand entspricht einem Zustand des Automaten und verfügt somit über eine festgelegte Anzahl an möglichen Reaktionen mit klar definiertem Inhalt. Für jeden Dialogzustand sind auf diese Weise alle möglichen Benutzereingaben und die daraus resultierenden Systemreaktionen beschrieben.

Die Dialogsteuerung ist zudem mit dem Anwendungssystem und der zugehörigen Datenbank verbunden, um die Benutzereingaben mit dieser abzugleichen.

Grundsätzlich übernimmt die Dialogsteuerung die folgenden Aufgaben (vgl. Möller 2004: 27):

- Sammeln aller Benutzerinformationen, die für das Erreichen der dem Dialog zugrunde liegenden Aufgabe benötigt werden
- Rückmelde- und Bestätigungsverhalten, welches die vom System verstandenen Informationen widerspiegelt
- Bereitstellen eines Hilfemenüs
- Bereinigen von Fehlern und Missverständnissen
- Organisation der Informationsausgaben an den Benutzer.

25 Die Dialogsteuerung in einem kommerziell eingesetzten Telefonsystem wird meist in VoiceXML abgebildet, einem W3C-Standard (McGlashan et al. 2004).

3.3.4 Sprachausgabe

Die Sprachausgabe ist grundsätzlich wie die Spracherkennung in zwei Phasen unterteilt, die Sprachgenerierung und die Sprachsynthese (Kellner 2001: 489). In der Sprachgenerierung (Kontextanalyse) werden die Systemäusserungen in einem ersten Schritt mithilfe des Kontextes und der Diskurshistorie verständlicher formuliert, indem zum Beispiel anaphorische Ausdrücke verwendet werden (Bateman 2010: 634). In den meisten kommerziellen Systemen wird die Systemäusserung jedoch ohne vorgängige Kontextanalyse direkt in eine vollständige textuelle Repräsentation überführt.

Die automatische Ausgabe des geschriebenen Textes in gesprochener Sprache erfolgt mittels Sprachsynthese (Text-to-Speech). Dabei helfen lexikalische und prosodische Informationen, um die Systemausgabe so natürlich wie möglich zu gestalten (Möbius 2001: 464f.).

Die meisten TTS-Systeme[26] verfügen über ein Lexikon, oft ein Vollformenwörterbuch, in dem grammatikalische Informationen und die korrekte Aussprache als phonetische Transkription aufgeführt sind (Möbius/Haiber 2010: 225, 230). Generische Ausspracheregeln ermöglichen dabei die Transkription von Wörtern, die nicht im Lexikon enthalten sind. Prosodische Modelle wie Intonations- oder Lautdauermodelle ermöglichen es schliesslich, aufgrund der Konkatenation von kurzen Segmenten der natürlichen Sprache (Silben, Laute oder subphonetische Einheiten) synthetische Systemausgaben zu generieren (Nöth/Fischer 2010: 622). Dabei werden die Segmente aus einem akustischen Inventar entsprechend ausgewählt, neu angeordnet und verkettet.

Neben der automatisch generierten Sprachausgabe ist es gerade in kommerziellen Systemen üblich, bei der Sprachausgabe auf vorab aufgezeichnete Textbausteine zu setzen, sogenannte *„Pre-recorded prompts"* (Nöth/Fischer 2010: 621). Dieses Vorgehen hat den entscheidenden Vorteil, dass die Systemausgaben natürlich klingen.

26 Mit TTS werden *Text-To-Speech*-Module bezeichnet, die geschriebene in gesprochene Sprache überführen.

3.4 Voice User Interface Design

3.4.1 Definition

Natürlichsprachliche Dialogsysteme stellen eine Schnittstelle zwischen Benutzer und einem Informations- oder Transaktionssystem dar. Als *user interface* wird das Medium bezeichnet, mit dem Benutzer mit einem digitalen System interagieren (Harris 2005).

> A user performs some physical actions according to an established protocol, effecting input, which trigger electronic operations. Almost always, these operations include indications for the user about the effect of her actions; that is, feedback. (Harris 2005: 3)

Da die Interaktion mit dem Dialogsystem über die gesprochene Sprache geschieht, wird diese Benutzerschnittstelle *voice user interface* (VUI) genannt, analog zu einem *graphic user interface* (GUI), zum Beispiel bei einer Website. Gemäss Cohen et al. (2007) setzt sich ein *voice user interface* aus den folgenden Komponenten zusammen:

> A **voice user interface** (or **VUI**) is what a person interacts with when communicating with a spoken language application. The elements of a VUI include prompts, grammars, and dialog logic (also referred to as call flow). The **prompts**, or **system messages**, are all the recordings or synthesized speck played to the user during the dialog. **Grammars** define the possible things callers can say in response to each prompt. The system can understand only those words, sentences, or phrases that are included in the grammar. The **dialog logic** defines the actions taken by the system – for example, responding to what the caller has just said or reading out information retrieved from a database. (Cohen et al. 2007: 5)

Anhand dieser drei Komponenten sollen im Folgenden die Grundlagen des *Voice User Interface Designs* erklärt werden. Zudem wird die industriell etablierte Vorgehensweise bei der Gestaltung eines *Voice User Interface* beschrieben.

3.4.2 Dialoglogik

Die Dialoglogik oder Dialogsteuerung eines Dialogsystems (auch Ablaufkontrolle, Dialogmanagement, Dialogablauf, Dialogfluss, *call flow*) beschreibt und definiert das Dialogverhalten (siehe Kapitel 3.3.3). Die jeweilige

Systemreaktion kann entweder durch die Softwareapplikation gesteuert werden, mit der die Benutzerschnittstelle verbunden ist, oder die nächsten Dialogschritte werden durch die Interaktion selbst vorgegeben, abhängig von der Benutzereingabe (Balentine/Morgan 2001: 13). Gemäss Becker (2010: 627) finden beispielsweise die folgenden Interaktionsschritte ohne ein Weiterleiten an die Schnittstelle zum Backend-System statt, sondern sind aufgrund der dialogischen Interaktion motiviert:

- Inkrementelles Zusammensetzen einer von der Applikation erforderlichen Eingabe durch einzelne Fragen, zum Beispiel die Attributauswahl bei einer Artikelbestellung.
- Klärungsfragen vom System bei unverstandenen oder mehrdeutigen Benutzeräusserungen.
- Durch den Benutzer angestossene Metadialoge, zum Beispiel Wiederholungen oder Hilfetexte.
- Metafunktionalität, zum Beispiel die Sprachwahl oder bei Systemen im automobilen Bereich die Wahl des Radios oder der Navigation.

Bei den aktuell produktiv eingesetzten Dialogsystemen ist der Dialog in einzelne Dialogzustände unterteilt, die, wie in Kapitel 3.2 beschrieben, als Zustände eines endlichen Automaten zu verstehen sind. Ein Dialogzustand darf jedoch nicht mit nur einer Gesprächssequenz gleichgesetzt werden, die aus einem Frage-Antwort-Paar und einem Sprecherwechsel besteht (Cohen et al. 2007: 104). Ein Dialogzustand enthält zwar im Idealfall zwei Redebeiträge und einen Sprecherwechsel, bei Verständigungs-schwierigkeiten kann es durch die nachfolgenden Fehlerdialoge in einem Dialogzustand jedoch zu mehreren Sprecherwechseln und Gesprächsbeiträgen kommen. Ein Dialogzustand zeichnet sich dadurch aus, dass in diesem nur eine bestimmte Grammatik (Vokabular) aktiv ist und nur bestimmte in diesem Dialogzustand aktuelle Benutzeräusserungen erkannt werden können (Balentine/Morgan 2001: 13). Da sich die Dialoge aus Frage-Antwort-Paaren zusammensetzen, kann ein Dialogzustand die Beantwortung einer Frage beinhalten. Bei sogenannten *non-recognition*-Dialogzuständen ist hingegen keine Benutzereingabe möglich (Cohen et al. 2007: 107). Diese Dialogzustände beinhalten typischerweise Informations- oder Statusansagen des Systems.

Die Dialoglogik definiert zudem die Abfolge der Dialogzustände, die menübasiert oder sequentiell erfolgen kann. Bei einer Menü-Auswahl werden verschiedene Menüoptionen angeboten, aus denen der Anrufer eine Option auswählen kann. Bei einem sequentiellen Ablauf fragt das System Schritt für Schritt nach allen notwendigen Informationen (Balentine/Morgan 2001: 148), so zum Beispiel bei einem Fahrplansystem, bei dem vom Anrufer Start, Ziel und die gewünschte Zeit genannt werden müssen. Dabei spielt es auch eine Rolle, ob es sich um einen vom System geführten oder einen gemischt-initiativen Dialog handelt. Bei einem geführten system-initiativen Dialog muss sich der Benutzer den Fragen des Systems anpassen und seine Antworten genau darauf abstimmen (Balentine/Morgan 2001: 147). Bei einem gemischt-initiativen System ist es möglich, dass das System auch eine Überbeantwortung des Anrufers erkennen und entsprechend darauf reagieren kann (Cohen et al. 2007: 64). Im folgenden Beispiel antwortet der Anrufer nicht nur auf die gestellte Frage, sondern gibt auch gleich an, wann er losfahren möchte.

System:	Wo möchten Sie einsteigen?
Anrufer:	Ich möchte vom Hauptbahnhof zum Rathaus.
System:	Gut. Und um welche Zeit möchten Sie losfahren?

Der Anrufer gibt gleichzeitig Start und Zielort seiner Reise an, obwohl das System nur nach dem Start fragt. Das Dialogsystem erkennt auch die Angabe des Reiseziels und fragt nach der noch fehlenden Information, in diesem Beispiel nach der Uhrzeit.

Telefonbasierte Dialogsysteme sind in Bezug auf die Dialoginitiative von sogenannten Kommandosystemen (Becker 2010: 627) zu unterscheiden, bei denen die Dialogführung vollständig vom Benutzer übernommen wird. Diese *command and control applications*, wie sie McTear (2004: 11) nennt, verstehen nur eine beschränkte Anzahl von Kommandoeingaben, die zur Bedienung des jeweiligen Gerätes notwendig sind. Diese Art von Dialogsystemen wird in Situationen eingesetzt, in denen die Hände für andere Tätigkeiten frei sein müssen und deshalb eine sprachliche Steuerung gewünscht ist. Das können Geräte aus dem Automobilbereich sein, aber auch sprachgesteuerte Haushaltsgeräte oder Geräte, die von sehbehinderten Menschen bedient werden.[27]

Auch das Systemverhalten bei Auftreten eines Fehlers und das Anbieten von Hilfestellung werden von der Dialoglogik definiert. Grundsätzlich können zwei Arten von Fehlern auftreten: einerseits, wenn die Benutzeräusserung vom System nicht erkannt werden kann (Harris 2005: 348f.) und

27 Balentine/Morgan (2001: 146) liefern einen Überblick der verschiedenen Dialog-Design-Modelle, angelehnt an die Klassifikation von Shneiderman (1997).

andererseits, wenn der Benutzer keine Eingabe macht oder – genauer formuliert – das System keine Benutzereingabe registriert (Harris 2005: 353). Ein übliches Fehlerreaktionsverhalten auf Systemseite sieht vor, dass der Benutzer insgesamt dreimal die Möglichkeit hat, die im jeweiligen Dialogzustand geforderte Information zu nennen (Cohen et al. 2007: 70). Die Systemansagen werden dabei so angepasst, dass dem Benutzer bei jeder weiteren Runde ausführlichere Anweisungen zur Beantwortung gegeben werden. Kommt es auch nach dreimaligem Nachfragen durch das System zu keiner gültigen Benutzereingabe, wird der Dialogzustand verlassen. Abhängig von der Dialoglogik wird zum nächsten Dialogzustand gesprungen, falls das Dialogziel trotz dieser fehlenden Information erreicht werden kann; falls nicht, wird der automatische Dialog beendet und der Anruf an einen Mitarbeiter im Call-Center weitergeleitet.

Bei der Ausgabe der Fehlermeldungen ist es wichtig, dass das System den Benutzer höflich darauf aufmerksam macht, seine Eingabe habe nicht verarbeitet werden können (Harris 2005: 150). Dabei sollte es in den Systemausgaben vermieden werden, eine Schuldzuweisung vorzunehmen („Leider haben Sie zu leise gesprochen.“ „Leider haben Sie zu lange gezögert.“).

Zudem sollten die Systemmeldungen bei der Fehlerreaktion verständlich und in ganzen Sätzen formuliert sein, um durch informative Erklärungen den Benutzern bei der Bedienung des Systems zu helfen (Shneiderman 1982). Technische Fachbegriffe sollten dabei vermieden werden, um die Benutzer nicht zusätzlich zu überfordern.

> Unnecessarily hostile messages using violent terminology can disturb nontechnical users. An interactive legal citation searching system uses this message: “FATAL ERROR, RUN ABORTED”. A popular operating system threatens many users with: “CATASTROPHIC ERROR; LOGGED WITH OPERATOR”. There is no excuse for these hostile messages, they can easily be rewritten to provide more information about what happened and what must be done to set things right. (Shneiderman 1982: 58)

Auf weitergehende Hilfetexte, die sich auf den jeweiligen Dialogzustand beziehen oder eine globale Hilfestellung zur Systembedienung beinhalten, kann in den Systemansagen der Fehlerbehandlung hingewiesen werden. Je nach Komplexität der Applikation und des jeweiligen Dialogzustandes werden die Hilfetexte auch direkt in die Fehlerbehandlung integriert (Harris 2005: 386).

Ein anderes Konzept sieht vor, auf die Hilfetexte bereits zu Beginn des Dialoges hinzuweisen (Balentine/Morgan 2001: 61f.). Wenn der Anrufer nicht mehr weiter weiss, können die kontextspezifischen Hilfemenüs durch ein globales Kommando jederzeit aufgerufen werden.

Eine weitere konzeptionelle Entscheidung beim Design eines Dialogsystems muss in Bezug auf die Systembestätigungen getroffen werden. Von einer expliziten Bestätigung wird gesprochen, wenn die Verifikation direkt nach der Eingabe durch den Benutzer erfolgt. Auf diese Weise kann eine vom System falsch verstandene Benutzeräusserung sofort korrigiert werden, es muss aber bedacht werden, dass sich der Dialog entsprechend verlängert (Cohen et al. 2007: 221f.). Um den Dialog kürzer und flüssiger zu gestalten, bietet sich eine implizite Bestätigungsstrategie an. Dabei werden vom System mehrere Benutzereingaben zusammengefasst, um sie vom Benutzer bestätigen zu lassen. Somit wird der Dialog natürlicher, da er nicht so oft vom System durch Wiederholungen des Gesagten unterbrochen wird. Falls jedoch mehr als eine Benutzereingabe vom System falsch verstanden wurde, können lange und komplizierte Frage-Antwort-Sequenzen folgen, die den Dialog noch stärker als eine explizite Bestätigungsstrategie in die Länge ziehen. Zudem erfordert die implizite Bestätigungsstrategie einen aufmerksamen und konzentrierten Benutzer, dessen Kurzzeitgedächtnis stark gefordert wird.

Um einen Überblick über den gesamten Dialogablauf und die jeweiligen Aktionen und Eingabeaufforderungen zu erhalten, werden die Dialogzustände und die dazugehörigen Systemansagen bei der Erstellung des Dialogkonzeptes meist in Ablaufdiagrammen dargestellt. Damit kann sichergestellt werden, dass kein Teilschritt vergessen wird (Harris 2005: 453f.).

Mittels eines *Wizard-of-Oz-Tests* (Balentine/Morgan 2001: 307f.) kann schon früh im Designprozess festgestellt werden, ob der Dialogablauf wie geplant funktioniert und ob die während des Designs getroffenen Annahmen über das Benutzerverhalten zutreffen.[28] Die Praxistauglichkeit wird dabei in einer experimentellen Testreihe überprüft, in der Testpersonen das Dialogsystem anrufen und die ihnen vorab gestellten Aufgaben zu lösen versuchen. Bei diesen Tests werden die Systemäusserungen nicht vom System ausgegeben, sondern von einem Menschen gesprochen, meist einem Mitglied des Entwicklerteams. Um die Situation möglichst realistisch

28 Eine Alternative bieten von Experten durchgeführte Schritt-für-Schritt-Tests (Nielsen 1993). Eine neue Herangehensweise stellen Engelbrecht et al. vor, die einen modellbasierten Simulationstest erstellt haben. Dabei kann das Dialogsystem in einer frühen Entwicklungsphase getestet werden, indem ein Modell des Systems erstellt und das Benutzerverhalten durch ein probabilistisches Modell simuliert wird (Engelbrecht et al. 2009).

darzustellen, wissen die Testpersonen in den meisten Fällen nicht, dass die Systemantworten von einem Menschen und nicht von einem Computer gesprochen werden (Pirker 1999).[29]

3.4.3 Prompts

Als *Prompts* werden die Systemansagen bezeichnet. Eine grundsätzliche Entscheidung, die relativ früh im Design-Prozess getroffen werden muss, ist die Frage, ob die *Prompts* vorab aufgezeichnet oder synthetisch ausgegeben werden. Für beide Varianten gibt es Vor- und Nachteile.

> Real voices tend to be more satisfying for users, easier to understand, and more comfortable to listen to. But everything they say must be recorded far before the interaction, which reduces their run-time flexibility dramatically. Synthetic voices, on the other hand, can be modified on the fly, both in term of what they say and how they sound, and they offer advantages in terms of constraining users as well. But they are wearying to listen to. (Harris 2005: 311)[30]

Ein wichtiger Punkt wurde im vorangehenden Zitat noch nicht genannt: Es gibt Anwendungen, bei denen es nicht möglich ist, die notwendigen *Prompts* im Voraus aufzunehmen. Dies ist dann der Fall, wenn das System auf mehrere Hundert oder sogar Tausende von Datensätzen zugreift, die alle vertont werden müssten (Nass/Brave 2005: 147). Das kann eine Fahrplanauskunft sein, bei der das System eine Fahrtroute bestätigen muss und dafür Tausende von möglichen Haltestellen-Namen aufgenommen werden müssten. Bei einem Bestellsystem kann es ebenso vorkommen, dass mehrere Hundert Artikel bestellt werden können. Die Artikelnamen und auch mögliche

29 Ein spezieller *Wizard-of-Oz*-Test wurde in einem kommerziellen schwedischen Routing-System durchgeführt. Dabei haben Call-Center-Mitarbeiter die Rolle des Wizards übernommen, welche die voraufgenommenen Ansagen per Knopfdruck abspielen konnten. Anstelle von Testpersonen wurde das Testsystem von realen Kunden angerufen, die zu Beginn des Gesprächs darauf hingewiesen wurden, dass sie mit einem automatischen System sprechen. Die ausgewählten Optionen der Anrufer wurden gespeichert und halfen, das definitive Design des Dialogsystems zu erstellen (Wiren et al. 2007).

30 Die Art der Systemstimme kann sich auch auf das Benutzerverhalten auswirken. Delogu et al. haben nachgewiesen, dass die Benutzer gegenüber einem System mit synthetisierten Ansagen die gleiche Frage öfters wiederholt haben als gegenüber einem System mit natürlich gesprochenen *Prompts* (Delogu et al. 1993).

Artikelattribute wie Farbe und Ausführung müssten entsprechend im Studio aufgezeichnet werden, um alle möglichen Systemausgaben vorliegen zu haben.

Zudem dürfen keine veränderlichen Daten im Dialogsystem eingebettet sein, die vom System wiedergegeben werden sollen. Inhalte von Adressdatenbanken oder E-Mails, die dem Benutzer vorgelesen werden sollen, können nicht vorab generiert werden. In solchen Situationen wird eine Kombination aus aufgezeichneten und synthetisch generierten Prompts gewählt (Nass/Brave 2005: 143f.). Grundsätzlich wird dies jedoch, wenn immer möglich, vermieden, um keinen Bruch im *hear and feel*[31] der Anwendung zu verursachen.

Die Aufnahmen der Systemprompts werden in der Regel mit professionellen Sprechern in einem Tonstudio durchgeführt. Dabei ist darauf zu achten, dass die einzelnen *Prompts* entsprechend ihrem Kontext im Dialogablauf betont werden (Cohen et al. 2007: 143). Da die Textbausteine bei der Ausgabe im Dialogsystem konkateniert werden, müssen die einzelnen *Prompts* mit unterschiedlichen Betonungen und in verschiedenen Varianten aufgezeichnet werden. Bei der Datumsangabe beispielsweise sind je nach Syntax unterschiedliche Kasusformen („Am ersten Dezember", „Der erste Dezember", „Erster Dezember") und Betonungen (Satzmitte oder Satzende) notwendig.

Bei der Erstellung der *Prompts* wird darauf geachtet, dass die einzelnen Formulierungen zu einem konsistenten Gesamteindruck des Systems führen, der an das Image und die intendierte Aussenwirkung des Unternehmens angepasst ist (Nass/Brave 2005: 47f.; Harris 2005: 308). Um einen durchgängigen Sprachduktus einzuhalten, müssen Entscheidungen zu verschiedenen Fragen getroffen werden: Ist eine dialektale Färbung oder ein Soziolekt gewünscht? Wie „wortreich" soll das System interagieren, sollen die *Prompts* eher kurz und knapp ausfallen oder umfangreich und sehr freundlich? Können domänenspezifische Fachbegriffe verwendet werden oder sollten solche besser vermieden werden? Wenn ein System nur in einer bestimmten Region benutzt wird, ist es zudem sinnvoll, die verwendeten Begriffe an die lokalen Begrifflichkeiten anzupassen.[32]

31 In Anlehnung an den Begriff *look and feel*, der das Design einer grafischen Benutzeroberfläche umfasst, wird für natürlichsprachliche Systeme von *hear and feel* gesprochen. Damit ist der Gesamteindruck der Benutzerschnittstelle gemeint, der bei einem auditiven System mit „Hör-Erlebnis" beschrieben werden kann.

32 Neben dem unterschiedlichen Datumsformat in Europa und den USA (Tag/Monat/Jahr versus Monat/Tag/Jahr) gibt es auch im deutschsprachigen Raum nationale Begriffsunterschiede, die beachtet werden sollten, wie dieses Beispiel aus der Bankenbranche zeigt:

Auch ob die *Prompts* offen formuliert oder mit klaren Eingabevorgaben versehen sein sollen, muss bei der Prompterstellung berücksichtigt werden (Balentine/Morgan 2001: 57). Bei einem Hilfetext oder bei einer Rückmeldung auf eine Fehleingabe kann es sinnvoll sein, die möglichen Eingaben zu nennen. Eine explizite Eingabeaufforderung kann zudem auch für Erstbenutzer des Systems hilfreich sein. Der Übergang von impliziten zu expliziten Formulierungen ist fliessend. Die folgende Grafik zeigt offene und explizite Formulierungen, wie sie beispielsweise in einer Fehlerschleife benutzt werden können. Im Beispiel links stellt das System eine offene Frage, im Beispiel in der mittleren Box zählt das System zusätzlich die Auswahlmöglichkeiten auf. Im Beispiel rechts schliesslich, gibt das System auch die konkreten Nutzereingaben vor.

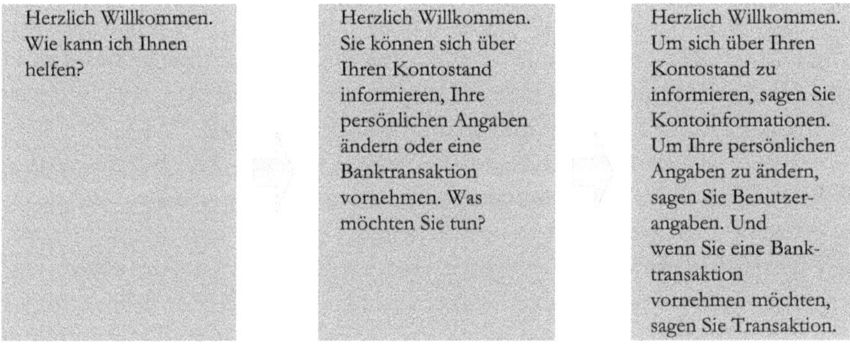

Abbildung 14: Offene und explizite Formulierungen.

Bei der Promptgestaltung sollte zudem darauf geachtet werden, dass mehrdeutige Inhalte und Systemansagen, die mehr als eine Frage beinhalten, vermieden werden. Zudem ist es wichtig, dass für den Benutzer klar ist, mit welcher Art von Systemansagen er es zu tun hat, denn neben Eingabeaufforderungen können Systemausgaben auch Rückmeldungen auf Benutzeräusserungen, Instruktionen, Hilfestellungen und transaktionsrelevante Informationsausgaben sein.

Schliesslich ergibt sich bei der Erstellung der Systemprompts die Frage, ob sie unterbrechbar sein sollen. Durch die sogenannte *Barge-In*-Möglichkeit (Cohen et al. 2007: 213f.; Balentine/Morgan 2001: 97f.) kann der Benutzer

---

Der *Einzahlungsschein* in der Schweiz wird in Deutschland *Überweisungsträger* und in Österreich *Erlagschein* genannt.

dem System ins Wort zu fallen und eine Systemansage unterbrechen. Diese Möglichkeit kann nützlich sein, wenn ein fortgeschrittener Benutzer den Dialog beschleunigen möchte. Dieses Konzept kann sich jedoch auch nachteilig auswirken, da auf diese Weise Informationen verloren gehen können, weilsich der Benutzer die Systemansagen nicht bis zum Ende anhören muss. Aus diesem Grund sollten wichtige Information stets am Anfang einer Eingabeaufforderung platziert werden, sofern die *Barge-In*-Möglichkeit gegeben ist. Grundsätzlich ist es jedoch ratsam, wichtige Informationsansagen nicht unterbrechbar zu gestalten.

3.4.4 Grammatik

Mit Grammatik ist das vom Dialogsystem zu erkennende Vokabular gemeint (Cohen 2007: 21). Da mit der Formulierung der Systemprompts bestimmte Benutzereingaben intendiert werden, gehört die Grammatikerstellung eben so zum *Voice User Interface Design* wie die Promptgestaltung.

In den kommerziell eingesetzten Dialogsystemen kommt meist eine standardisierte Spracherkennungssoftware zum Einsatz, die für das jeweilige Anwendungsgebiet und das vorliegende Dialogsystem angepasst wird. Die Standardsoftware folgt entweder einem regelbasierten oder einem statistischen Grammatik-Konzept, wobei die regelbasierten Modelle häufiger anzutreffen sind, da eine statistische Grammatik eine aufwändige Sammlung von Beispieleingaben voraussetzt (Cohen 2007: 21f., 259f.). Diese Modelle werden mit einem Vollformen-Wörterbuch ergänzt, das für das jeweilige Dialogsystem angepasst werden kann und für jeden einzelnen Eingabeschritt manuell erstellt werden muss. Bei jedem Eingabeschritt werden demnach nur vorab definierte Vokabulareinträge erkannt (Harris 2005: 268f.). Dabei gilt es, eine möglichst gute Vokabularabdeckung zu erreichen und die Anzahl der vom Benutzer verwendeten Wörter, die dem System unbekannt sind (*Out-Of-Vocabulary-Rate* oder *Out-Of-Grammar-Rate*), so klein wie möglich zu halten (Harris 2005: 277; Cohen 2007: 271).

Diese Art von Grammatiken kann zudem für beide Eingabemodalitäten benutzt werden. Je nachdem, ob der jeweilige Dialogzustand eine Sprach- und/oder Tastatursteuerung vorsieht, kann die Grammatik entsprechend angepasst werden. Dies bietet die Möglichkeit, die beiden Eingabemodalitäten zu kombinieren (Balentine 2001: 183f.). Entweder wird dem Benutzer die Wahl des Eingabemodus überlassen, indem beide Modalitäten angeboten werden, oder das System gibt bei gewissen Eingabeschritten explizit den durch die Anwendung geforderten Eingabemodus vor. Dies könnte beispielsweise bei der Eingabe von Geheim- und Kontonummern der Fall sein.

In der Praxis lässt es sich nicht vermeiden, dass die Benutzereingaben Wörter enthalten, die dem System unbekannt sind.[33] Aus diesem Grund ist die Strategie bei der Zurückweisung einer Benutzeräusserung ein wichtiges Kriterium für ein gutes Dialogsystem. Der Spracherkenner erstellt dazu für jede erkannte Benutzereingabe eine Hypothese, zu der er eine Konfidenz berechnet, die eine Aussage darüber liefert, wie sicher es ist, dass die erkannte Hypothese die richtige ist. Der errechneten Konfidenz sind dann vorab festgelegte Schwellwerte zugeordnet (Hutter et al. 2010: 668). Somit verfügt das System über ein gutes Instrumentarium, um zu entscheiden, ob eine Benutzereingabe akzeptiert oder zurückgewiesen wird oder ob eine zusätzliche Bestätigung durch den Benutzer notwendig ist (Ogawa et al. 2012).

Oft sind in den kommerziellen Dialogsystemen universelle Kommandos möglich, die vom System nicht nur in speziellen Dialogzuständen erkannt werden, sondern während des gesamten Dialogablaufs möglich sind (Balentine 2001: 63). Das heisst, dass alle möglichen Instantiierungen für diese Befehle in der Grammatik jedes Dialogzustandes enthalten sein müssen. Die universellen Befehle eignen sich beispielsweise für das Aufrufen von weiterführenden Hilfetexten. Indem diese über ein universelles Kommando aufgerufen werden können, muss der Benutzer nur einmal über das Konzept informiert werden. Durch das Benutzen des Kommandos können dann an jeder beliebigen Stelle des Dialoges kontextsensitive Erklärungen abgerufen werden.

3.5 Zusammenfassung

Dieses Kapitel gab einen Überblick über den Untersuchungsgegenstand der natürlichsprachlichen Dialogsysteme. Die Erklärungen bezogen sich dabei explizit auf telefonbasierte Dialogsysteme, die in dieser Arbeit untersucht werden.

33 Dass es auch bei eigentlich einfachen Ja/Nein-Fragen zu Antworten kommen kann, die dem System nicht bekannt sind, zeigen Bush/Guerra (2006).

Neben der technischen Konzeption wurde auch der kommerzielle Einsatz dieser Systeme vorgestellt. Der Aufbau eines Dialogsystems sowie die Komponenten Spracherkennung, Dialogsteuerung und Sprachausgabe wurden beschrieben.

Das *Voice User Interface Design* wurde vorgestellt, da das branchenübliche Vorgehen bei der Konzeption der Dialoge eine wichtige Grundlage bildet, um die Restriktionen der Mensch-Maschine-Interaktion zu verstehen. Die Teilbereiche Dialoglogik, *Prompts* und Grammatik des *Voice User Interface Designs* wurden detailliert erklärt, um das Funktionieren der produktiven Dialogsysteme verständlich zu machen.

II Theorie

4. Dialogsituation im Mensch-Maschine-Kontext

4.1 Überblick

Dieses Kapitel beschäftigt sich mit Aspekten des theoretischen Grundlagenwissens einerseits zur Mensch-Maschine-Interaktion und andererseits zur telefonischen Kommunikation. Beide Kommunikationsformen sind Teil der Interaktion mit einem natürlichsprachlichen Dialogsystem.

Das erste Unterkapitel beinhaltet die linguistische Analyse der Mensch-Maschine-Interaktion. Die Analyse beschreibt die Dialogsituation in einem sprachgesteuerten Dialogsystem von der Makrostruktur des Dialogablaufs über die mittlere Untersuchungsebene bis zur Mikroebene der Formulierungen in den Systemansagen.

Kapitel 4.3 gibt einen Überblick über die Grundsätze der Mensch-Maschine-Interaktion. Dabei werden zehn Kommunikationsprinzipien aus der Mensch-Mensch-Kommunikation vorgestellt und diskutiert, die bei der Entwicklung einer Mensch-Maschine-Schnittstelle berücksichtigt werden sollten. Zudem wird das Gesprächsverhalten in der Mensch-Maschine-Interaktion mit dem zwischenmenschlichen Gesprächsverhalten verglichen und die Abweichungen werden thematisiert. Schliesslich werden die grundsätzlichen Eigenschaften der Mensch-Maschine-Interaktion zusammengefasst.

Kapitel 4.4 zu Identität und Kompetenz des maschinellen Gesprächspartners umfasst Überlegungen zum Umgang mit der Offenlegung des maschinellen Gesprächspartners und diskutiert die Funktionskompetenz und Kommunikationsfähigkeit des automatischen Dialogsystems.

Kapitel 4.5 schliesslich beschäftigt sich mit der Benutzerfreundlichkeit (Usability) in der Mensch-Maschine-Interaktion. Dieses Kapitel geht der Frage nach, wie Benutzerfreundlichkeit in automatischen Dialogsystemen gewährleistet und überprüft werden kann. Dazu werden Usability-Maximen und ergonomische Richtlinien aus der internationalen Normenreihe ISO 9241 „*Ergonomie der Mensch-System-Interaktion*“ sowie drei unterschiedliche Forschungsansätze vorgestellt, die sich explizit mit den ergonomischen Anforderungen an eine natürlichsprachliche Benutzerschnittstelle auseinandersetzen.

4.2 Linguistische Dialoganalyse der Mensch-Maschine-Interaktion

Bei den untersuchten Telefongesprächen handelt es sich um institutionelle Telefonate, bei denen anstelle eines Call-Center-Mitarbeiters ein maschineller Gesprächspartner das Kundenanliegen entgegennimmt und so weit wie möglich bearbeitet. In den meisten Fällen kann die Bearbeitung von einem Dialogsystem nur partiell übernommen werden. Die Sprachwahl zu Beginn eines Anrufes kann beispielsweise von einem automatischen Dialogsystem gesteuert oder die erforderliche Identifizierung über die Abfrage einer Kundennummer von einem Dialogsystem übernommen werden. Danach kann der Anruf für ein Beratungsgespräch an einen Mitarbeiter im Call-Center weitergeleitet werden.

Nicht jedes Beratungsgespräch muss indes von einem Call-Center-Mitarbeiter bearbeitet werden. Weniger komplexe Anfragen wie die Durchführung einer kompakten, abgeschlossenen Transaktion oder einfache Informationsabfragen können ebenfalls von einem Dialogsystem übernommen werden. Solche *self services* umfassen beispielsweise Fahrplanauskünfte, die Buchung eines Flugtickets oder eine Kontoüberweisung. Auch einfache Informationsanfragen zu einem Produkt oder einer Dienstleistung können durch die Ausgabe der Informationen durch das Dialogsystem bearbeitet werden. Die Rolle des telefonischen Dialogsystems erstreckt sich demnach von der automatischen Vorqualifizierung des Anruferanliegens bis zu einer partiellen Beraterfunktion.

Der Dialog mit dem Dialogsystem ist in Bezug auf die Rollen der Gesprächspartner vorstrukturiert. Nothdurft spricht im Zusammenhang von Beratungsgesprächen von einem „Arrangement“, durch das die Rollenzuschreibungen an die Beteiligten als – probeweise – vollzogen gelten (Nothdurft 1994a: 38). Die Dialogrollen sind durch den Anruf im Kundenservice definiert: auf der einen Seite der Anrufer, der Rat sucht oder Fragen hat, auf der anderen Seite das Dialogsystem und/oder der Call-Center-Mitarbeiter als Repräsentant der Unternehmung in der Beraterfunktion.

Diese Rollenzuschreibungen haben Einfluss auf den Dialogablauf und -inhalt. Der Dialogablauf ist vorstrukturiert und bestimmte Dialogschritte müssen aufgrund dieses „Arrangements“ nicht mehr durchlaufen werden:

> Insbesondere erübrigen sich durch „Arrangement“ auch Erklärungen, im weiteren Beratungsverlauf bestimmte Handlungsverpflichtungen zu übernehmen bzw. Aktivitäten, dem anderen entsprechende Verpflichtungen zuzumuten. Durch „Arrangement“ kann die Bereitschaft zur Übernahme solcher Verpflichtungen in typisierter abstrakter Form als gegeben vorausgesetzt werden, ohne dass sie eigens zum Interaktionsgegenstand gemacht werden muss.
> Der Ressourcen-Charakter von „Arrangement“ liegt darin, dass sich die Beteiligten beim situativen Einsatz von „Arrangemen“ auf Sachverhaltszusammenhänge stützen bzw. berufen können, die erstens vor der aktuellen Situation bekannt, anerkannt und festgelegt waren und die sie als unproblematisch betrachten können und denen sie zweitens unterstellen können, dass sie auch ihren Interaktionspartnern bekannt etc. waren. (Nothdurft 1994a: 38)

Die Existenz dieses „Arrangements“ muss bei der Analyse der für diese Arbeit untersuchten Gesprächsaufnahmen bedacht werden. Gerade durch dieses Vorwissen und die gemeinsamen Präsuppositionen ergeben sich für die Mensch-Maschine-Dialoge starre und stark strukturierte Dialogabläufe.

Der strukturierte Ablauf wird zudem von der Zielorientiertheit der Dialoge unterstützt. Der Anrufer hat ein bestimmtes Ziel, die Beantwortung einer Frage oder das Durchführen einer Transaktion, was zum gemeinsamen Kommunikationsziel wird.

Wird ein Anruf durch ein automatisches Dialogsystem bearbeitet, müssen mehrere Dialogschritte abgearbeitet werden, die bei einer persönlichen Beratung in wenigen Schritten erledigt werden können. Die Bestandteile des automatisierten Dialogablaufes werden im folgenden Diagramm, basierend auf den untersuchten Dialogsystemen, dargestellt.

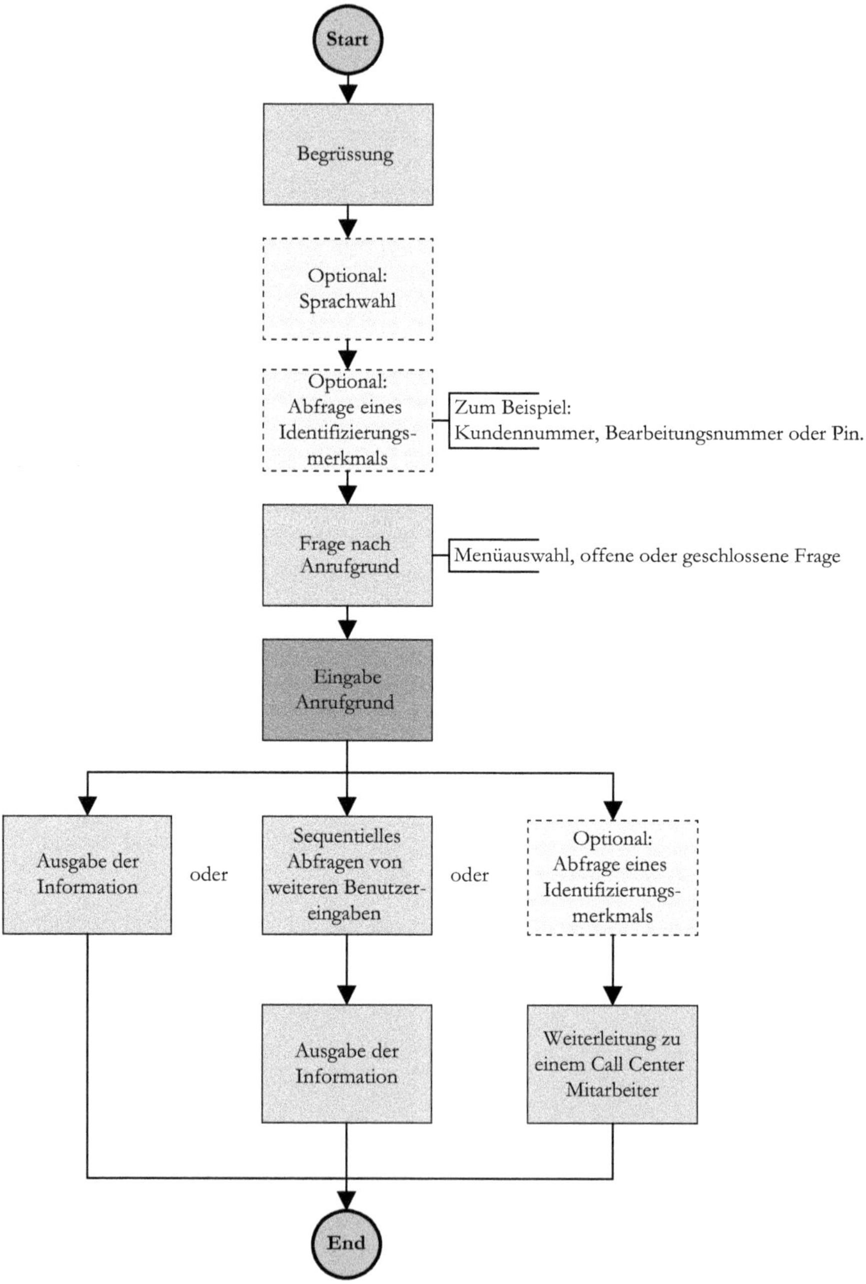

Abbildung 15: Makrostruktur des Dialogablaufs.

Die schematische Makrostruktur des Dialogablaufs zeigt farblich markiert die *turns* des Systems (blau) und diejenigen des Anrufers (rot). Durch die farbliche Markierung ist es besonders augenfällig, dass die *turns* des Systems überwiegen, auch wenn die im Diagramm hell markierten und nicht zwingend erforderlichen Dialogschritte nicht instantiiert werden.

Die farbliche Markierung zeigt zudem deutlich auf, dass das System durch den Dialog führt. Dem System obliegt die Initiative in einem Dialog, der durch Frage-Antwort-Sequenzen oder Aufforderung-Eingabe-Sequenzen strukturiert ist. Die Systemansagen werden dabei so formuliert, dass sie das Antwortspektrum des Anrufers möglichst stark einschränken. Der Benutzer soll implizit dazu gebracht werden, seine Antwort so zu gestalten, dass sie vom System erkannt und verarbeitet werden kann.

Um die Gespräche mit einem Dialogsystem aus linguistischer Sicht genauer betrachten zu können, soll folgende Transkription einer Gesprächsaufnahme aus dem Korpus als Beispieldialog dienen. Die Transaktion zeigt einen Anruf bei der automatischen Kinoprogrammauskunft, die für die Frage nach dem Anrufgrund kein Menü vorgibt, sondern den Dialog mit einer offenen Frage beginnt.

Kinoprogrammauskunft: Aufnahme 1.01.3
S = System (männliche Stimme)
A = Anrufer

Jingle: Musik (Fanfare), Blasinstrumente (ca. 5 Sek)
01 S: HALLo und herzlich willkommen bei der
kinoauskunft für die kinos cinecitta, imax,
mad, atrium, meisengeige, metropolis und
casablanca in x und das manhattan in x.=
02 =ich KENne das programm für die woche
vom <<abgehackt>zwanzigsten bis zum
sechsundzwanzigsten oktOBer↑>
03 sie dürfen mich JEDerzeit unterbrechen und
FRAgen stellen.
04 Zum beispiel WAS läuft heute um acht uhr im
cinecitta? oder auch WELche filme laufen im
metropolis?=
05 =wenn ich sie mal FALsch verstehe,geben sie
bitte nicht auf und wiederholen sie einfach
ihren wunsch.
06 dieses gespräch wird zur qualitätssicherung
aufgezeichnet.

07 ALso, WIE kann ich ihnen helfen?

08 A: ich möchte gerne den film flightplan sehen.

09 S: gut, um wie viel UHR etwa möchten sie ins kino?

10 A: heute abend.

11 S: <<abgehackt> also am> mittwoch zwischen achtzehn und zweiundzwanzig uhr den film flightplan ohne jede spur.

12 S: richtich?

13 A: richtich.

14 S: der film flightplan ohne jede spur wird am mittwoch in x im kino cinecitta zu folgenden zeiten gezeigt: um achtzehn uhr fünf, um zwanzig uhr fünfzehn, um zwanzig uhr fünfundvierzig und schliesslich um zweiundzwanzig uhr fünfundvierzig↑

15 möchten sie noch eine information?

((A legt auf.))

Da bei diesem System freie Eingaben in ganzen Sätzen möglich sind, ist auf Ebene der Makrostruktur der Dialogablauf dem Gespräch mit einem Call-Center-Mitarbeiter sehr ähnlich.

Wird die nächste Analysekategorie betrachtet, die Kategorien der mittleren Ebene, muss noch einmal erwähnt werden, dass es sich bei der Interaktion mit einem Dialogsystem um eine stark formalisierte und kanalisierte Interaktion handelt. Die Gesprächssequenzen setzen sich aus sprachlichen Handlungspaaren zusammen, indem Aufforderungen des Systems mit der gewünschten Handlung quittiert (*„Bitte geben Sie Ihre Kundennummer ein.“*, *„Bitte wählen Sie den gewünschten Menüpunkt.“*) und Fragen vom System (*„Was möchten Sie wissen?“*, *„Wo möchten Sie einsteigen?“*) entsprechend beantwortet werden.

Aus handlungstheoretischer Sicht besteht der Dialog aus Handlungspaaren (*adjacency pairs*), die durch eine Beziehung konditioneller Relevanz geprägt sind (Kallmeyer/Schütze 1976: 15).[34] Das heisst, dass eine Sprachhandlung eine bestimmte korrespondierende Antworthandlung evoziert, die dadurch erwartbar wird (ebd.). Solche starken Reaktionsverpflichtungen bestehen für Handlungspaare wie Gruss-Gegengruss oder die im Beispieldialog

34 Siehe dazu auch Schegloff, 1972, Schegloff 1973, Gumperz 1982, Heritage 1984, Pomerantz 1984 und Gruber 2002.

angetroffenen Frage-Antwort-Paare. Die Interaktion mit einem Dialogsystem zeichnet sich ebenfalls durch solche Handlungspaare aus, die den Dialogablauf in Elementarsequenzen unterteilen. Die Interaktion ist durch Frage-Antwort-Paare strukturiert.

> Dass Fragehandlungen Mittel zur Organisation des Rederechts sowie der Dialogverläufe sind, ist auf ihre sequenzeröffnende Stellung zurückzuführen: Wer fragt, kann einen Sprecherwechsel initiieren, einen neuen Sprecher, den Adressaten der Frage, auswählen und ein Relevanzkriterium für eine angemessene Dialogfortsetzung einführen. (Bucher 1994: 249)

Im Fall der automatischen Interaktion mit einem Dialogsystem können diese Elementarsequenzen gemäss Fritz (1994: 183) als lokale Sequenzen gesehen werden, da die Sprachhandlungen direkte Anschlussmöglichkeiten eröffnen oder verschliessen.

Das System formuliert in der Sprecherrolle Fragen und setzt in der Hörerrolle die entsprechenden Hörverstehensakte um: In Zeile 09 wird die Eingabe des Anrufers vom System mit einem *„Gut.“* quittiert, wodurch das System als Hörer die Rückmeldung gibt, die Antwort des Anrufers als Information zur vorangegangenen Frage verstanden zu haben.

Auf der Mikroebene schliesslich lässt sich feststellen, dass die Formulierungen in den Systemansagen sich stark an der gesprochenen Sprache orientieren, nicht immer grammatikalisch korrekt sind und sogar Satzfragmente zulassen wie im Beispieldialog in Zeile 12 ersichtlich ist (*„Richtich?“*).

In der Beispieltranskription erhält der Anrufer die gewünschte Information und die Interaktion verläuft erfolgreich – es treten keine Verständigungs- oder andere Kommunikationsprobleme auf. Dieser Umstand steht im Widerspruch zu folgender Aussage:

> Nur menschliche Kommunikationsbeteiligte sind (bisher) in der Lage, kommunikative Ordnung lokal auszuhandeln. Sobald eine Maschine an die Stelle eines Kommunikationsbeteiligten tritt, wird die Möglichkeit der Aushandlung kommunikativ-sozialer Realität suspendiert. (Schmale 1988: 11)

Diese vor 26 Jahren getroffene Aussage trifft auf die kommerziell eingesetzten Dialogsysteme noch immer zu: Die Maschine ist nach wie vor nicht in der Lage, kommunikative Ordnung auszuhandeln. Trotzdem wurde in diesem kurzen Dialog das Dialogziel erreicht. Dies kann einerseits damit erklärt werden, dass es sich um einen einfachen, sehr stark strukturierten und zielorientierten Dialog handelt. Andererseits wird die Aushandlung um ein gemeinsames Verständnis der kommunikativ-sozialen Wirklichkeit vorweggenommen. Dem Dialogsystem gelingt es nämlich, eine Verständigungswirklichkeit und Intersubjektivität zu suggerieren, indem es einzelne Bestandteile der dialogischen Kommunikation nachstellt oder sich dieser bedient.

> Damit Handelnde ihre Aktivitäten miteinander koordinieren können, müssen sie sich zuerst auf eine gemeinsame Sicht der Situation verständigen. Intersubjektive Verständigung ist nicht einfach gegeben (etwa durch ein gemeinsames Symbolsystem), sondern ist das Produkt eines interaktiven Prozesses. Intersubjektivität zwischen Handelnden muss laufend aktiv hergestellt werden. (Zielke 2007: 78)

Diese gemeinsame Sicht der Situation ist im Fall der untersuchten Mensch-Maschine-Interaktionen gegeben, da vom System eine Dialogsituation nachgebildet wird, die sich an die Mensch-Mensch-Kommunikation anlehnt. Das System suggeriert eine Verständigungswirklichkeit oder – für diese Dialogart passender – eine Vollzugswirklichkeit (Bergmann 1994: 6), indem es eine Rolle einnimmt. Um diese Rolle des Call-Center-Agenten einzunehmen, bedient sich das System der menschlichen Stimme und Formulierungen, die in Bezug auf Syntax, Lexik und Prosodie dem menschlichen Vorbild nachempfunden sind.

Da es sich bei dieser Gesprächsart allgemein um eine zielorientierte und strukturierte Kommunikation handelt, führt dies dazu, dass das Gespräch auch in der Mensch-Mensch-Kommunikation vom Call-Center-Mitarbeiter dominiert wird. Die Gesprächsführung durch das System stimmt somit mit dem Original überein und auch die Dialogunterteilung in Elementarsequenzen ist bei der beidseitig menschlichen Kommunikation gegeben.

Bei der Simulierung der Vollzugswirklichkeit ist das System darauf angewiesen, dass die Nachbildung vom Anrufer anerkannt wird und er gewillt ist, sich dem System gegenüber kooperativ zu verhalten. Krallmann et al. stellen richtigerweise fest, dass überhaupt erst durch das kooperative Mitspielen des Anrufers bei der Dialogsimulation eine System-Nutzer-Interaktion möglich ist. Dazu bedarf es der folgenden kommunikationslogischen Annahme:

> Die Simulation von Dialog durch den Benutzer ist eine notwendige, die Modellierung von Dialog durch ein System eine hinreichende Bedingung für Systemdialoge. (Krallmann et al. 1981: 185)

Das heisst, dass der Benutzer die Systemansagen verstehen muss und in der Lage sein sollte, diese richtig einzuordnen.

> Diese Simulationsbedingung ist als eine kommunikationslogische Regel zu interpretieren, die den „universe of discourse“ von Systemdialogen einem Spielrahmen in der Weise gleichstellt, dass alle systemrationalen Sprach- und Dialogverarbeitungen eines Systems solange als zugelassen gelten, wie sie vom Benutzer deutbar und rekonstruierbar sind. (Krallmann et al. 1981: 186)

Diese Aussage lässt sich bezüglich der Anforderungen für ein Dialogsystem folgendermassen umformulieren: Solange für den Benutzer die Systemansagen und -reaktionen nachvollziehbar sind, kann die Dialogsimulation aufrechterhalten werden. Das heisst, dass das Systemdesign auf die Systemfähigkeiten abgestützt werden muss, um beim Benutzer einen kohärenten und somit nachvollziehbaren Gesamteindruck zu hinterlassen. Im Idealfall treffen die Vorstellungen des Systemdesigners, der die verwendeten Systemansagen und das implementierte Systemverhalten konzipiert hat, mit den Vorstellungen zum Systemfunktionieren zusammen, die sich der Benutzer während der Bedienung des Systems macht.

Es soll jedoch nicht der Eindruck entstehen, dass die untersuchten Mensch-Maschine-Dialoge mit der mündlichen Kommunikation menschlicher Gesprächspartner gleichzusetzen sind.

Fiehler (2009b: 30) definiert für die mündliche Kommunikation die folgenden Grundbedingungen:

1. Mindestens zwei Parteien verständigen sich – zur Realisierung spezifischer Ziele und Zwecke –
2. in gemeinsamer Situation füreinander präsent,
3. in wechselseitiger sinnlicher Wahrnehmung,
4. parallel und gleichzeitig auf verschiedenen kommunikativen Ebenen,
5. in ständiger wechselseitiger Beeinflussung,
6. mit kurzlebigen körperlichen Hervorbringungen (lautlichen Äusserungen, Körperbewegungen),
7. in zeitlicher Abfolge.

Der erste Punkt ist in den untersuchten Mensch-Maschine-Interaktionen klar durch zwei Gesprächsparteien definiert. Problematischer gestaltet sich der zweite Punkt: Kopräsenz heisst, dass die *„beteiligten Parteien sehen, mit ‚wem sie es zu tun haben‘ und sich aufeinander einstellen können“* (Fiehler 2009b: 31). Bei den untersuchten Dialogsystemen ist die Kopräsenz nicht gegeben, die Gemeinsamkeit wird mithilfe der telefonischen Kommunikation hergestellt, welche die räumliche Trennung überbrückt. Die technisch vermittelte

Kommunikation ist gegenüber Face-to-Face-Gesprächen jedoch reduziert, da die visuelle Ebene fehlt.[35]

Auch die dritte Bedingung, die wechselseitige Wahrnehmung, ist bei den Mensch-Maschine-Dialogen eingeschränkt. Neben dem visuellen Kanal fehlt auch das gemeinsame Wahrnehmungsfeld und die Wechselseitigkeit der Wahrnehmung ist nicht möglich. Der menschliche Gesprächspartner kann in der gemeinsamen Kommunikation Hinweise sammeln und sich daraus eine Vorstellung vom Funktionieren des Dialogsystems erstellen, doch muss diese ständig verifiziert werden, da ihm eine umfassende Bestätigung seiner Inferenzen fehlt.[36]

Multimodalität als vierte Bedingung verweist darauf, dass es sich bei mündlicher Kommunikation nicht alleine um verbale Kommunikation handelt. Sie umfasst ebenso visuelle Wahrnehmung und körperliche Kommunikation wie Mimik, Gestik und Körpersprache. Auch hier sind die untersuchten Dialoge eingeschränkt aufgrund des telefonischen Übertragungskanals. Denkt man jedoch an Mensch-Maschine-Kommunikation im Sinne von Robotern oder Touchscreen-basierten Steuerungsmodulen wie Smartphones oder Navigationsgeräten, können in der Mensch-Maschine-Kommunikation zusätzliche Kommunikationsebenen wie Bildschirm-Eingaben und Bewegungssensoren hinzukommen.

Die fünfte Grundbedingung ergibt sich aus den vorangehenden Bedingungen: Durch Kopräsenz und wechselseitige Wahrnehmung beeinflussen sich die Gesprächspartner gegenseitig und ermöglichen so die gemeinschaftliche Interaktion. Nicht nur die Interaktion als Ganzes, jeder Gesprächsbeitrag muss aufgrund der ständigen wechselseitigen Beeinflussung als gemeinsames Produkt (Fiehler 2009a: 1184) angesehen werden. Das Dialogsystem genügt dieser Anforderung grundsätzlich, da es auf die Nutzereingaben adäquat zu reagieren vermag. Der Grad der Interaktivität entspricht jedoch nicht demjenigen eines menschlichen Gesprächspartners. Hier lassen sich mithilfe des Modells zur Gesprächskompetenz von Becker-Mrotzek (2009: 79f.) die Schwachstellen des Dialogsystems aufzeigen. Das Kompetenzmodell umfasst die vier Bereiche Thematische Fähigkeit, Fähigkeit zur Identitätsgestaltung, Fähigkeit zur Mustergestaltung und Fähigkeit zur Unterstüzung. In den untersuchten Dialogen können dem Dialogsystem

35 Der daraus entstehende kommunikative Mehraufwand (Fiehler 2009a: 1182) ist in Kapitel 5.3 Telefongespräch als Mediengesprächstyp beschrieben.

36 Siehe dazu Kapitel 5.2 Linguistische Analyse der doppelten Kommunikationstechnologie.

gute Fähigkeiten bei der thematischen Fähigkeit und der Fähigkeit zur Mustergestaltung attestiert werden. Die thematische Fähigkeit ergibt sich aus der eingeschränkten Domäne, in der die Dialogsysteme eingesetzt werden, die Fähigkeit zur Mustergestaltung durch die institutionellen Gespräche und deren Zielorientiertheit. Die Fähigkeit zur Identitätsgestaltung ist beim Dialogsystem eingeschränkt, da es einerseits als Repräsentant einer Institution auftritt und andererseits keine vorgefertigten Erwartungen ausfüllen kann. Auch bei der Fähigkeit zur Unterstützung ist das Dialogsystem limitiert, da die Reparaturmechanismen zur Verfügung stehen.[37]

Auch die sechste Grundbedingung, die Flüchtigkeit der gesprochenen Sprache, ist bei der Kommunikation mit dem Dialogsystem grundsätzlich gegeben. Doch auch hier lässt sich über den Kompetenzgrad des Dialogsystems streiten. Die mündliche Verständigung ist kurzlebig, da sie durch Laute generiert wird, die nur Sekunden dauern. Das Dialogsystem hat nur einen Versuch und muss zudem sehr schnell sein, die Nutzeräusserung zu verstehen. Aufgrund des aktuellen Technikstandes verfügt das Dialogsystem über eine eingeschränkte rezeptive und produktive phonische Qualifikation (Ehlich 2005: 12) und wird diesen hohen Anforderungen nicht immer gerecht, wie die Gesprächsaufnahmen zeigen.

Die letzte Bedingung fokussiert auf die Zeitlichkeit und Prozessualität mündlicher Kommunikation. Innere Vorgänge wie Gedanken werden versprachlicht und erfordern dadurch eine Portionierung und Sequenzialisierung der sprachlichen Äusserungen. Es geht nicht nur um den zeitlichen Gesprächsablauf, sondern auch darum, dass die mündliche Kommunikation einen strukturierten Prozess aus Sprechen und Zuhören darstellt (Hausendorf 2007: 14). Durch den Einsatz von Dialogsystemen in zielorientierten institutionellen Gesprächen werden die Anforderungen an die Sprecher in diesem Bereich auf ein Minimum reduziert. Die untersuchten Dialoge bestehen zu einem Grossteil aus Frage-Antwort-Paaren, welche die Gesprächseinheiten klar voneinander abgrenzen und das Turn-Taking vereinfachen.

Der Vergleich von Mensch-Maschine-Dialogen mit der Kommunikation zwischen menschlichen Gesprächspartnern aufgrund von Fiehlers Grundbedingungen für die mündliche Verständigung lässt auf die Frage, ob es sich bei den untersuchten Dialogen um Gespräche handelt, verschiedene Schlussfolgerungen zu. Je nach Blickwinkel können die vorliegenden

37 Siehe Kapitel 7.5.2 Systemseitige Reparaturen.

Gespräche lediglich als Simulation von Gesprächen bezeichnet werden, da grundlegende Kommunikationsbedingungen fehlen.

Sie können jedoch auch als kommunikative Praktik beschrieben werden, bei der Kopräsenz und Multimodalität eingeschränkt und wechselseitige Wahrnehnung bedingt oder gar nicht vorhanden sind. Diese Argumentation lehnt sich an Fiehler an, für den die Kriterien Parteigrösse, Kopräsenz, wechselseitige Wahrnehmung, Multimodalität und Interaktivität keine allgemeingültigen Bedingungen für mündliche Praktiken, sondern unterschiedliche Ausprägungen darstellen, *„die Gruppen von kommunikativen Praktiken differenzieren"* (Fiehler 2009a: 1179).

Bei der Gegenüberstellung von Gesprächen zwischen menschlichen Gesprächspartnern und der Mensch-Maschine-Kommunikation steht jedoch weniger die Definition der untersuchten Dialoge im Vordergrund als die Auswirkung der Unterschiede auf die Dialog-Gestaltung. Aufgrund der verminderten wechselseitigen Wahrnehmung kann davon ausgegangen werden, dass die Gesprächsorganisation in der Mensch-Maschine-Kommunikation nur bedingt „natürlich" erfolgen kann und Optimierungen beim Sprecherwechsel anzusetzen sind.

Wittig bringt durch seine Dialog-Definition einen weiteren Aspekt in die Analyse der Mensch-Maschine-Interaktion: Gemäss seiner Definition der Mensch-Maschine-Interaktion darf die vorliegende Beispieltranskription nicht als Dialog bezeichnet werden. Als Dialog darf eine Interaktion nur dann benannt werden, wenn die folgenden fünf Punkte gegeben sind (Wittig 1979: 96):

1. Ein Dialog ist ein Zwiegespräch, bei dem einer der beiden Partner eine Maschine sein kann.
2. Thematisch bestimmte Äusserungen werden an den Partner gerichtet und beantwortet (die Intentionalität fällt damit heraus).
3. Bei mindestens einem Partner tritt eine Wissenserweiterung auf.
4. Der Dialog muss keine kommunikative, sondern kann eine zweckrationale Handlung sein.
5. Die Rollen der beiden Partner sind bzgl. der Punkte 1 bis 4 vertauschbar.

Beim aufgeführten Dialogbeispiel kann somit nicht von einem Dialog gesprochen werden, obwohl die Benutzereingaben frei formuliert werden können. Es handelt sich in diesem Fall nicht um einen Dialog, da die Interaktionsrollen nicht vertauscht werden können und bestimmte Sprechakttypen nur in eine Interaktionsrichtung möglich sind. Die Frage wird vom System gestellt und vom Anrufer beantwortet, eine Umkehrung ist nicht möglich.

Wittigs Definition erlaubt es, verschiedene Systeme aus dem Umfeld der Mensch-Maschine-Interaktion zu klassifizieren. Wichtig ist es dabei, herauszustreichen, dass die Mensch-Maschine-Interaktion keine Kommunikation in Form von sozialem Handeln, sondern zweckrational orientiert ist. Durch die Anforderung, dass die Interaktionsrollen vertauschbar sein müssen, wird die Definition jedoch zu streng und insbesondere den kommerziell eingesetzten Systemen nicht gerecht. Diesen Systemen würde dadurch die „Dialogfähigkeit" abgesprochen. Zudem fehlt eine Unterscheidung bezüglich der Eingabemöglichkeiten (Ein-Wort-Kommandos oder frei formulierte Eingaben). Vielleicht ist darin ein Grund zu sehen, warum sich diese Definition nicht durchgesetzt hat und heute auch bei Systemen ohne die Möglichkeit des Interaktions-Rollentausches von Dialogsystemen gesprochen wird.

Aus linguistischer Sicht ist die Frage nach der Perspektive interessanter: Ist das Dialogsystem als Gesprächspartner oder Instrument zu sehen? Das Beispiel der Kinoprogrammauskunft ist aufgrund des natürlichen Gesprächsablaufes auf der Skala zwischen Instrument oder Gesprächspartner eher auf Seiten des Gesprächspartners anzusiedeln. Das folgende Transkriptionsbeispiel hingegen zeigt eher eine Instrumentalisierung des Systems.[38]

Die folgende Transkription zeigt nicht den gesamten Dialog.

Verkehrsinformation: Aufnahme 1.19.3 (00:00–01:30)
S = System (weibliche Stimme)
Sf = System (weibliche Stimme, französisch)
Si = System (weibliche Stimme, italienisch)
Sm = System (männliche Stimme)
A = Anrufer

01 S: <<mit Jingle unterlegt> x: verkehrsinfo>
02 Sf: <<mit Jingle unterlegt> infotraffic>
03 Si: <<mit Jingle unterlegt> infotraffico>
04 S: (-) sagen sie deutsch.
05 Sf: [dites...]
06 A: [deutsch.]

38 Die Systemansagen in den Zeilen 1 bis 3 enthalten eine dreisprachige Ansage, die von drei verschiedenen weiblichen Stimmen gesprochen wird und von einem Musik-Jingle unterlegt ist. Die Systemansagen werden von zwei unterschiedlichen Stimmen gesprochen: S ist eine weibliche Stimme, Sm eine männliche Stimme. Bei beiden handelt es sich um nicht synthetisierte Stimmen.

```
07   S:   herzlich willkommen beim service infotraffic
          von x.
08        welche information wünschen sie?
09        sagen sie gliontunnel, autobahnen, kantone,
          pässe, autoverlad oder schienenverkehr.
10   A:   pässe.
11   S:   nennen sie einen pass oder sagen sie
          überblick.
12   A:   FURkapass.
13   Sm:  furkapass: normal befahrbar.
14   S:   im moment liegen keine weiteren
          informationen vor.
15        wenn sie etwas nochmals hören möchten, sagen
          sie wiederholen.
16   A:   °h ähm,[autoverlad.]
17   S:          [sie kön...]
18        nennen sie eine verladestation oder sagen
          sie überblick.
19   A:   realp.
20   Sm:  autoverlad furka, verladestation realp:
          normal befahrbar.
21   S:   im moment liegen keine weiteren
          informationen vor.
22        [wenn...]
23   A:   [oberwald.]
24   Sm:  autoverlad furka, verladestation oberwald:
          normal befahrbar.
25   S:   im moment liegen keine weiteren
          informationen vor.
26        wenn sie etwas nochmals hören möchten, sagen
          sie wiederholen.
```

Die Interaktion in diesem Beispiel entspricht einem *Steuern über Sprache*, das der Erreichung eines bestimmten Zieles dient. Das System ist weniger Gesprächspartner als Instrument, das zur Informationsgewinnung oder Transaktionsdurchführung eingesetzt wird. Dieses Beispiel zeigt, dass das *Steuern über Sprache* klar vor dem Kommunizieren steht. Sogar die Systemansagen sind nicht natürlichsprachlich, sondern knapp und maschinell formuliert. Die Systemaussagen in den Segmenten 13, 20 und 24 erinnern an geschriebene Informationsausgaben, wie sie auf einer Webseite zu finden sind, und unterscheiden sich klar von der geradezu eloquent anmutenden Informationsausgabe im vorhergehenden Beispiel der Kinoprogrammauskunft.

Die beiden Beispieltranskriptionen zeigen somit die zwei Extrempunkte des Spektrums an Interaktionsformen und -stilen, wie sie bei produktiven Dialogsystemen anzutreffen sind. Bei der Auswahl der untersuchten Systeme wurde darauf geachtet, dass möglichst unterschiedliche Interaktionsstile vertreten sind.

4.3 Grundsätze der Mensch-Maschine-Interaktion

Für die Interaktion zwischen Mensch und Maschine ist eine Benutzerschnittstelle notwendig, die es dem menschlichen Anwender ermöglicht, die Maschine, den Computer oder – allgemein gesprochen – ein technisches System zu bedienen. Die Bedienung kann über eine grafische Benutzeroberfläche, über eine Tastatur, einen Touchscreen oder sprachliche Eingaben erfolgen. Bei den sprachlichen Eingaben ist zwischen der geschriebenen und der gesprochenen Form zu unterscheiden und auch danach, ob natürlichsprachliche Eingaben möglich sind oder eine systemabhängige Kommandosprache verwendet werden muss.

Bei den untersuchten telefonbasierten Dialogsystemen ist ein natürlichsprachlicher Zugang möglich, wodurch sie einen entscheidenden Vorteil gegenüber anderen Benutzerschnittstellen aufweisen: Der Benutzer muss keine spezielle Abfragesprache lernen, um erfolgreich mit dem System zu interagieren. Da der intuitive Zugang sofort genutzt werden kann, braucht es zudem keine vorgängige Einarbeitungszeit. Die sofortige Nutzbarkeit ist somit ein weiterer Vorteil dieser Art Nutzerschnittstelle.

Der Gebrauch der natürlichen Sprache als Abfragesprache ist jedoch Beschränkungen unterworfen, da das vollständige Verstehen von natürlicher Sprache und somit die maschinelle Nachbildung des menschlichen Denkens noch nicht erreicht wurde.[39] Bei den telefonbasierten Dialogsystemen kommt

39 Der Turing-Test wurde von Alan Turing (1950) vorgeschlagen, um die Frage „Können Maschinen denken?" zu entscheiden. Der Test besteht in einem sogenannten *imitation game*, bei dem die Maschine ihr dem Menschen gleichwertiges Denkvermögen unter Beweis stellen soll. Bei diesem Test unterhält sich ein menschlicher Fragesteller per

zudem die Umsetzung in gesprochene Sprache hinzu, da sowohl die Ein- als auch die Ausgaben in gesprochener Sprache erfolgen. Der Stand der technischen Entwicklung des maschinellen Sprachverstehens bestimmt somit die Beschränkungen, welchen die natürlichsprachlichen Benutzerschnittstellen unterworfen sind. Um diesen funktionalen Nachteil zu kompensieren, wird versucht, bei der Konzeption des Dialogsystems grundlegende menschliche Verhaltensweisen zu berücksichtigen. Eine solche grundsätzliche Verhaltensweise des menschlichen Benutzers in der Mensch-Maschine-Interaktion ist die Folgende:

> Humans use the same parts of the brain to listen to computer speech and speak to computers as they listen and speak to other humans. This commonality in the „hardware" and mechanisms in the brain underlies the users' social responses to speech technologies. Recent research has provided clear empirical evidence that users exhibit the same social and human-directed responses to speech interfaces. (Nass, Gong 2004: 27)

Diese Aussage ist deshalb von Bedeutung, weil sie die allgemein akzeptierte Herangehensweise bei der Erstellung von natürlichsprachlichen Dialogsystemen begründet. Da Menschen mit einer Maschine in gleicher Art und Weise wie mit einem Menschen sprechen, gilt es als legitimiert, in der Mensch-Maschine-Interaktion den Dialog zwischen zwei menschlichen Gesprächspartnern nachzubilden. Das Kopieren der menschlichen Kommunikation bezieht sich dabei auf alle Aspekte der Interaktion. So haben Nass und Gong versucht, aufgrund der Beobachtung und Analyse des Dialogs zwischen

---

Computer-Chat (schriftliche Eingaben per Tastatur und Bildschirm) mit zwei verschiedenen Gesprächspartnern, zu denen weder Blick- noch Hörkontakt besteht. Der eine Gesprächspartner ist eine Maschine, der andere ein Mensch, die beide versuchen, den Fragesteller davon zu überzeugen, dass sie denkende Menschen sind. Der Fragesteller hat die Aufgabe, mittels Befragung herauszufinden, bei welchem der beiden Gesprächspartner es sich um die Maschine handelt. Gelingt ihm dies nicht, ist der Test bestanden. Bislang hat jedoch noch kein Computerprogramm den Turing-Test bestanden (vgl. Turing 1950).

Den sehr hohen Wert von 59,3 % „Menschlichkeit" hat die Konversationssoftware *Cleverbot* bei einem Technik-Event in Indien erreicht. 30 Freiwillige haben sich 4 Minuten lang mit einem unbekannten Gesprächspartner per Texteingabe unterhalten. Die 1'300 Teilnehmer des Events haben danach über den Grad der „Menschlichkeit" der Antworten entschieden. Dabei stehen den 59,3 % für die Maschine 63,3 % für die menschlichen Gesprächspartner gegenüber, ein nur noch um wenige Prozentpunkte höherer Wert (www.cleverbot.com, http://www.pressetext.com/news/20110913022, zitiert 13.9.2011).

menschlichen Gesprächspartnern Grundsätze für die erfolgreiche Konzeption der Mensch-Maschine-Interaktion zu gewinnen. Sie haben dabei auf der Grundlage des menschlichen Kommunikationsverhaltens zehn Prinzipien erarbeitet, die bei der Entwicklung einer Mensch-Maschine-Schnittstelle beachtet werden sollten. Diese Prinzipien umfassen grundlegende Aspekte der menschlichen Kommunikation, deren Wichtigkeit beim Bau eines natürlichsprachlichen Dialogsystems berücksichtigt werden sollte. Die Prinzipien sind aufgrund von Analysen der kognitiven Fähigkeiten und Verbindungen entstanden, die einem Gespräch mit menschlichen Gesprächspartnern zugrunde liegen. Diese Prinzipien umfassen die folgenden zehn Punkte:

Principle 1: Gender perception is foremost and powerful
Principle 2: Emotion is an essential component of voice
Principle 3: Voice manifests personality
Principle 4: A voice is asssociated with a face
Principle 5: Humans speak to express affect as well as meaning
Principle 6: Humans speak to be understood
Principle 7: Humans speak multimodally
Principle 8: Social presence is psychologically important
Principle 9: Humans expect reciprocity and symmetry when they converse
Principle 10: Spoken dialog is a collaborative act
(Nass, Gong 2004: 25f.)

Im Folgenden werden die zehn Prinzipien von Nass und Gong diskutiert und in Bezug zu den untersuchten telefonbasierten Dialogsystemen gestellt.

1. Wahrnehmung des Geschlechts:
   Das Verhalten der Gesprächspartner wird durch die Wahrnehmung des Geschlechts des Gesprächspartners beeinflusst, da unbewusst eine Geschlechtszuordnung und -einteilung vorgenommen wird. Dies kann bei den Gesprächsteilnehmern zu einem stereotypen Geschlechterrollenverhalten führen.

   ➔ Auch bei einem natürlichsprachlichen Dialogsystem muss demnach davon ausgegangen werden, dass es einen Einfluss auf den Benutzer hat, ob das System über eine weibliche oder männliche Stimme verfügt. Je nach Anwendungsgebiet muss bei der Konzeption darauf geachtet werden, eine passende Stimme für das System zu finden, da angenommen werden kann, dass die geschlechtsstereotypen Vorstellungen der Benutzer ihre Einschätzung des Systems beeinflussen. So wird eine weibliche Stimme eher als sozial kompetent, freundlich und hilfsbereit empfunden, was durch das Rollenbild des „Fräuleins von der Auskunft" oder allgemein durch das Bild der weiblichen Rezeptionistin geprägt sein könnte. Männliche Stimmen hingegen gelten als vertrauenswürdig und kompetent vor allem, wenn sie für technische Auskünfte und Anleitungen eingesetzt werden. Wichtig ist dabei, dass die durch das Anwendungsgebiet vorgegebenen Stereotype sich kulturell unterscheiden können.[40] Bei der Wahl der Stimme sollte dieser Umstand berücksichtigt werden. Die Stimme sollte entsprechend der in der Zielgruppe vorherrschenden stereotypen Vorstellung ausgewählt werden, um die Akzeptanz des Systems zu fördern.[41]

Auch wenn keine Geschlechterstereotypen wirken, haben die Benutzer klare Präferenzen, was das Geschlecht ihres Gesprächspartners anbelangt. Gemäss Nass und Brave schätzen Benutzer Stimmen des eigenen Geschlechts als vertrauenswürdiger ein, sogar dann, wenn es sich bei der Systemstimme um eine synthetisierte Stimme handelt (Nass/Brave 2005: 17).

2. Stimme und Emotionen:
Über ein Muster aus Tonhöhe, Tonlage, Lautstärke und Sprechgeschwindigkeit werden in der Stimme Emotionen übermittelt.

➔ Auf Systemseite ist dies möglich, indem die Prompts vorher aufgenommen werden und es dadurch gesteuert werden kann, dass die Ansagen freundlich klingen oder eher seriös und neutral, abhängig davon, was für die aktuelle Applikation am besten passt. Die einmal gewählte Tonlage zieht sich jedoch durch alle Ansagen, eine situativ angepasste Änderung kann nicht erreicht werden.

Um die Emotionslage auf Seiten des Anrufers zu eruieren, ist eine eigene Forschungsrichtung entstanden. Es wird versucht,

40 In den USA wird der Aktienhandel typischerweise von Männern betrieben. In Japan hingegen wird nur der Handel von männlichen Angestellten durchgeführt, bei der Ausgabe von Börseninformationen wird jedoch eine weibliche Angestellte erwartet (Nass/Brave 2005: 31).

41 Als Navigationsgeräte in der Automobilbranche aufkamen, musste BMW in Deutschland ihr System mit einer weiblichen Systemstimme zurückrufen, da sich der deutsche BMW-Fahrer weigerte, Wegbeschreibungen von einer Frau entgegenzunehmen (Nass/Brave 2005: 31).

aufgrund von eindeutigen Indizien in der menschlichen Stimme die Gemütslage des Sprechers maschinell zu erschliessen. Durch die Entdeckung dieser Indikatoren wäre es einem natürlichsprachlichen Dialogsystem möglich, situationsadäquat auf den Anrufer zu reagieren und beispielsweise einen verärgerten Anrufer direkt an einen menschlichen Berater weiterzuleiten.[42]

3. Stimme und Persönlichkeitsbild:
   Menschliche Gesprächspartner schreiben ihrem Gegenüber ein Persönlichkeitsbild zu, das sich über die Stimme manifestiert. Diese „Persönlichkeiten" werden durch die implizite Zuschreibung von Attributen geschaffen. Dadurch können menschliche Gesprächspartner Annahmen zur Person ihres Gegenübers treffen und das Verhalten ihres Gegenübers besser einschätzen und kategorisieren.

   ➔ Bei der Konzeption eines Dialogsystems sollte dieser Umstand berücksichtigt und die Stimme passend zu den Anwendungsinhalten ausgewählt werden, damit ein stimmiges Gesamtbild entsteht.

4. Stimme und Gesicht:
   Menschliche Gesprächspartner stellen sich zu einer Stimme ein Gesicht vor. Stimme und Gesicht sind zudem einmalig und damit eindeutige Unterscheidungskriterien.

   ➔ Wenn ein Dialogsystem mit einem Gesicht präsentiert wird, ist die Konsistenz wichtig.[43] Stimme und Gesicht sollten zusammenpassen und nicht irritieren. Darauf ist zu achten, wenn zu einem Dialogsystem eine sogenannte *Persona* geschaffen wird. Dabei wird zur Stimme eine Person erschaffen, die mit einem Lebenslauf und persönlichen Informationen ausgestattet wird. Die Persona soll den Benutzern die Interaktion mit der Maschine erleichtern, indem sie sich menschlich gibt und die Benutzer so ermutigt, sich ihr

42 Siehe dazu André et al. 2004, Izdebski 2008, Schuller et al. 2011, Kockmann et al. 2011, Lopez-Cozar et al. 2011 und Polzehl et al. 2011.

43 In der Werbebroschüre des telefonischen Dating-Portals wurde Lucy als eine blonde junge hübsche Frau präsentiert.

gegenüber genauso wie gegenüber dem menschlichen Call-Center-Mitarbeiter zu verhalten.[44]

Eher irritierend wirken jedoch die Kombination von synthetisierter Stimme und realem Gesicht und die Kombination von aufgezeichneten menschlichen Systemansagen mit einem künstlichen Avatar. Beide Darstellungen sind nicht konsistent und wirken auf Benutzer nicht vertrauenswürdig (Nass/Brave 2005: 133).

5. Paraverbale Informationen:
Menschliche Gesprächspartner tauschen im Gespräch neben dem explizit Gesagten auch paraverbale Informationen aus.

➔ Ironie oder Sarkasmus können maschinell nicht erkannt werden. Auch indirekte Sprechakte lassen sich von einem automatischen Dialogsystem nicht auflösen. In der Interaktion mit einem Dialogsystem wird das Gesagte aufgrund von fixen Bedeutungen interpretiert, Situationswissen fehlt genauso wie Welt- und Kontextwissen.[45]

> During a conversation humans resort to inferential mechanisms, and also to world knowledge, while the system knowledge is limited to the task specific domain. Therefore while in human-human conversations, what is explicitly said and what is just implied have both meaning, in the dialog with an automatic dialog system everything has to be made explicit. (Danieli 2004: 81)

Danieli spricht damit eine wichtige Tatsache für die Interaktion mit dem Dialogsystem an: Nur was explizit gesagt wird, wird vom System auch verstanden. Die zusätzliche Information, ob der Benutzer etwas lachend, wütend oder ironisch sagt, kann vom Dialogsystem nicht ausgewertet werden.

44 Zu Marketingzwecken wurde die neue automatische Fahrplanauskunft einer grossen Schweizer Stadt mit der Persona „Gabriella“ beworben. Gabriella stellte sich auf der Informationsbroschüre als virtuelle Assistentin vor, wurde darauf mit Foto und Lebenslauf präsentiert und als blonde Frau mit einer Laufbahn von der KV-Lehre bis zu ihrer aktuellen Position als Medienbeauftragte des Verkehrsverbundes dargestellt.

45 Grundsätzlich kann gesagt werden: Wenn Verstehen heisst, die Zusammenhänge zu sehen, *versteht* das Dialogsystem nicht (Schäflein-Armbruster 1994: 497).

6. Gegenseitige Verständigung:
   Wenn menschliche Gesprächspartner das Gefühl haben, von ihrem Gegenüber nicht verstanden zu werden, setzen sie unaufgefordert zu Erklärungen an. Das Gesagte wird wiederholt, neu formuliert und mit Erklärungen versehen, bis vom Gesprächspartner ein Signal des Verstehens gegeben wird.

   ➔ Aus dem obengenannten Grund muss ein natürlichsprachliches Dialogsystem darauf vorbereitet sein, dass der Benutzer verschiedene Erklärungsstrategien einsetzen wird, sobald der Eindruck entsteht, dass das System den Benutzer nicht versteht.

7. Nonverbale Informationen:
   In der menschlichen Kommunikation werden Informationen auch über nonverbale Kommunikationskanäle wie Mimik, Gestik, Blicke und Körperhaltung ausgetauscht.

   ➔ Bei den telefonbasierten Systemen sind diese Kommunikationskanäle ausgeschlossen. In multimodalen Systemen können durch Zeigegesten und Mimik (beispielsweise durch einen Avatar) zusätzliche Kommunikationskanäle erschlossen werden.

8. Stimme und soziale Präsenz:
   Durch Sprechen und das Benutzen der Stimme findet eine soziale Interaktion zwischen menschlichen Gesprächspartnern statt.

   ➔ Durch die Verwendung der natürlichen Sprache als Eingabesprache wird eine soziale Präsenz evoziert: Da die Maschine spricht, wird sie von den Benutzern als Wesen mit der Fähigkeit des sozialen Austausches wahrgenommen. Die soziale Kompetenz wird ähnlich charakterisiert und ist vergleichbar mit derjenigen, die menschlichen Dialogpartnern zugeschrieben wird. So beschreiben Benutzer den Austausch mit der Maschine als „persönlichen Austausch“:

   > [...] the subjects remarked that the wording of the program's responses created a feeling of personal interchange, like that of a normal conversation between people. (Zoltan-Ford 1991: 544)

   Cook und Salvendy sprechen daher von einer *computer dialogue personality*, die dem System von den Benutzern zugeschrieben wird und sich aus folgenden Komponenten zusammensetzt:

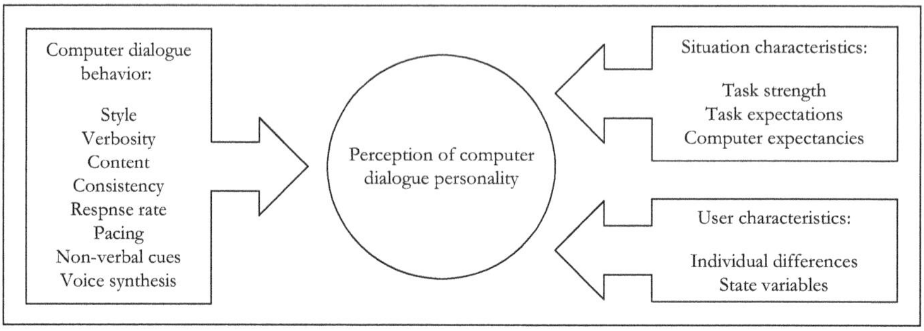

Abbildung 16: Computer dialogue personality (Cook/Salvendy 1989: 727).

Untersuchungen von Reeves und Nass (1996) sowie Kotelly (2003) konnten sogar nachweisen, dass die Vorstellung der sozialen Dialogpersönlichkeit so weit reicht, dass sich menschliche Gesprächspartner höflich gegenüber dem Computer verhalten, aufgrund des Umstandes, dass sie sich mit dem Computer in natürlicher Sprache austauschen.

Diese Annahme einer „sozialen Präsenz" fehlt jedoch bei Mensch-Maschine-Benutzerschnittstellen, die keine natürlichsprachlichen Eingaben verarbeiten können.

9. Konsistenter Kommunikationskanal:
Zwischenmenschliche Kommunikation findet über einen konsistenten Kommunikationskanal statt. Ein Wechsel des Kommunikationskanals innerhalb derselben Interaktion ist ungewohnt und wäre verwirrend.

➔ Für natürlichsprachliche Dialogsysteme bedeutet dies, dass die Systemausgaben nicht in geschriebener, sondern ebenfalls in gesprochener Sprache erfolgen sollten, wenn die Benutzer ihre Eingaben sprechen. Umgekehrt sollte den Benutzern die Möglichkeit gegeben werden, ihre Antworten ebenfalls zu sprechen, wenn das System in gesprochener Sprache interagiert. Dies ist beispielsweise bei tastaturgesteuerten Telefonsystemen nicht der Fall.

10. Dialog als gemeinschaftlicher Akt:
Zwischen menschlichen Gesprächspartnern gestaltet sich ein Dialog als gemeinschaftlicher Akt. Durch gegenseitige Bestätigung erarbeiten die Gesprächspartner eine gemeinsame Gesprächsgrundlage, auf der sie ihr Gespräch aufbauen.

➔ Bei einem natürlichsprachlichen Dialogsystem kann eine solche Gesprächsgrundlage bei Missverständnissen geschaffen werden, indem das System zum Beispiel klare Anweisungen zu möglichen Benutzereingaben gibt. Durch ein sensibles Systemverhalten an diesen entscheidenden Gesprächsstellen kann ein vom System mitgetragenes gemeinsames Gesprächsverständnis somit ansatzweise simuliert werden.

Indem diese zehn Prinzipien zur Gestaltung eines natürlichsprachlichen Dialogsystems in Bezug gesetzt wurden, zeigt sich, dass die Mensch-Maschine-Interaktion von zwei Parametern beherrscht wird: der möglichst realistischen Nachbildung von zwischenmenschlichen Gesprächen innerhalb der Grenzen des technisch Möglichen.

> Designing HCI [Human-Computer-Interaction, Anm. E. T.] systems always involves finding a way between adapting the system to the users' habitual verbal behaviour and imposing specific requirements on the user (Ogden 1997); it is constrained by current technological possibilities on the one hand and by the adaptability (and willingness to adapt) of the speaker on the other. (Fischer 1999: 560)

Neben den technischen Restriktionen und der damit einhergehenden verminderten Kommunikationsfähigkeit des Systems bestehen für die intendierte Nachbildung der zwischenmenschlichen Kommunikation in der Mensch-Maschine-Interaktion zusätzliche Unterschiede. Zahlreiche Attribute wurden in der einschlägigen Literatur bis anhin zusammengetragen, welche die linguistischen Abweichungen der Mensch-Maschine-Interaktion vom zwischenmenschlichen Gesprächsverhalten beschreiben (Fischer 2006: 52f.). Die (vermeintlichen) Eigenschaften der Mensch-Maschine-Interaktion werden im Folgenden in den sieben Kategorien *grounding*, Höflichkeit, Wortfülle, Variabilität, einfache Sprache, Überspezifizierung und Diskursstruktur dargestellt.

grounding:

Unter *grounding* versteht Clark (1996), dass ein gemeinsames Verständnis etabliert wird in dem Sinne, dass dieses Wissen im aktuellen Gesprächszweck verwendet werden kann. Die Gesprächspartner signalisieren sich gegenseitig, wie sie die einzelnen Gesprächsbeiträge interpretieren (Sacks et al. 1974). Sie verfolgen damit folgendes Ziel:

> […] reaching the mutual belief that B has understood A well enough for current purposes. (Clark, Schaefer 1989: 265)

Mit *grounding* ist demnach derselbe Dialogaspekt gemeint, den Nass und Brave gemeinschaftlichen Dialogakt nennen und als zehntes Prinzip dem menschlichen Dialog zuschreiben.

Johnstone et al. haben nun herausgefunden, dass dieses verstehenssichernde Gesprächsverhalten fehlt, wenn menschliche Gesprächspartner mit einem Computer interagieren:

> People are polite and concerned with grounding only when they are talking to people; they feel no need to do this with computers. (Johnstone et al. 1994: 400)

Zu diesem Schluss kamen sie, indem sie Dialoge zwischen menschlichen Gesprächspartnern mit solchen zwischen Mensch und Computer verglichen. Bei den zwischenmenschlichen Gesprächen entfernten sie sämtliche Aktivitäten, die zur gegenseitigen Verständigungssicherheit dienten und stellten fest, dass das, was vom Dialog übrig blieb, sich in Bezug auf die Länge der Äusserungen und die Anzahl der benutzten Wörter nicht von der Interaktion zwischen Mensch und Maschine unterschied.

Fischer (2006: 54) hat jedoch aufgezeigt, dass sich menschliche Benutzer sehr wohl um die Verständnissicherung mit der Maschine kümmern. In Testszenarien mit einem Terminvereinbarungssystem wurde das System so gesteuert, dass absichtlich nicht alle Benutzereingaben verstanden wurden. Auf diese Weise konnten verschiedene Benutzerstrategien zur Verständnissicherung aufgezeigt werden. Dazu gehörte nicht nur, die eigenen Aussagen verständlicher zu gestalten, sondern auch das Sicherstellen, dass das Gegenüber verstanden hat, das Signalisieren von Verstehen gegenüber dem Gesprächspartner und das Fragen nach weiteren Informationen, um sicherzustellen, dass richtig verstanden wurde.

Höflichkeit:
Wie von Johnstone et al. beschrieben, zeigen sich die menschlichen Gesprächspartner gegenüber einem maschinellen Gegenüber weniger höflich als gegenüber einem menschlichen Dialogpartner. Zum selben Schluss kommt Morel (1989). Zum gegenteiligen Schluss kommen jedoch Richards und Underwood (1984a) sowie Ward und Heeman (2000). Diese haben festgestellt, dass im Dialog mit der Maschine *„Bitte“* und *„Danke“* im gleichen Umfang eingesetzt werden wie im zwischenmenschlichen Gespräch. Pirker

hat beobachtet, dass sich die Verwendung von „*Bitte*" im Verlaufe des Dialoges jedoch verändert:

> For instance, 8 of 26 subjects use the politeness marker "please" in their dialogue, typically combined with an overall natural speech style (reflected in articulation and prosody). In the course of the dialogue this speech mode usually is abandoned in favour of slower and more articulated speech and in case of repetitions requested by the system the "please" is omitted. (Pirker 1999: 3)

Wortfülle:[46]
Amalberti et al. (1993) haben in ihren Untersuchungen festgestellt, dass die Anzahl der Wörter, die menschliche Gesprächspartner in der Mensch-Maschine-Interaktion verwenden, höher ist als in der zwischenmenschlichen Kommunikation, wobei bei fortgeschrittenen Benutzern die Anzahl der verwendeten Wörter sinkt. Auch zu diesem Punkt finden sich jedoch Untersuchungen, die zum gegenteiligen Schluss kommen und belegen, dass in der Mensch-Maschine-Interaktion weniger Wörter pro Dialog benutzt werden (vgl. Johnstone et al. 1994; Oviatt 1995; Fraser/Gilbert 1991b).

Variabilität:
In der Mensch-Maschine-Interaktion lässt sich eine eingeschränkte Variabilität feststellen: Die Benutzer wiederholen dieselben syntaktischen Strukturen (Hitzenberger et al. 1995) und das verwendete Vokabular ist um einiges kleiner als im Gespräch zwischen menschlichen Gesprächspartnern (Richards/Underwood 1984b). Aber auch hier gibt es Beispiele, die für eine gegenteilige Annahme sprechen. Gieselmann und Waibel (2005) haben festgestellt, dass die Benutzer bei der Interaktion mit ihrem Haushaltsroboter unterschiedliche syntaktische Strukturen („*I want you to cook spaghetti for me*" anstelle von „*Please make spaghetti napoli*" (ebd.: 4) und Synonyme verwendeten („*icebox*" anstelle von „*fridge*" und „*soda*" für „*water*" (ebd.), was beides zu Verstehensschwierigkeiten führte, da das System die neuen Bezeichnungen nicht verstand und mit den neuen Syntaxstrukturen nur teilweise oder gar nicht umgehen konnte.

46 Als „Wort" wird die durch Zwischenräume abgetrennte graphische oder lautliche Einheit verstanden. Auf die Unterscheidung zwischen „*einem oralen Sprechzeichen, mit dem man handelt, und einem literarischen Schreibzeichen, mit dem man beschreibt/referiert/repräsentiert*" (Àgel/Kehrein 2002: 7) wird an dieser Stelle nicht eingegangen. Dazu sei auf Àgel und Kehrein (2002) verwiesen.

Einfache Sprache:
Im Vergleich zur zwischenmenschlichen Kommunikation verwenden Benutzer in der Mensch-Maschine-Interaktion weniger referentielle Ausdrücke wie Anaphora, Ellipsen und Pronomen (Kennedy 1988) und lassen Artikel, Konjunktionen und Präpositionen teilweise ganz weg, was zu einem verkürzten telegrafischen Gesprächsstil führt (Krause/Hitzenberger 1992). Zudem werden vereinfachende Strategien angewendet, indem beispielsweise langsamer gesprochen wird oder weniger potentiell mehrdeutige Pronomen verwendet werden (Fraser/Gilbert 1991a). Amalberti (1993) umschreibt diesen Trend zur Vereinfachung folgendermassen:

> A trend towards simplifications of the exchange: shorter exchanges, slower pace, fewer words per utterance, increase in the number of utterances, less utterance chaining (longer pauses, fewer interruptions fewer overlaps), fewer digressions and comments and fewer polite phrases. (Amalberti 1993: 550)

Überspezifizierung:
Krause (1992) und Zoeppritz (1985) haben beide bei ihren Untersuchungen festgestellt, dass bei der Interaktion mit der Maschine genauere Beschreibungen vorkommen. Die Benutzer verwenden mehr und genauere Pronomen, Präpositionen und Konjunktionen, wenn sie mit einem maschinellen Gesprächspartner interagieren, als wenn sie sich mit einem menschlichen Gegenüber unterhalten. Aber auch bei dieser angeblichen Eigenheit der Mensch-Maschine-Interaktion gibt es Untersuchungen, in denen dieses Phänomen nicht nachgewiesen werden konnte (Womser-Hacker 1992; Hitzenberger/Womser-Hacker 1995).

Diskursstruktur:
Die Strukturierung des Dialoges wird gemäss Amalberti (1993) in der Mensch-Maschine-Interaktion anders gehandhabt und der Einsatz von Strukturierungsmerkmalen unterscheidet sich von der zwischenmenschlichen Kommunikation.

> - fewer dialogue control acts: fewer readbacks, fewer acknowledgements and fewer speech acts designed to sustain or terminate exchanges;
>
> - less dialogue structure: less thematic cohesion, fewer and less varied request markers, but an increase in explicit communication planning;
>
> - a trend towards use of "standard" forms (i. e. utterances adhering more closely to written language): fewer indirect requests, fewer incomplete sentences and more well-formed requests. (Amalberti 1993: 550)

Porzel et al. (2004) hingegen haben festgestellt, dass die Benutzer ihr Vorgehen zur Strukturierung aus der zwischenmenschlichen Kommunikation beibehalten und ihre Beiträge in der Interaktion mit einer Maschine ähnlich strukturieren.

Diese Liste von Eigenschaften, die der Mensch-Maschine-Interaktion zugeschrieben werden, zeigt, dass es schwierig ist, *computer talk* (Fischer 2006) als Varietät zu definieren. Alle genannten Eigenschaften lassen sich in Untersuchungen mittels Testszenarien belegen, es lassen sich meist aber auch Belege finden, die das gegenteilige Verhalten beweisen. Diese widersprüchlichen Ergebnisse sind teilweise dadurch zu erklären, dass unter dem Begriff Mensch-Maschine-Interaktion verschiedene Interaktionsszenarien untersucht wurden. Die Untersuchungen zu diesem Thema beinhalten die schriftliche oder gesprochene Interaktion mit einer Maschine oder einem Roboter. Um valide Aussagen zu den Eigenschaften der Mensch-Maschine-Interaktion zu machen, müsste diese bezüglich Interaktionssituation genauer definiert werden.

Das allgemeine Benutzerverhalten in der Mensch-Maschine-Interaktion lässt sich auch deswegen nur widersprüchlich beschreiben, weil sich die menschlichen Benutzer unterschiedlich verhalten. Zudem hat sich gezeigt, dass die Benutzer bei Verständigungsschwierigkeiten mit dem System verschiedene Strategien anwenden. Diese Strategien werden verworfen, wenn sie zu keiner besseren Verständigung mit dem System führen. Aus diesem Grund ist es womöglich nicht sinnvoll, überhaupt von Eigenschaften der Mensch-Maschinen-Interaktion zu sprechen, sondern es sollte eher von angewandten Gesprächsstrategien auf Benutzerseite die Rede sein (Fischer 2006: 75).

Fischer fand zudem Hinweise darauf, dass einige Benutzer der Auffassung sind, die natürliche Sprache stelle nicht die passende Interaktionsform dar, um mit einem Computer zu interagieren. Für diese Benutzer ist eine abstraktere Interaktionsform oder zumindest das, was sich die Benutzer unter strukturiertem Maschinencode vorstellen, die bessere und für die Maschine verständlichere Form, um mit dieser in Dialog zu treten.

Dies führt zu folgender Vorstellung bezüglich des maschinellen Kommunikationspartners:

> To sum up, the concept of artificial systems evolving here is one of a communication partner who is linguistically highly restricted, who needs precise, formal, definitions, and who may find abstract categories easier to process than concrete ones. Furthermore, two different ways of conceptualizing the artificial communication partner became

> apparent: one of the system as a tool, the other of the system as an embodied, human-like interlocutor. Finally, speakers treat their communication partner as someone who they don't know enough about. (Fischer 2006: 90)

Fischer sieht im *computer talk* dann auch eine Form der interkulturellen Kommunikation. Da es keine genauen Vorstellungen darüber gibt, wie der Computer denkt und spricht, muss sich jeder Benutzer selber ein Bild davon machen. Der menschliche Benutzer greift dabei auf Modelle zurück, die er in anderen Kommunikationssituationen mit verschiedenen Gesprächspartnern erstellt hat. Die kulturellen Kategorien sind dabei nicht vorgegeben, sondern werden somit in einem *bottom-up*-Ansatz gemeinsam erarbeitet. Durch diesen Vergleich können Verständigungsschwierigkeiten aufgrund von kulturellen Unterschieden erklärt werden. Zudem zeichnet sich die interkulturelle Kommunikation auch durch ein grosses Mass an Anstrengungen aus, sich gegenseitig verstehen zu wollen. Übertragen auf die Mensch-Maschine-Interaktion, lassen sich damit die vielen Anstrengungen der Benutzer bezüglich *grounding* erklären.

Obwohl dieser Vergleich sehr gut passt und *computer talk* damit gut erklärt werden kann, soll an dieser Stelle auch darauf hingewiesen werden, worin sich die Mensch-Maschine-Interaktion von der interkulturellen Kommunikation unterscheidet. Die gerade beim interkulturellen Austausch wichtige interaktive Bedeutungskonstitution ist nur beschränkt möglich. Ebenso ist die Möglichkeit, ein Interpretationsverfahren einzuleiten und „Gesprächssinn" auszuhandeln, im Dialog mit einem maschinellen Gesprächspartner aufgrund des limitierten technischen Sprachverständnisses nur beschränkt gegeben. Der Vergleich mit der interkulturellen Kommunikation trifft auf das Gesprächsverhalten der Benutzer im maschinellen Dialog gut zu und liefert eine Erklärung für die Erwartungshaltung und Vorstellungen der Benutzer. Die konkrete Kommunikationsumsetzung fällt bei der maschinellen Interaktion jedoch anders aus als bei der interkulturellen Kommunikation.

Zusammenfassend lässt sich die Mensch-Maschine-Interaktion durch folgende Eigenschaften charakterisieren:

- Die natürliche Sprache wird als Bedienungssprache verwendet.
- Der Dialog ist gekennzeichnet durch ein eingeschränktes domänenspezifisches Vokabular auf Benutzer- und Systemseite.
- Auf Systemseite fehlt Kontext- und Weltwissen.
- Das Aushandeln der lokalen Gesprächsordnung ist nicht möglich.

- Die Mensch-Maschine-Interaktion weist durch das eingeschränkte Verstehen aufgrund der maschinellen Spracherkennung einen beschränkt funktionsfähigen Kommunikationsrahmen auf.
- Der maschinelle Gesprächspartner wird von den Benutzern als sozialer Gesprächspartner behandelt.
- Die menschlichen Gesprächspartner sind anfangs unsicher, wie sie mit der Maschine sprechen sollen, versuchen es jedoch herauszufinden (interkulturelle Kommunikation) und kommen dabei zu individuellen Ergebnissen.

4.4 Identität und Kompetenz des maschinellen Gesprächspartners

Beim Gespräch zwischen menschlichen Gesprächspartnern gehört die gegen- und wechelseitige Identitätsgestaltung zur mündlichen Kommunikationskompetenz (Becker-Mrotzek 2009: 73).

> Die Aktanten zeigen sich gegenseitig an, wie sie einerseits ihre eigene Gesprächsrolle ausfüllen und wie sie andererseits den anderen wahnehmen. Dabei werden die sozialen, kulturellen oder geschlechtsspezifischen Aspekte von Identität gleichzeitig mit den institutionell verfügbaren Mitteln dargestellt. Die Darstellung der Identität erfolgt eher implizit mittels unterschiedlicher Mittel als explizit mit eigenen Handlungen. (Becker-Mrotzek 2009: 73)

Dieses Anzeigen der Identität und Wahrnehmung wird vom maschinellen Gesprächspartner (noch) nicht wie vom Menschen erkannt und durch entsprechende Reaktion umgesetzt. Das Implizite zu erkennen ist der Maschine nicht möglich, da sie sich aufgrund der aktuellen Technologie (vorerst) auf die explizite Ebene beschränken muss.

Auch für die umgekehrte Richtung, die Anzeige der maschinellen Identität, bleibt der Maschine nur die explizite Ausdrucksweise.

Die Identität des maschinellen Gesprächspartners ist jedoch nicht immer klar offengelegt. Es gibt grundsätzlich drei verschiedene Arten, die Identität eines maschinellen Gegenübers zu kommunizieren. Alle drei Arten sind in der Praxis anzutreffen. Eine oft gewählte Möglichkeit, mit der maschinellen Identität umzugehen, besteht darin, die maschinelle Identität zu verschleiern und einen menschlichen Gesprächspartner vorzugaukeln. Dieses Vorgehen wird beim telefonischen Dating-Portal angewendet, wie die folgende Eröffnungssequenz zeigt:

```
01    S: ((mit Musik unterlegt)) hallo und HERZlich
         willkommen.
02       schön, dass sie anrufen.
03       mein name ist lucy und wenn sie lust haben,
         vermittle ich ihnen schon morgen ihren ersten
         telefonkontakt zu einem passenden partner.
```

Bei manchen Dialogsystemen wird hingegen offen von einem „Sprachportal" oder „Automatischen Sprachsystem" gesprochen, das sich zum Beispiel hinter einer Telefonnummer des Kundenservices versteckt. Damit wird der Anrufer explizit auf einen nicht-menschlichen Gesprächspartner vorbereitet.

Die dritte Möglichkeit besteht darin, gar keine Aussage zur Identität des Gesprächspartners zu machen. Somit bestimmt die Erfahrung des Anrufers, ob ein menschlicher oder maschineller Gesprächspartner erwartet wird. An dieser Stelle sei auf die kulturell unterschiedliche Entwicklung beim Einsatz telefonischer Dialogsysteme hingewiesen. Im Gegensatz zu den englischsprachigen Ländern wie Nordamerika und England, in denen die Anrufer gewohnt sind, mit einem Sprachportal anstelle eines Call-Center-Mitarbeiters zu sprechen, lässt sich im deutschsprachigen Raum sowohl in Deutschland also auch in der Schweiz ein Trend zum persönlichen Kundenservice feststellen. Die persönliche Beratung wird als Werbemittel und Abgrenzungsmerkmal gegenüber der Konkurrenz eingesetzt.

Wichtig ist an dieser Stelle, dass der Anrufer im deutschsprachigen Raum im Falle eines fehlenden Hinweises auf ein automatisches Dialogsystem bei einem institutionellen Telefonat nicht per se einen maschinellen Gesprächspartner erwartet.

Neben der Identität ist die Kompetenz des maschinellen Gesprächspartners interessant. Die heutigen produktiven Dialogsysteme sind in der Kommunikation eingeschränkt, was der Anrufer schnell bemerkt, egal, ob das System ausformulierte Antworten verarbeiten kann oder Ein-Wort-Kommandos erwartet. Es ist deshalb anzunehmen, dass die Beurteilung der Kompetenz des Systems durch die Anrufer von dieser mangelnden Kommunikationsfähigkeit negativ beeinflusst wird.

Auf der anderen Seite übernimmt das System Aufgaben, indem es Transaktionen oder Informationsabfragen durchführt. Es ist davon auszugehen, dass die „Durchführungskompetenz" oder einfacher „Funktionskompetenz" des Dialogsystems von den Anrufern eher positiv bewertet wird. Diese Annahme wird von mehreren Testpersonen in der empirischen Untersuchung bestätigt, die sich dahingehend äusserten, dass eine Maschine keine Fehler machen könne.

Somit zeichnet sich das Dialogsystem durch eine eingeschränkte Kommunikationsfähigkeit und eine erhöhte Funktionskompetenz aus. In Anlehnung an Nothdurft (1994b), der die Kompetenz und das Vertrauen bei Beratungsgesprächen untersucht hat, kann dem Dialogsystem eine verminderte personenorientierte und eine erhöhte sachorientierte Funktionssicherheit zugesprochen werden. Funktionssicherheit im Beratungsgespräch bezeichnet die Sicherheiten, die der Vertrauende für das Funktionieren von Vertrauen braucht. Diese Sicherheiten basieren einerseits auf der Person des Beraters, andererseits auf der Korrektheit und Eignung des durch den Berater vermittelten Wissens. Im Fall der maschinellen Interaktion können die Kommunikationsfähigkeit mit der Person und die Funktionskompetenz mit der Sachkompetenz gleichgesetzt werden. Natürlich ist die Kommunikationssituation mit einem telefonischen Dialogsystem nicht mit einem Beratungsgespräch zu vergleichen, es ist aber doch so, dass wie im Beratungsgespräch ein Transfer von Wissen stattfindet und das Ziel, die gewünschte Information zu bekommen, erreicht wird (Informationsabfrage). Interessant ist der Vergleich mit dem Beratungsgespräch durch folgende Aussage Nothdurfts:

> Im günstigen Fall beruht das Vertrauen, das ein Klient in den Berater investiert, auf Sicherheiten beider Typen. Aber Vertrauen in die Kompetenz des Beraters bedarf als Vertrauen in die Erfahrungen und das Wissen des anderen insbesondere der Funktionssicherheit zweiten Typs, die im systematischen Charakter des Wissens und der Erfahrungen des Beraters liegt. Diese Sicherheit wird in der Folge als „System-Sicherheit" bezeichnet. (Nothdurft 1994b: 206f.)

In der Übertragung auf die maschinelle Interaktionssituation heisst das, dass die Funktionskompetenz des Dialogsystems stärker wiegt als die Kommunikationsfähigkeit. Es bleibt somit die Frage, ob das Vertrauen in die maschinelle Kompetenz in jedem Fall gegeben ist, und wenn nicht, durch welche Faktoren es beeinflusst werden kann.

Dass die Kommunikationsfähigkeit eines Dialogsystems vernachlässigt werden kann, zeigt die Untersuchung von Falzon et al. (1986: 78f.). Sie haben die Patientenbefragungen von Ärzten untersucht. Dabei fanden sie heraus, dass sich die Patienten weder an der Dialogsteuerung durch die Ärzte noch an den auf kurze Antworten hinauslaufenden Fragen der Ärzte störten.

Übertragen auf die Kommunikation mit einem Dialogsystem heisst das, dass es Gesprächssituationen gibt, bei denen ein menschlicher Gesprächspartner die Dialoginitiative gerne abgibt und diese Gesprächsorganisation nicht als „unnatürlich“ empfindet.

Genau diesen Umstand macht sich das telefonische Dating-Portal zu Nutze, indem es den Anrufer in einem Interview-ähnlichen Gesprächsstil befragt. In einer solchen Abfragesituation erscheint die Dialogführung durch den Fragenden angebracht und gewohnt. Das Dating-Portal bedient sich dieses Interview-ähnlichen Charakters und stellt sich erst selber vor, indem mit *Lucy* eine Persona eingeführt wird (Transkription Zeile 3: „*Mein Name ist Lucy.*“). *Lucy* führt nicht nur durch die Befragung, sie übernimmt auch die Vermittlung eines potentiellen Partners. *Lucy* übernimmt die Gesprächsführung, was sich darin zeigt, dass der erste *turn* des Anrufers erst in Zeile 15 erfolgt, als *Lucy* nach der Einführung die erste Frage stellt.

Telefonisches Dating-Portal: Aufnahme 1.04.2:
S = System (weibliche Stimme)
E = Earcon
A = Anrufer

```
01   S: ((mit Musik unterlegt)) hallo und HERZlich
        willkommen.
02      schön, dass sie anrufen.
03      mein name ist lucy und wenn sie lust haben,
        vermittle ich ihnen schon morgen ihren ersten
        telefonkontakt zu einem passenden partner.
04      dabei können sie natürlich völlig anonym bleiben.
05      und selbstverständlich entscheiden auch sie
        selbst, wann sie mit wem telefonieren.
06      damit ich ihren traumpartner finden kann,
        würde ich sie aber gern näher kennenlernen.
07      nehmen sie sich deshalb am besten ein
        paar minuten zeit, und sagen sie mir
        beispielsweise, was für ein typ sie sind,
        oder wie sie sich ihren traumpartner
        vorstellen.
08      wenn bei dieser profilerstellung irgendwann
        probleme auftauchen, sagen Sie einfach hilfe.
09      ich werde dann mein bestes tun, um ihnen
        weiterzuhelfen.
        ((Musik wird erst lauter und klingt aus))
```

```
10          (-) ein rechtlicher hinweis noch:
11          damit ich für sie tätig werden kann, muss ich
            natürlich ihre angaben speichern.
12          also, jetzt geht es erst einmal um sie.
13          hmm, oder um dich?
14          soll ich DU oder SIE sagen?
15     A:   ((Musik erklingt)) du.((Musik bricht ab))
```

Dieses Dialogsystem arbeitet nicht nur mit einer wohl durchdachten Persona und der Nachbildung der vergleichbaren Gesprächssituation aus der Mensch-Mensch-Kommunikation; Lucy bedient sich auch des menschlichen Gesprächsverhaltens, indem sie Gesprächspartikel benutzt (*„Hmm"*) und ein kohärentes Gespräch schafft, indem sie Kohäsionsmittel wie Wiederholung, referentielle und deiktische Ausdrücke verwendet, wie der folgende Gesprächsausschnitt zeigt:

```
201    S:  hmm, das ist irgendwie nicht bei mir
           angekommen.
202        also sag mir bitte nochmal, welche farbe ich
           entdecke, wenn ich dir in die augen schaue.
```

4.5 Usability in der Mensch-Maschine-Interaktion

Bei der Interaktion zwischen Mensch und Computer sollte die Schnittstelle benutzerfreundlich und ergonomisch gestaltet werden. Die Usability oder Benutzerfreundlichkeit des Systems beschreibt, wie gut ein System benutzbar ist. Die Usability der Systeme spielt eine zentrale Rolle bei der Frage, ob das System von den Benutzern akzeptiert wird.[47] Dies gilt für visuelle genauso wie für auditive Benutzerschnittstellen.

47 Von der Usability abzugrenzen ist die Benutzerzufriedenheit. Diese hängt nicht nur von der guten Benutzbarkeit des Systems ab, sondern auch von externen Faktoren wie der Verfügbarkeit des Systems, Kosten oder konkurrierenden Zugangskanälen (vgl. Dybkjaer et al. 2004). Die Benutzerzufriedenheit wird bei produktiven Dialogsystemen gemessen und entscheidet über ihren weiteren Einsatz. Auf die Benutzerzufriedenheit

Bei den untersuchten telefonbasierten Dialogsystemen handelt es sich um sprachgesteuerte Systeme bezüglich der Benutzereingabe. Eine entscheidende Eigenschaft dieser Dialogsysteme ist jedoch die Systemausgabe, die ebenfalls über gesprochene Sprache erfolgt und den Benutzer somit über den auditiven Kanal erreicht. Dieser Umstand unterscheidet die telefonbasierten von den sprachgesteuerten Dialogsystemen, wie sie zum Beispiel in der Automobilbranche eingesetzt werden. Bei diesen Systemen steht ein unterstützender Bildschirm zur Verfügung, der die Systemausgaben visuell und somit jederzeit abrufbar darstellt.

Die Informationsausgabe mittels gesprochener Sprache ist für die telefonbasierten Dialogsysteme eine spezielle Herausforderung. Die über den Audiokanal übermittelten Informationen sind flüchtig – eine Eigenschaft, die bei der Gestaltung der Systeme berücksichtigt werden muss.

Aufgrund dieser Flüchtigkeit der Informationen in Kombination mit der synchronen Kommunikation wird die kognitive Merkfähigkeit des Benutzers stark beansprucht. Aus diesem Grund sind benutzerfreundliche telefonbasierte Dialogsysteme solche, welche die kognitive Beanspruchung des Benutzers so gering wie möglich halten. Um dieses Ziel zu erreichen, folgt das Design von natürlichsprachlichen Dialogsystemen sogenannten Usability-Maximen zur Verminderung der kognitiven Beanspruchung. Die für dieses Ziel wichtigsten Usability-Maximen wurden zusammengefasst und sind im Folgenden aufgeführt:

1. *The Magical Number Seven, Plus or Minus Two*

Die wohl bekannteste und wichtigste dieser Regeln besagt, dass das menschliche Kurzzeitgedächtnis limitiert ist und nur sieben plus/minus zwei Dinge speichern kann (vgl. Miller 1956). Obwohl diese Regel auf Untersuchungen beruht, die bereits in den fünfziger Jahren des vergangenen Jahrhunderts durchgeführt wurden, sind sie nach wie vor gültig. Aus diesem Grund wird bei telefonbasierten Dialogsystemen bei der Gestaltung der Menüauswahl oder von Listen darauf geachtet, dass die Obergrenze von fünf Einträgen nicht überschritten wird.[48]

---

wird in dieser Arbeit nicht eingegangen; zu diesem Thema sei jedoch auf Möller et al. verwiesen (2004 und 2007).

48 Diese Obergrenze kann jedoch nicht immer eingehalten werden. Eine alternative Informationspräsentation bieten Winterboer et al. durch den *user-model based summarize and refine approach* (Winterboer et al. 2011). Siehe dazu auch Demberg et al. (2011).

2. *Recency Effect*

Eine weitere dieser Usability-Maximen beruht auf dem sogenannten *recency effect.* Dieser besagt, dass die zuletzt gehörte Information beim Benutzer im Gedächtnis bleibt, die davor gehörten Punkte jedoch vergessen werden. Dieser Umstand führte dazu, dass bei der Promptgestaltung darauf geachtet wird, erst das Ziel und dann die Aktion zu nennen. Dies lässt sich gut an einem Beispiel für die Tastatursteuerung zeigen: „*Für Rechnungsfragen drücken Sie die Taste 1.*“ Indem die Aktion (das Drücken der Taste 1) am Schluss genannt wird, bleibt sie dem Benutzer im Gedächtnis und kann ohne Schwierigkeiten ausgeführt werden (Balentine 1999).[49]

3. *Just-in-time instructions*

Das Thema Benutzeranleitung stellt einen weiteren Bereich dar, der bei einem auditiven System zu einer Überforderung der kognitiven Leistungsfähigkeit der Benutzer führen kann. Eine Anleitung zur Systembedienung kann nicht Teil der Interaktion mit dem System sein, komplizierte Anweisungen können nicht memoriert werden und die Bedienung des Systems wäre zu schwierig. Das sprachgesteuerte System muss im Gegenteil intuitiv und sofort bedienbar sein, und das meist für eine heterogene Benutzergruppe mit unterschiedlichem technischen und fachlichen Vorwissen. Wenn doch Anweisungen notwendig sind, sollen diese als sogenannte *just-in-time instructions* (Cohen et al. 2007: 127) gegeben werden: Nur die zur aktuellen Stelle im Dialog relevanten Anweisungen werden ausgegeben, direkt vor dem Ausführen der jeweiligen Teilaufgabe.

4. *Attention*

Die gezielte Steuerung der Aufmerksamkeit (*attention*) des Benutzers (Cohen et al. 2007: 129) ist ein weiteres Instrument, das dazu eingesetzt werden kann, die kognitive Beanspruchung so niedrig wie möglich zu halten. Es geht darum, dem Benutzer die Informationen strukturiert und übersichtlich zu präsentieren. Dabei soll wenn möglich auf ein wichtiges Merkmal fokussiert und die Präsentation von allen verfügbaren Informationen in einem Dialogschritt vermieden werden (Preece 2002). Wenn zum Beispiel bei einer Fahrplanauskunft verschiedene mögliche Verbindungen angeboten werden, sollen diese in einer kurzen Auswahl präsentiert werden, die jeweils nur ein Merkmal – die Abfahrts- und Ankunftszeit oder Abfahrts- und Reisezeit – der einzelnen Verbindungen ansagt.

49 Das Prinzip wird auch für sprachgesteuerte Systeme verwendet. Die Formulierung für ein sprachgesteuertes System lautet: „Für Rechnungsfragen sagen Sie Rechnungen.“

5. *Conceptual Complexity: Constancy, Consistency, Context*
Auch die konzeptuelle Komplexität sollte bei einer auditiven Benutzerschnittstelle so gering wie möglich gehalten werden. Dies kann durch Berücksichtigung der drei Cs *constancy*, *consistency* und *context* (Cohen et al. 2007: 120f.) erreicht werden. Das Systemverhalten und die Systemansagen sollen demnach konstant und konsistent gestaltet sein und die Systemansagen zudem kontextsensitiv angeboten werden.

Neben den Usability-Maximen wird die Benutzerfreundlichkeit von Dialogsystemen auch durch ergonomische Richtlinien geprägt. Um die Interaktion zwischen Mensch und technischem System benutzerfreundlich zu gestalten und sie ergonomischen Richtlinien anzupassen, wurde eigens eine internationale Norm geschaffen. Die Normenreihe ISO 9241 trägt den Titel *„Ergonomie der Mensch-System-Interaktion"* und besteht aus mehr als 20 Normen zur Hardware- und Software-Ergonomie. Die Normenreihe beinhaltet Anforderungen an die Arbeitsumgebung, vornehmlich an die Arbeit mit Bildschirmen.[50] Obwohl ursprünglich visuelle Benutzungsschnittstellen[51] im Fokus dieser Normenreihe standen, haben die grundsätzlichen Gestaltungsempfehlungen dieser Norm auch für sprachgesteuerte Benutzungsschnittstellen Gültigkeit und sollten von diesen eingehalten werden.

Ein wichtiger Teil dieser Normenreihe ist die Norm ISO 9241-110 *„Grundsätze der Dialoggestaltung"*. Diese Norm umfasst allgemeine Richtlinien, die Empfehlungen zur Gestaltung der Schnittstellen beinhalten und die für alle Arten und Formen von Benutzungsschnittstellen grundlegend sind. Folgende sieben Grundsätze sind darin enthalten:

- Aufgabenangemessenheit
- Selbstbeschreibungsfähigkeit
- Erwartungskonformität
- Lernförderlichkeit

50 Die Normenreihe hiess ursprünglich „Ergonomische Anforderungen für Bürotätigkeiten mit Bildschirmgeräten" und wurde im Jahre 2006 mit einem neuen Namen versehen und an den technologischen Fortschritt bezüglich der Form von Benutzungsschnittstellen angepasst.

51 Eine Benutzungsschnittstelle ist in der Norm ISO 9241 „Grundsätze der Dialoggestaltung" folgendermassen definiert: „Alle Bestandteile eines interaktiven Systems (Software oder Hardware), die Informationen und Steuerelemente zur Verfügung stellen, die für den Benutzer notwendig sind, um eine bestimmte Arbeitsaufgabe mit dem interaktiven System zu erledigen."

- Steuerbarkeit
- Fehlertoleranz
- Individualisierbarkeit

Diese Grundsätze und die dazugehörenden Empfehlungen dienen als Leitlinien beim Erkennen und bei der Spezifikation von Dialoganforderungen, beim Entwurf einer Gestaltungslösung sowie bei der Bewertung von vorhandenen Gestaltungslösungen (Schneider 2008: 141).

Das folgende Schaubild zeigt, wie die Gestaltungsempfehlungen der Norm 9241 zur Software-Ergonomie zusammen mit dem Nutzungskontext in die Dialoganforderungen einfliessen. Die drei Normteile *„Anforderungen an die Gebrauchstauglichkeit"*, *„Grundsätze der Dialoggestaltung"* und die *„Informationsdarstellung"* bilden dabei die Grundlage.[52]

Die aufgrund des Nutzungskontexts und der Gestaltungsempfehlungen entstandenen Dialoganforderungen wiederum bilden die Grundlage für die Gestaltung der Schnittstelle. Somit ist sichergestellt, dass Dialoganforderungen und die endgültige Form der Schnittstelle miteinander übereinstimmen.

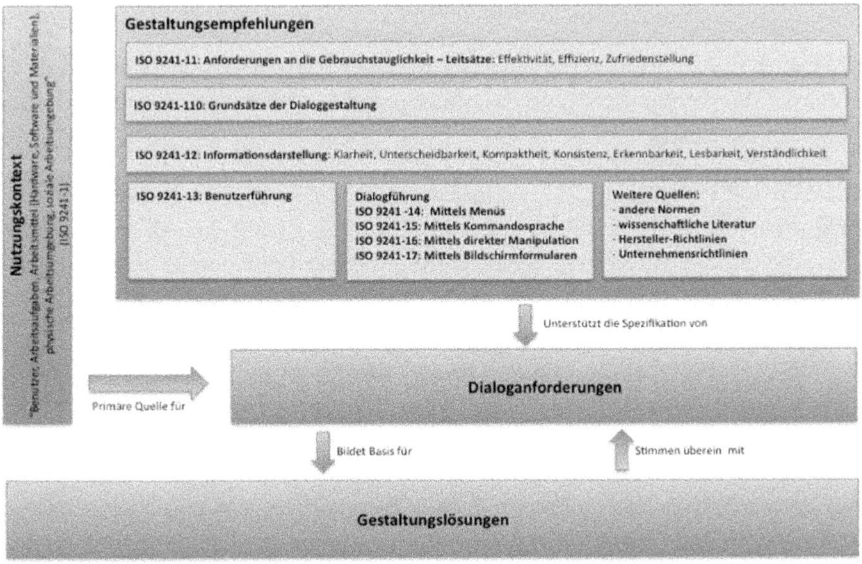

Abbildung 17: Einfluss von ISO 9241 auf Gestaltungslösungen, angelehnt an Schneider 2008: 142).

52 Teile dieser Gestaltungsprinzipien finden sich auch in Usability-Modellen wieder, wie zum Beispiel im Modell zur Bewertung der Usability einer Webseite von Pfammatter (2004).

Im Mittelpunkt dieser Gestaltungsempfehlungen steht der Benutzer. Der Anspruch, benutzerfreundliche Systeme zu gestalten, wird unter dem Begriff *user centered design* zusammengefasst. Bei dieser Methode geht es darum, die Erfahrung des Benutzers im Umgang mit dem System in den Designprozess einzubeziehen. Die *user experience* wird in *usability tests* ermittelt und fliesst als wichtiger Bestandteil bei der Gestaltung des Systems ein. Im überarbeiteten Teil 210 der Normenreihe 9241 kommt dieser Ansatz im Gestaltungsprozess zum Tragen: In diesem Teil mit dem Titel *„Prozess zur Gestaltung gebrauchstauglicher interaktiver Systeme"* besteht das Ziel explizit darin, eine menschzentrierte Perspektive einzubringen. Dazu werden die folgenden menschzentrierten Gestaltungsaktivitäten vorgeschlagen, die in jeder Entwicklungsphase des Systems anzuwenden sind (ISO 9241-210, S. 9):

- Die Gestaltung beruht auf einem umfassenden Verständnis der Benutzer, Arbeitsaufgaben und Arbeitsumgebungen.
- Die Benutzer sind während der Gestaltung und Entwicklung einbezogen.
- Das Verfeinern und Anpassen von Gestaltungslösungen wird fortlaufend auf der Basis benutzerzentrierter Evaluierung vorangetrieben.
- Der Prozess ist iterativ.
- Bei der Gestaltung wird die gesamte User Experience berücksichtigt.
- Im Gestaltungsteam sind fachübergreifende Kenntnisse und Perspektiven vertreten.

Bezogen auf ein Sprachdialogsystem, können diese Anforderungen im Entwicklungsprozess durch *usability tests* mithilfe von Prototypen oder durch die *Wizard-of-Oz-Tests* abgedeckt werden. Indem diese Tests bereits ab einem frühen Stadium der Entwicklung durchgeführt werden können, kann auch die Forderung nach einem iterativen Prozess eingehalten werden.

Im Folgenden sollen nun drei verschiedene Ansätze vorgestellt werden, die sich explizit mit den ergonomischen Anforderungen bei einer natürlichsprachlichen Benutzerschnittstelle auseinandersetzen.

Larson (2004: 47f.) schlägt zur Verbesserung der Benutzerfreundlichkeit die Unterteilung in unterschiedliche Benutzergruppen vor. Er unterteilt seine Design-Richtlinien für ergonomische Benutzerschnittstellen entsprechend in die drei Gruppen *erstmalige Benutzer*, *normale Benutzer* und *fortgeschrittene Benutzer*. Die Richtlinien sind modulartig gestaltet, so dass sie für die erfahrenen Benutzer jeweils auf denen für die vorangehenden Benutzer aufbauen. Die folgende Tabelle zeigt Larsons' zehn Richtlinien in einem Überblick:

Erstmalige Benutzer	
Richtlinie 1	**Anpassung an Benutzererwartungen:** Anpassung an allgemeine Benutzererwartungen sowie an lokalisationsabhängige Erwartungen.
Richtlinie 2	**Benutzerführung durch das System:** Anfänger benötigen verstärkte Anleitung und Hilfestellung durch das System.
Richtlinie 3	**Situative Fehlerbehebungsmassnahmen durch das System:** Das Hilfemenü sollte unmittelbar benutzt werden können, wenn der Benutzer nicht weiterkommt. Hilfe sollte im aktuellen Kontext eingebettet sein und nur die im Moment relevanten Hilfetexte anbieten.
Richtlinie 4	**Weiterführende Hilfestellung:** Mehrstufige Hilfestellung, beginnend bei wiederholter Eingabeaufforderung über weiterführende Erklärungen und Beispielantworten bis schliesslich zur Weiterleitung zum Call-Center-Mitarbeiter.
Normale Benutzer	
Richtlinie 5	***Barge-In:*** Die Systemansage kann jederzeit unterbrochen werden, der Benutzer kann den Dialogablauf somit individuell beschleunigen.
Richtlinie 6	**Alternative Benutzeräusserungen:** Benutzereingaben sollten auf verschiedene Arten möglich sein und keiner vorgegebenen Form entsprechen müssen. (Beispielsweise: „Um vier Uhr.“, „Um sechzehn Uhr.“, „Um vier.“, „Nachmittags um vier.“)
Fortgeschrittene Benutzer	
Richtlinie 7	**Direkter Funktionsaufruf:** Der Dialogablauf kann unterbrochen und die gewünschte Funktion vom Benutzer jederzeit aufgerufen werden.
Richtlinie 8	**Überbeantwortung von Fragen:** Zusätzliche Informationen in den Benutzereingaben werden vom System erkannt und richtig zugeordnet.
Richtlinie 9	**Out-of-Fokus-Antworten:** Die Benutzereingaben können vom System verarbeitet werden, auch wenn sie nicht zum Themenbereich der aktuellen Frage gehören.
Richtlinie 10	**Einholen fehlender Benutzerangaben:** Bei unvollständigen Benutzerangaben fragt das System explizit nach dem fehlenden Element.

Abbildung 18: Design-Richtlinien, angelehnt an Larson 2004: 47f.

Auffallend bei den Richtlinien ist der Verlauf von einer starken Systemführung bei erstmaligen Benutzern bis zur Abgabe der Dialogführung zugunsten des Benutzers bei den fortgeschrittenen Benutzern. Die Unterteilung in drei verschiedene Benutzerkategorien scheint auf den ersten Blick sinnvoll, wirft jedoch für den praktischen Einsatz Fragen auf, da ein öffentlich zugängliches Dialogsystem allen drei Benutzergruppen offenstehen muss.

Eine andere Herangehensweise wählen Bernsen et al. (1998: 91). Sie formulieren ähnlich den Richtlinien von Larson sogenannte *guidelines*, bei denen weniger das Design als die Interaktion im Fokus steht. Bei ihren Analysen zum Thema *Interaction Design* greifen sie auf eine linguistische Kommunikationstheorie zurück und kommen zu dem Schluss, dass ein adäquates kooperatives Systemverhalten die Grundlage für eine erfolgreiche Interaktion zwischen Mensch und Maschine bildet. Analog zum kooperativen Gesprächsverhalten eines menschlichen Gesprächspartners soll sich auch das Dialogsystem kooperativ verhalten. Das hier angesprochene Kooperationsprinzip geht auf Grice (1975) zurück und beschreibt Kommunikation als kooperatives Handeln, dessen Ziel es ist, gegenseitige Verständigung zu erreichen. Das kooperative Verhalten der Gesprächspartner ist demnach Voraussetzung, damit erfolgreiche Kommunikation zustande kommen kann.

Grice hat sein Kooperationsprinzip mit vier Konversationsmaximen (Maxime der Quantität, der Qualität, der Relation und der Modalität) angereichert und somit ein Kommunikationsmodell geschaffen, das die grundlegenden Anforderungen an Gesprächsbeiträge beschreibt. Gemäss seinem Modell gehen Gesprächsteilnehmer grundsätzlich davon aus, dass Gesprächsbeiträge diesen geforderten Kriterien entsprechen, und interpretieren sie auf dieser Grundlage.

Das Interaktionsmodell von Bernsen et al. basiert auf diesen Konversationsmaximen. Die sieben Interaktionsaspekte als grundlegende Interaktionsbestandteile sind mit *generic guidelines* versehen, welche die Konversationsmaximen abbilden (*GG*, mit einem Stern gekennzeichnet) und für den Mensch-Maschine-Kontext erweitert wurden (*GG*). Zusätzlich mit den *specific guidelines* (SG) sollen die Richtlinien das zur kooperativen Systeminteraktion erforderliche Systemverhalten modellieren.

Ziel dieses Modells ist es, aus der Maschine in erster Linie einen kooperativen Gesprächspartner zu machen, der zudem mit den auf den Konversationsmaximen basierenden Beiträgen des menschlichen Gesprächspartners umzugehen weiss.

Interaction Aspect	G/S G no.	Generic or Specific Guideline
Aspect 1: **Informativeness**	**GG1**	*Make your contribution as informative as is requried (for the current purposes of the exchange).
	SG1	Be fully explicit in communicating to users the commitments they have made.
	SG2	Provide feedback on each piece of informati-on provided by the user.
	GG2	*Do not make your contribution more infor-mative than is required.
Aspect 2: **Truth and evidence**	**GG3**	*Do not say what you believe to be false.
	GG4	*Do not say that for which you lack adequate evidence.
Aspect 3: **Relevance**	**GG5**	*Be relevant, i. e. be appropriate to the imme-diate needs at each stage of the transaction.
Aspect 4: **Manner**	**GG6**	*Avoid obscurity of expression.
	GG7	*Avoid ambiguity.
	SG3	Provide same formulation of the same question (or address) to users everywhere in the system's interaction *turns*.
	GG8	*Be brief (avoid unnecessary prolixity).
	GG9	*Be orderly.
Aspect 5: **Partner asymmetry**	**GG10**	Inform the users of important non-normal characteristics which they should take into account in order to behave cooperatively in spoken interaction. Ensure the feasibility of what is required of them.
	SG4	Provide clear and comprehensible communica-tion of what the system can and cannot do.
	SG5	Provide clear and sufficient instructions to users on how to interact with the system.

Interaction Aspect	G/S G no.	Generic or Specific Guideline
Aspect 6: **Background knowledge**	**GG11**	Take partners' relevant background knowledge into account.
	SG6	Take into account possible (and possibly erroneous) user inferences by analogy from related task domains.
	SG7	Separate whenever possible between the needs of novice and expert users (user-adaptive interaction).
	GG12	Take into account legitimate partner expectations as to your own background knowledge.
	SG8	Provide sufficient task domain knowledge and inference.
Aspect 7: **Repair and clarification**	**GG13**	Enable repair or clarification meta-communication in case of communication failure.
	SG9	Initiate repair meta-communication if system understanding has failed.
	SG10	Initiate clarification meta-communication in case of inconsistent user input.
	SG11	Initiate clarification meta-communication in case of ambiguous user input.

Abbildung 19: Guidelines for co-operative system interaction (Bernsen et al. 1998: 91).

Ein dritter Ansatz zur Gestalung eines benutzerfreundlichen natürlichsprachlichen Dialogsystems stammt von Cohen et al. (2007: 117). Sie schlagen ein weniger linguistisches Vorgehensmodell vor. Ihr Modell enthält sechs grundlegende Designprinzipien, die aufgrund von Analysen sowohl produktiver als auch prototypischer Dialogsysteme entstanden sind.

1. *Minimize the cognitive load:* Die zu speichernde Informationsmenge für das Kurzzeitgedächtnis sollte reduziert werden. Die Konzepte, die dem Anrufer vermittelt werden, sollten so einfach wie möglich gehalten werden und die Anzahl der Dinge, die für das Bedienen des Systems gelernt werden müssen, sollte möglichst klein sein.

2. *Accomodate conversational expectations:* Das System sollte den Gesprächskonventionen entsprechen und die Gesprächserwartungen des Anrufers erfüllen.
3. *Maximize efficiency:* Der Dialog sollte effizient und kurz gestaltet werden, so dass er in wenigen Schritten zum Ziel führt.
4. *Maximize clarity:* Von der Detail- bis zur Makroebene soll das System klar und deutlich konzipiert sein: Die Prompts sollten verständlich formuliert sein, genauso wie das mentale Modell hinter dem System klar sein sollte.
5. *Ensure high accuracy:* Erkennungsfehler sollten vermieden werden, um das Vertrauen des Anrufers in das System nicht zu schmälern.
6. *Gracefully recover from errors:* Falls Fehler auftreten, sollten diese schnell und ohne Schuldzuweisung gegenüber dem Anrufer gelöst werden können.

Obwohl die sechs Designprinzipien aufgrund von Testanrufen bei sprachgesteuerten Dialogsystemen entstanden sind, haben sie auch für andere Benutzerschnittstellen wie zum Beispiel grafische Eingabemasken Gültigkeit.

Zu beachten gilt es jedoch, dass sich die Anwendung dieser Prinzipien im Falle einer sprachgesteuerten Schnittstelle im Vergleich zu anderen Benutzerschnittstellen unterscheidet. Das erste Prinzip zum Thema kognitive Merkfähigkeit gilt zum Beispiel auch für visuelle Schnittstellen, bei einer rein auditiven Systemausgabe sollte diesem Punkt jedoch spezielle Bedeutung zugemessen werden. Das zweite Designprinzip bezüglich der konversationellen Erwartungen ist bereits auf eine sprachgesteuerte Schnittstelle ausgelegt. In einer grafischen Benutzerschnittstelle wird in dieser Richtlinie der Fokus auf generelle Benutzererwartungen gelegt.

4.6 Zusammenfassung

In Kapitel 4.2 zur linguistischen Dialoganalyse in der Mensch-Maschine-Interaktion wurde die der Interaktion zugrunde liegende Rollenstruktur analysiert. Die Makrostruktur des Dialogablaufs wurde schematisch dargestellt und der maschinelle Dialog von der Makrostruktur über die mittlere Untersuchungsebene bis zur Mikroebene untersucht und beschrieben.

Kapitel 4.3 befasste sich mit den Forschungsansätzen und -ergebnissen der Mensch-Maschine-Interaktion. Dazu wurden die folgenden zehn Prinzipien vorgestellt, die das zwischenmenschliche Gesprächsverhalten beschreiben, und deren Übertragung auf die Mensch-Maschine-Interaktion diskutiert: Wahrnehmung des Geschlechts, Stimme und Emotionen, Stimme und Persönlichkeitsbild, Stimme und Gesicht, paraverbale Informationen, gegenseitige Verständigung, nonverbale Informationen, Stimme und soziale Präsenz, konsistenter Kommunikationskanal, Dialog als gemeinschaftlicher Akt.

Zudem wurden zahlreiche Aspekte zur Mensch-Maschine-Interaktion vorgestellt, die in der Forschung widersprüchlich diskutiert werden. Die folgenden Punkte werden entweder als typische Merkmale der Mensch-Maschine-Interaktion bezeichnet, die sie vom zwischenmenschlichen Gesprächsverhalten unterscheiden, oder sie werden im Gegenteil als Eigenschaften definiert, die zeigen, dass die beiden Kommunikationsformen deckungsgleich sind. Diese widersprüchlichen Ergebnisse aus der Forschung betreffen die Aspekte *grounding*, Höflichkeit, Wortfülle, Variabilität, einfache Sprache, Überspezifizierung und Diskursstruktur.

Eine mögliche Definition der Mensch-Maschine-Interaktion wurde schliesslich mit der Klassifizierung der Textsorte *computer talk* als interkulturelle Kommunikation aufgezeigt. Zudem wurden eindeutige Eigenschaften der Mensch-Maschine-Interaktion aufgezählt, durch die sich diese charakterisieren lässt.

In Kapitel 4.4 wurde einerseits die verschleierte oder offengelegte Identität des maschinellen Gesprächspartners diskutiert sowie die Funktionskompetenz und Kommunikationsfähigkeit desselben beschrieben.

Kapitel 4.5 beschäftigte sich mit der Usability in der Mensch-Maschine-Interaktion. Dazu wurden die folgenden Usability-Maximen vorgestellt, die es bei einer benutzerfreundlichen Benutzerschnittstelle zur Verminderung der kognitiven Beanspruchung der Benutzer zu beachten gilt: *the magical number seven, plus or minus two, recency effect, just-in-time-instructions, attention, conceptual complexity (constancy, consistency, and context).*

Des Weiteren wurden die internationale ISO-Normenreihe 9241 mit dem Titel „*Ergonomie der Mensch-System-Interaktion*" und die dazugehörenden Normen beschrieben. Das Gestaltungsprinzip des *user centered designs* wurde erläutert und mögliche Umsetzungen für sprachgesteuerte Dialogsysteme wurden vorgeschlagen.

Zudem wurden drei verschiedene Ansätze vorgestellt, die sich explizit mit den ergonomischen Anforderungen bei einer natürlichsprachlichen

Benutzungsschnittstelle auseinandersetzen. Larson (2004: 47f.) schlägt zur Verbesserung der Benutzerfreundlichkeit die Unterteilung in die drei Benutzergruppen *erstmalige Benutzer*, *normale Benutzer* und *fortgeschrittene Benutzer* vor und baut seine Design-Richtlinien auf dieser Unterscheidung auf. Das Interaktionsmodell von Bernsen et al. (1998: 91) basiert auf den Grice'schen Konversationsmaximen (Grice 1975) und erweitert diese, um sie für die Mensch-Maschine-Interaktion anzuwenden. Der letzte Ansatz stammt von Cohen et al. (2007: 117), die ein weniger linguistisches Vorgehensmodell vorschlagen, das auf sechs grundlegenden Designprinzipien basiert, die aufgrund von Analysen sowohl produktiver als auch prototypischer Dialogsysteme entstanden sind.

5. Telefonische Kommunikation

5.1 Überblick

Das Gespräch mit einem telefonbasierten Dialogsystem enthält nicht nur eine *technisierte Kommunikation* durch die Interaktion mit dem Computer, sondern es handelt sich auch um eine *technisch vermittelte Kommunikation* aufgrund des telefonischen Übertragungskanals. Aus diesem Grund werden die im vorangehenden Kapitel vorgestellten Eigenschaften und Merkmale der Mensch-Maschine-Interaktion ergänzt durch die Analyse des Telefongesprächs.

In einem ersten Schritt wird der Umstand der doppelten Kommunikationstechnologie detailliert dargelegt (Kapitel 5.2). In einem zweiten Schritt erfolgt eine linguistische Analyse des Telefonats als Mediengesprächstyp (Kapitel 5.3), indem die Eigenschaften und Charakteristiken des Telefongespräches beschrieben werden.

Kapitel 5.4 gibt einen Überblick über die Eigenschaften von institutionellen Telefonaten. Als spezielles institutionelles Telefonat wird in Kapitel 5.5 das Call-Center-Gespräch analysiert, da die natürlichsprachlichen Dialogsysteme vornehmlich in dieser Gesprächssituation eingesetzt werden. In Kapitel 5.6 schliesslich werden die Unterschiede zwischen maschinellem und humanem Gesprächspartner in einem Call-Center-Telefonat verglichen, indem die Interaktion und die einzelnen Gesprächsschritte mit einem automatischen Dialogsystem dem Gespräch mit einem Call-Center-Mitarbeiter gegenübergestellt werden.

5.2 Linguistische Analyse der doppelten Kommunikationstechnologie

Da es sich bei den in dieser Arbeit untersuchten Dialogsystemen um telefonbasierte Systeme handelt, muss die telefonische Kommunikationssituation in die Untersuchung einbezogen werden. Zur Interaktion mit dem Computer kommt im Falle dieser Dialogsysteme die Verwendung des Mediums Telefon hinzu und somit das Telefongespräch als regelbehafteter und institutionalisierter Mediengesprächstyp.

Die telefonbasierten Dialogsysteme verfügen neben dem technischen Gesprächspartner zusätzlich über einen technischen Übertragungskanal. Bei der Untersuchung des Benutzerverhaltens gilt es demnach, den Einfluss beider Kommunikationstechnologien zu beachten.

Für die Anrufer eines Dialogsystems bedeutet dies, dass sie gleichzeitig mit zwei Kommunikationssituationen umgehen müssen. Mit Goffman (1977) gesprochen, handelt es sich um zwei Medienrahmen. Der Begriff ist anhand des Telefonrahmens im folgenden Zitat erklärt:

> Ein Rahmen wurde bereits in dem Sinne umschrieben, dass es sich um (Meta-) Verstehensanweisungen handelt, die ein Erschliessen dessen, „was vor sich geht", ermöglichen. Im Falle eines Telefonrahmens manifestiert sich dabei im Besonderen die bedeutungsvolle Seite technisch vermittelter Kommunikation und nachgerade, dass Medien nicht schiere technische, sondern soziale Artefakte sind. Medien, genauer: Medienrahmen, fungieren als metakommunikative handlungsleitende interpretative Hinweise, so dass die Interpretation der durch die Medien transportierten Inhalte durch das jeweilige Medium mitbestimmt wird. (Höflich 2000: 90)

Die Interaktion mit einem Dialogsystem ist demnach neben dem Telefonrahmen auch durch einen maschinellen Medienrahmen mitbestimmt, der sich durch den maschinellen Gesprächspartner ergibt. Die Interaktion mit einem Telefonsystem beinhaltet somit Regeln nicht nur für eine technisch vermittelte Kommunikation (durch das Medium Telefon), sondern zudem solche, die für eine technisierte Kommunikation, also die Interaktion mit dem Computer/der Maschine, gelten. Die erfolgreiche Interaktion mit einem telefonbasierten Dialogsystem erfordert vom Benutzer somit den Umgang mit diesem „doppelten" Medienrahmen.

Wie bereits erwähnt, wird beim Systemdesign mit den absichtlich arrangierten Systemansagen versucht, einen Dialog nachzustellen. Am Gelingen dieser Simulation ist der Benutzer eines solchen Systems massgeblich beteiligt. Nur dank des Vorwissens aufgrund der Medien- und Gesprächssozialisation reagiert der Benutzer auf die im Systemdesign intendierte Weise.

Der Medienrahmen, der sich durch die Interaktion mit einem technischen Gesprächspartner ergibt, wird von beiden Instanzen antizipiert. Sowohl der Designer wie auch der Benutzer haben jeweils Vorstellungen vom Funktionieren und den grundlegenden Fähigkeiten der Maschine. Bei beiden wirken sich diese Vorstellungen bewusst oder unbewusst aus: bei der Konzeption des Systems respektive bei der Bedienung desselben.

Die Medienkompetenz in Bezug auf die Handhabung des Telefons lässt sich folgendermassen umschreiben:

> Die Handhabung des Telefons setzt keine Kenntnis komplexer technischer Regeln voraus, sondern verlangt weit mehr ein Wissen um soziale und kommunikative Regeln des Gebrauchs, die medienbezogenes Kommunikationsverhalten erwartbar machen. [...] Mediensozialisation bedeutet hierbei zweierlei: zum einen den Erwerb der mit den Kommunikationsmedien verbundenen Regeln im jeweiligen sozialen Kontext, eine Sozialisation mit den Medien also, aber auch eine Sozialisation durch die Medien, indem man sich deren – nicht nur technischen – Anforderungen unterwirft. Veralltäglichung des Telefons heisst in diesem Sinne, dass dessen Gebrauch respektive die damit verbundenen Regeln nicht immer problematisiert, sondern als unhinterfragte Selbstverständlichkeit genommen werden, sprich: mit der Ausbildung eines standardisierten Gebrauchs verbunden sind. (Höflich 1996: 209)

Diese Kompetenz im Umgang mit dem Medium Telefon wird vorausgesetzt und das Wissen darum beim Design des Dialogablaufs gezielt eingesetzt.

Zudem befinden sich die Gesprächspartner beim Telefonieren in unterschiedlichen Wahrnehmungs- oder Handlungsräumen. Die Gesprächssituation beim Telefonieren ist zweigeteilt: einerseits in einen Kommunikationsrahmen, der sich zwischen den Telefonierenden in ihrem Gespräch ergibt. Andererseits besteht ein Kommunikationsrahmen durch die konkrete physische Situation, in der sich der einzelne Telefonierende befindet (Höflich 2000: 87). Diese Verdoppelung des Kommunikationsrahmens hat zur Folge, dass der Handlungsspielraum der Gesprächsteilnehmer eingeschränkt ist, da es den Telefonierenden nicht möglich ist, in den konkreten körperlichen Wahrnehmungsraum des Gesprächspartners einzudringen. Die Handlungen der Telefonierenden können nur durch Worte und im Gespräch ausgeführt werden. Die Möglichkeit des Handelns hat sich somit ins Reden verlagert (Bräunlein 1997: 77).

Diese beiden Kommunikationsrahmen, die sich beim Telefonieren ergeben, erfahren im Fall der Interaktion mit einem telefonbasierten Dialogsystem eine Änderung. Der telefonische Kommunikationsrahmen ist durch das eingeschränkte Sprach-verstehen des maschinellen Interaktionspartners nur beschränkt funktionsfähig. Auch der Wahrnehmungsrahmen stellt sich bei der Interaktion mit einem Dialogsystem anders dar: Der beschränkte Handlungsspielraum wird ergänzt durch eine „surreale“ Wahrnehmungssituation. Beim Telefonieren mit einem menschlichen Gesprächspartner kann in den individuellen Handlungsspielraum zwar nicht eingegriffen werden, die konkrete Wahrnehmungs-situation ist jedoch zumindest vorstellbar: Es sind vielleicht Hintergrundgeräusche zu hören, die Aufschluss geben über die Situation am anderen Ende der Leitung. Aber auch wenn im telefonischen Kommunikationsrahmen Hinweise auf die Wahrnehmungssituation des Gegenübers fehlen, hat man aufgrund der Erfahrung und des Weltwissens eine klare Vorstellung davon, wie ein telefonierender Mensch aussieht.

Beim „Telefonieren mit einem Computer" ist das anders. Hier kommt zusätzlich zum technischen Übertragungskanal ein technischer Gesprächspartner dazu, von dessen Funktionen und Fähigkeiten sich der Anrufer kein Bild machen kann. Wo es bei der zwischenmenschlichen Kommunikation darum geht, Interpretationsverfahren einzuleiten, um „Gesprächssinn" auszuhandeln (Brinker/Sager 2010: 134f.), muss sich der Anrufer in der Interaktion mit einem Computer zusätzlich einen Überblick über die Fähigkeiten des maschinellen Gesprächspartners erarbeiten. Angelehnt an das Konzept der interaktiven Bedeutungskonstitution (vgl. Deppermann 2002), kann von einer „Kompetenz-Konstitution" gesprochen werden, die in der Mensch-Maschine-Interaktion zusätzlich zur Bedeutungskonstitution geleistet werden muss.

Zusammenfassend kann bei der Interaktion mit einem telefonbasierten Dialogsystem von einer doppelten Kommunikationstechnologie gesprochen werden. Die Interaktion mit einem telefonbasierten Dialogsystem lässt sich als technisierte Kommunikation mit einem technischen Gesprächspartner bezeichnen, mit doppelt eingeschränktem Kommunikationsrahmen (Übertragungskanal und vermindertes Sprachverstehen) und unbekanntem Wahrnehmungsrahmen.

5.3 Telefongespräch als Mediengesprächstyp

Das Telefongespräch ist eine spezielle Gesprächssituation, die sich von der Face-to-Face-Kommunikation in mehreren Punkten unterscheidet. Wie bei dieser handelt es sich beim Telefongespräch um eine synchrone Kommunikation, die Gesprächspartner sind jedoch nicht physisch präsent. Beim Telefongespräch fehlen Blickkontakt, die Sicht auf das Gegenüber und zusätzliche Kommunikationskanäle wie Mimik und Gestik. Die telefonische Verständigung findet ausschliesslich über den akustischen Kommunikationskanal (Audiozentriertheit) statt, der im Vergleich zum Face-to-Face-Gespräch aber durch den telefonischen Übermittlungsvorgang zusätzlich verändert ist (Bräunlein 1997: 59).

Schwitalla (1996: 156) hat die technisch induzierten Probleme im Telefongespräch zusammengetragen, die sich aus dem Vergleich mit dem Face-to-Face-Gespräch ergeben. Im Folgenden sollen diese Punkte als konstitutiv für den Mediengesprächstyp aufgeführt werden. Gleichzeitig werden diese Punkte in Bezug auf das Telefonieren mit einem Dialogsystem kommentiert.

1. Ungewisse Erreichbarkeit des Adressaten
   Um zu überprüfen, ob der Gesprächspartner noch oder schon in der Leitung ist, wird meist ein fragendes „*Hallo*" verwendet. Falls keine Reaktion darauf erfolgt, wird das „*Hallo*" lauter, auf höherer Tonebene und gedehnter wiederholt, als ob man durch das lautere Rufen auch die Ansprechpersonen in grösserer Distanz zu erreichen hofft.

   Dasselbe Verhalten lässt sich bei der Interaktion mit einem Dialogsystem beobachten. Bei einem der untersuchten Systeme gab es technische Probleme, so dass das System plötzlich nicht mehr reagierte und keine Antwort gab. Die Anrufer reagierten wie beim zwischenmenschlichen Telefongespräch mit „*Hallo*", das mehrmals wiederholt wurde.

   Da, wie oben beschrieben, das Funktionieren des maschinellen Adressaten dem Benutzer unbekannt ist, liess sich im Vergleich zur zwischenmenschlichen Kommunikation bei einigen Testpersonen ein abweichendes Verhalten beobachten. Die Anrufer interpretierten das Nicht-Antworten nicht immer als „Nicht-Erreichbarkeit", sondern als „Nicht-Verstehen" und wiederholten deshalb ihre Frage noch einmal.

   Die Transkription zeigt ein Beispiel, bei dem die Testperson annimmt, dass das System die Frage inhaltlich nicht verstanden hat und kein Problem mit der Akustik vorliegt.

   Kinoprogrammauskunft: Aufnahme 2.03.1 (14:30–15:05)
   S = System (männliche Stimme)
   A = Anrufer

```
01   S: möchten Sie noch eine information?
02   A: ja.
03   S: WAS möchten sie wissen?
04   A: a serious man, heute abend im kino
        metropolis.
(14.5)
```

05 A: °hh
(1.5)
06 A: <<len> wann läuft a serious man heute
abend im Kino metropolis?>

Das System hat als Letztes eine Frage gestellt, auf die der Benutzer antwortete. Da daraufhin nichts passierte, formulierte der Benutzer seine Anfrage neu. Die zweite Frage war nicht nur neu formuliert, sie wurde auch sehr deutlich und langsam gesprochen. Dass der Anrufer so lange wartete mit der Neuformulierung, könnte damit erklärt werden, dass die Pause als Verarbeitungsprozess auf Systemseite interpretiert wurde.

Im folgenden Beispiel reagierte die Testperson schneller mit einer Neuformulierung der Anfrage und versuchte es viermal, bevor sie auflegte.

Kinoprogrammauskunft: Aufnahme 2.10.2 (9:10 9:55)
S = System (männliche Stimme)
A = Anrufer
01 S: möchten Sie noch eine information?
02 A: jo. ((Schweizerdeutsch))
03 S: WAS möchten sie wissen?
04 A: ähm, filme im kino metropolis?
(4.5)
05 A: welcher film <<f> läuft im metropolis?
(6.5)
06 A: new moon?
(10.5)
07 A: welcher film läuft im METROPOLIS?
(6.5)
((A legt auf))

Im folgenden Beispiel ist schliesslich die Kombination der „Nicht-Erreichbarkeit" und des „Nicht-Verstehens" ersichtlich: das „*Hallo*", um zu überprüfen, ob der Gesprächspartner noch erreichbar ist und gleich im Anschluss die Neuformulierung, um eventuelle Verständnisschwierigkeiten zu beheben.

Kinoprogrammauskunft: Aufnahme 2.04.2 (1:07–1:51)
S = System (männliche Stimme)
A = Anrufer

```
01   S: also, wie kann ich Ihnen helfen?
02   A: ich möchte den film avatar anschauen (-)
        in:: nürnberg.
(11.5)
03   A: ha::llo? ((lacht))
04      film avatar,(-) in welchem Kino?
(21)
((A legt auf))
```

2. Ungewisse Identität des Adressaten
Damit ist das Problem angesprochen, dass man beim Telefonieren nicht weiss, mit wem man spricht, wenn eine fremde Person angerufen wird. Bei Telefonaten mit einer Institution ist die Person, die das Telefonat annimmt, eine Repräsentantin der Institution, die sie vertritt. Aus diesem Grund ist der Name des direkten Gesprächspartners sekundär, wichtig ist, mit der richtigen Institution verbunden zu sein. Dass dem so ist, kann vom Anrufer zu Beginn des Gesprächs sichergestellt werden, da sich die Person, die das Telefonat entgegennimmt, meist mit einer von der Organisation vorgegebenen Begrüssung meldet und er somit weiss, dass er mit der gewünschten Institution verbunden ist.

    Für das Telefonat mit einem Dialogsystem gilt der beschriebene Sachverhalt genauso, mit dem Unterschied, dass die Identifikation der Person fehlt, die das Telefonat entgegennimmt. Ob das System auf sich selbst verweist oder nicht, wurde in Kapitel 4.4 besprochen.

3. Akustische Probleme
Das Telefonieren ist seit seinen Anfängen dadurch geprägt, dass versucht wird, technisch induzierte Störgeräusche auszuschalten. Die Telefonierenden begegnen diesen Störgeräuschen mit Reparaturmechanismen aus dem Alltag: Das Gesagte wird wiederholt und durch lautes Sprechen wird versucht, die schlechte technische Verbindung, laute Nebengeräusche im Wahrnehmungsraum am anderen Ende der Leitung und das schlechte Hören des Gesprächspartners zu kompensieren.

    Auch beim Telefonieren mit einem automatischen Dialogsystem ist dieses Verhalten anzutreffen, obwohl gerade in diesem Fall laute Störgeräusche und ein Computer mit schlechtem Gehör ausgeschlossen werden können (siehe Zeilen 7, 11 und 13 in der folgenden Transkription).

Verkehrsinformation: Aufnahme 1.16.3 (06:28–08:22)
Sw = System (weibliche Stimme)
Sm = System (männliche Stimme)
A = Anrufer

01 Sw: nennen sie eine autobahn oder sagen sie überblick.
02 A: (--) überblick.
03 Sw: hier ein allgemeiner überblick:
04 Sm: autobahn a1, von bern richtung st.gallen zwischen zürich seebach und verzweigung zürich ost: stockender verkehr, verkehrsüberlastung.
05 autobahn a2, von gotthard richtung luzern, zwischen wassen und amsteg: stockender verkehr,verkehrsüberlastung.
06 von luzern richtung basel zwischen emmen süd und emmen nord: stockender verkehr, verkehrsüberlastung.
07 A: <<f>zug>.
08 Sw: wie bitte?
09 Sm: von basel richtung luzern bei arisdorf: einfahrt gesperrt, baustelle.
10 von [Gott...]
11 A: [<<f> ZUGverspätungen.>]
12 Sw: (-) wie bitte?
13 A: <<f>ZUGverspätungen>.
14 Sw: (-) wie bitte?
15 ich habe sie leider nicht verstanden.
16 wir sind zurück im hauptmenü.

4. Hört der Gesprächspartner noch zu, versteht er?
Wenn ein Gesprächspartner den Eindruck hat, seine Äusserung sei nicht, oder nicht richtig verstanden worden, dient die Wiederholung des Gesagten als interaktiver Reparaturmechanismus. Dieses Verhalten ist sowohl in der Face-to-Face-Kommunikation anzutreffen wie auch in telefonischen Gesprächen.

Wie die bereits unter dem ersten Punkt aufgeführten Beispiele zeigen, trifft dieses Verhalten auch auf die Interaktion mit einem Computer zu.

5. Zwei Kommunikationssituationen bewältigen
Mit diesen zwei Kommunikationssituationen ist der bereits angesprochene Kommunikations- und Wahrnehmungsrahmen gemeint. An dieser Stelle soll der Fokus jedoch auf die erforderliche Leistung des Anrufenden gelegt werden, der seine Aufmerksamkeit auf den Inhalt des Telefongespräches und seine aktuelle räumliche Situation aufteilen muss.

Unter dieser Doppelbelastung steht der Anrufer auch bei einem Telefonat mit einem Dialogsystem. Was für den menschlichen Gesprächspartner jedoch leicht zu unterscheiden ist, stellt für das Dialogsystem ein Problem dar: Das Dialogsystem ist nicht in der Lage, Benutzeräusserungen zu erkennen, die nicht Teil des Kommunikationsrahmens sind, sondern zu einem Gespräch der physischen Umgebung des Benutzers gehören. Wenn ein Anrufer während des Telefonats auf eine Frage aus seiner unmittelbaren räumlichen Situation antwortet, reagiert das System darauf, da es nicht unterscheiden kann, an wen diese Anruferäusserung gerichtet ist. Dieses Verhalten des Systems führt zu Missverständnissen, gerade wenn die Möglichkeit des *Barge-In* gegeben ist. Dadurch ist es für den Anrufer gegebenenfalls sehr schwierig nachzuvollziehen, was die ihm unverständliche Systemreaktion ausgelöst hat.

6. Wer hört mit?
Diese Frage bezieht sich auf die zu Beginn der Telefonie übliche Vermittlung, über die Gespräche hergestellt wurden. Der Anrufer rief die Telefonzentrale an und teilte ihr den gewünschten Gesprächspartner mit. Dieser wurde von der Vermittlung kontaktiert und die Gesprächspartner wurden von dieser schliesslich miteinander verbunden. Durch diese Vorgehensweise musste von einem Mithören durch die Telefonzentrale ausgegangen werden.

Beim Telefonat mit einem Dialogsystem kann diese Frage umformuliert werden in „*Hört jemand mit?*“. Obwohl in mehreren Studien nachgewiesen wurde, dass ein menschlicher Gesprächspartner mit einem Computer genauso spricht wie mit einem menschlichen Gegenüber, muss diese Beobachtung eingeschränkt werden. Im Korpus kommen an mehreren Stellen Benutzeräusserungen vor, die mit dem lauten Denken vergleichbar sind, das beim Telefonieren in den Wartezeiten vorkommt, wenn der Gesprächspartner „nicht in der Leitung“ ist und der Anrufende sich sicher ist, dass seine laut geäusserten Gedanken nicht gehört werden. In diesem Moment existiert für den Anrufer nur noch seine unmittelbare Wahrnehmungssituation, die für die Dauer der Gesprächsunterbrechung vom gemeinsamen Kommunikationsrahmen getrennt ist.

Beim Telefonat mit dem Dialogsystem lassen sich metakommunikative Äusserungen finden, die gegenüber einem menschlichen Gesprächspartner nicht vorkommen würden, da sie sehr unhöflich sind. Es sind Meta-Kommentare, die in die emotionale Situation des Anrufers Einblick geben. Der Anrufer „macht sich Luft", indem er seine Verärgerung über das unzulängliche Funktionieren des Systems offen ausspricht.

Nur weil dem System gerade keine soziale und vor allem moralische Instanz attestiert wird, sind solche Äusserungen zu erklären. Der menschliche Benutzer spricht zwar mit einem Computer wie mit einem Menschen, über sein Empfinden beim Sprechen spricht er jedoch auch, da er dem System ein Empfinden abspricht. Dieser Umstand könnte auch damit erklärt werden, dass für den Anrufer bei der Interaktion mit dem Dialogsystem lediglich ein Wahrnehmungsrahmen (des Anrufers) besteht und kein voll funktionsfähiger gemeinsamer Kommunikationsrahmen wahrgenommen wird. Der gemeinsame Kommunikationsrahmen wird vom Anrufer nur auf den Gesprächsinhalt bezogen und gilt somit nur auf der Sachebene, nicht aber auf der persönlichen, zwischenmenschlichen Ebene.

An dieser Stelle sei auf die in Kapitel 7.4.2 *Metakommunikative Benutzeräusserungen* (S. 233) aufgeführten Beispiele aus dem Korpus verwiesen. Sie illustrieren diesen Umstand, indem sie eigentlich kooperative Anrufer zeigen, die sich auf der Ebene des Gesprächsinhaltes kooperativ verhalten, daneben jedoch Bemerkungen machen, die – um mit Brown und Levinson (1987) zu sprechen – als *face-threatening acts*, gesichtsschädigend, angesehen werden müssen.

Ein weiteres Charakteristikum des Telefongespräches ist die gegenüber dem Face-to-Face-Gespräch grössere Bedeutung der nonverbal-vokalen Äusserungskomponenten wie Tonhöhe, Lautstärke und Betonung (Bräunlein 1997: 62). Da der visuelle Kommunikationskanal wegfällt, müssen mimische und gestische Informationen explizit versprachlicht werden.

In Bezug auf maschinelle Dialogsysteme lässt sich sagen, dass dieser paraverbale Kommunikationskanal (noch) nicht genutzt werden kann. Die Systemstimme kann zwar – sofern es sich um vorab aufgezeichnete menschliche

Versatzstücke handelt – in Bezug auf die Betonung dem Dialogkontext angepasst werden. Die Ton- und Lautlage wird jedoch unabhängig von den Benutzereingaben immer dieselbe sein, egal ob es sich um eine natürliche oder synthetisierte Computerstimme handelt. Es bestehen jedoch Bestrebungen, die Emotionen in der menschlichen Stimmlage zu erkennen und somit die nonverbal-vokalen Informationen zumindest auf Benutzerseite auszuwerten (André et al. 2004).

Eine weitere Eigenschaft von Telefongesprächen ist das Vermeiden von Schweigephasen. Die Gesprächspartner bemühen sich um eine durchgehende Kontaktsicherung, indem die Anteilnahme am Gespräch durch Aufmerksamkeit-anzeigende Äusserungen wie *„Aha"*, *„Ja"*, *„Mhm"*, *„So so"* usw. bestätigt wird. Da für die telefonische Kommunikation lediglich der auditive Kanal zur Verfügung steht, ist das Rückmeldeverhalten der Zuhörer viel stärker ausgeprägt als in einem Face-to-Face-Gespräch (Höflich 1996: 216; Bräunlein 1997: 65; Hess-Lüttich 1990: 277).

Das Rückmeldeverhalten ist bei Telefongesprächen sogar so wichtig, dass die Gesprächspartner sich explizit versichern, ob ihr Beitrag verstanden wurde, indem sie nach einer Rückmeldung fragen oder Pausen einschieben, um Hörermeldungen Platz einzuräumen (Clark/Schaefer 1989).

Telefongespräche lassen sich auf der Makroebene grundsätzlich in die drei Phasen Gesprächseröffnung, Gesprächskern und Gesprächsbeendigung einteilen.

Die Eröffnungsphase ist beim Telefongespräch speziell, denn als Gesprächsaufforderung dient das Klingeln des Telefons. Vom Angerufenen wird die Gesprächsaufforderung angenommen, wenn der Telefonhörer abgenommen wird. Schegloff (1968: 115) erstellte für die telefonische Eröffnungsphase folgende allgemeingültige Regel:

Summons – Answer

Summons ist das Klingeln des Telefons, *Answer* ist das Sich-Melden des Angerufenen. Die Antwort des Angerufenen fällt im privaten Kontext eher kurz aus mit einem *„Hallo?"*, *„Ja?"* oder dem Nennen des Namens, im institutionellen Kontext ist die Antwort länger und strukturierter.

Das Klingeln des Telefons ist ein Signal des Anrufers und funktioniert wie ein Zuruf in der Face-to-Face-Kommunikation (Sugita 2004: 48). Aus beiden Fällen geht eine starke Reaktionsverpflichtung für den Empfänger oder den Angerufenen hervor.

Auf die Aufforderung-Antwort-Sequenz folgen weitere Paarsequenzen, welche die Eröffnungsphase im Telefongespräch konstituieren. Brinker und Sager (2010: 98) definieren sie folgendermassen:

Klingeln – Antwort
Identifikation – Gegenidentifikation
Gruss – Gegengruss
Davon abweichend besteht eine für institutionelle Telefonate charakteristische Variante:
(Klingeln) – („Antwort") + Identifikation – Gruss + Gegenidentifikation
In dieser Variante fehlt der Gruss des Angerufenen, wie folgendes Beispiel zeigt:
Telefon klingelt:
A: „Auskunft Hauptbahnhof XY."
B: „Ja, guten Tag, B, ich hätt gern eine Zugverbindung …"
(A = auskunftgebender Beamter der Zugauskunft, B = Anrufer)

Im Gegensatz dazu kann sich die Gesprächseröffnung bei einem privaten Gespräch unter Bekannten in die Länge ziehen, indem die Identifikation explizit verweigert und ein Spiel daraus gemacht wird. Unter Bekannten oder Familienangehörigen geht man davon aus, dass eine Identifikation nicht notwendig ist, da man sich über die Stimme erkennt.[53]

Die Kernphase beginnt mit der Einführung des Themas und kann durch folgendes Handlungsschema definiert werden:
Themaeinführung – Themaratifizierung

Die Themaeinführung schliesst sich unmittelbar an die Eröffnungsphase an.[54] Das Thema kann der Beziehungsfestigung dienen und muss nicht klar umrissen sein, wie bei Telefonaten zwischen Bekannten:
E tag A
A was macht ihr denn so?
(Sugita 2004: 74)

Bei institutionellen Telefonaten wird durch das Thema auch der Anruf begründet:
AA xyz-tankstelle xxx guten tag
BB guten tag bbb haben sie gürtelreifen?
(Werlen 1984: 237)

53 Siehe Schegloff (1979: 31); Hopper (1992: 81).
54 Werlen (1984: 244f.) zählt die Themeneinführung zur Gesprächseröffnung, Brinker und Sager (2010: 98) siedeln sie jedoch schon beim Gesprächskern an, da mit der Themeneinführung der Fokus bereits auf die Themendiskussion gelegt wird.

Für die Gesprächsbeendigung können wiederum verschiedene Typen von paarigen Sequenzen ausgemacht werden (Brinker/Sager 2010: 101).

- Resümeesequenz (Zusammenfassung – Bestätigung)
- Danksequenz (Dank – Gegendank, Zustimmung, Bagatellisierung usw.)
- Wunschsequenz (Wunsch, Ratschlag – Dank)
- Verabschiedungssequenz (wechselseitige Verabschiedung)

Für die Interaktion mit einem Dialogsystem ist die Realisierung des ersten Typs vorstellbar im Sinne einer globalen Bestätigungsstrategie. Der zweite und dritte Typus kann je nach Gesprächstyp auch in einem Telefonat zwischen menschlichen Gesprächspartnern wegfallen. Die Verabschiedungssequenz wird hingegen in jedem Fall realisiert und fällt niemals weg.

5.4 Institutionelle Telefonate

Bei den Telefongesprächen mit einem Dialogsystem handelt es sich um sach- und nicht um personenorientierte Telefonate. Letztere müssen nicht zielorientiert sein und können auch nur der Erhaltung der sozialen Beziehung dienen (Höflich 1996: 222). Im Gegensatz dazu haben die sachorientierten Telefongespräche ein Gesprächsziel – der Anrufer möchte eine Auskunft oder ein Anliegen klären. Institutionelle Telefonate sind sachorientierte Gespräche ohne phatische Funktion, die zwischen unbekannten Gesprächsteilnehmern stattfinden. Die Gesprächsteilnehmer nehmen durch den institutionellen Kontext vordefinierte Rollen ein (wie Agent und Klient), durch die ihre Handlungsmöglichkeiten vorab festgelegt sind (Becker-Mrotzek 2009: 71). Es muss demnach auch zwischen einer privaten und institutionellen Kommunikationssituation unterschieden werden. Bei einem institutionellen Telefonat wird mit einem öffentlichen Amt oder einem Unternehmen kommuniziert, das durch die Person repräsentiert wird, die das Telefon entgegennimmt. Der repräsentative Charakter zeigt sich auch durch die Art der Identifikation des Angerufenen, wenn der Angerufene lediglich den Namen der Institution nennt. Diese Selbst-Identifikation reicht aus, um dem Anrufer zu versichern, dass er den richtigen Gesprächspartner erreicht hat. Gleichzeitig wird der Anrufer dadurch als Kunde identifiziert und das Gespräch als „geschäftlich" klassifiziert (Schegloff 1979: 33). Im Gegensatz zum privaten Telefongespräch, bei dem als Identifikation des Angerufenen auch ein einfaches *„Hallo?“* oder *„Ja?“* ausreichen kann, um vom Anrufer erkannt zu werden, ist die Identifikation bei institutionellen Gesprächen vorgegeben.

Neben der Selbst-Identifizierung des Angerufenen zeichnet sich das institutionelle Telefonat dadurch aus, dass die Identifikation des Anrufers und auch die Nennung des Anrufgrundes in einer frühen Phase des Telefongespräches erfolgen (Sugita 2004: 77). Bei der Identifikation des Anrufers gibt es jedoch Unterschiede, wie folgende Beispiele[55] zeigen (Hopper 1992: 78f.):

Beispiel 1:
A: Metro Allergy Associates this is Alice
C: Hi there Alice this is Sandy Welch
A: Hi
C: .hh U::m I have a problem, …

Beispiel 2:
A: Central Allergy Associates this is Alice?
(0.9)
C: Ye:s this is Ron Harrell (0.4) U::m (0.4) couple a days ago I saw Doctor: uh (0.4) Hart on a uh (1.0) I was having co*ug*hing …

Beispiel 3:
A: Cancer Information Service may I help you?
(0.2)
C: Yes I was: uh (0.6) w*o*ndering if: there was a *p*ossibility of getting a list of thee: *foo*ds that ar:e available (0.9) to reduc:e risk of cancer?

Obwohl es sich beim institutionellen Telefonat um einen regelbehafteten Mediengesprächstyp handelt, zeigen diese Beispiele der Gesprächseröffnung, dass nicht alle theoretisch möglichen Bestandteile in der Praxis

55 An dieser Stelle soll nicht verschwiegen werden, dass das Gesprächsverhalten sich nach Kulturkreis und Sprachraum unterscheidet. Gerade bei der telefonischen Kommunikation besteht zwischen dem deutschen und englischen Sprachraum zum Beispiel ein unterschiedliches Verhalten bei privaten Telefonaten: Das Klingeln des Telefons wird im englischen Sprachraum mit *„Hello?“* oder *„Yes?“* beantwortet, im deutschen Sprachraum ist es üblich, sich mit dem Namen zu melden.

umgesetzt werden. So sind nur in Beispiel 1 die Paarsequenzen Identifikation – Gegenidentifikation und Gruss – Gegengruss vollständig vorhanden. Hervorzuheben ist an dieser Stelle, dass in diesem Beispiel die Identifikation nicht nur den Namen der Institution beinhaltet, sondern auch die angerufene Person als Repräsentantin der Institution ihren Namen nennt. Dieselbe Art von Identifikation liegt in Beispiel 2 vor, hier fehlen jedoch Gruss und Gegengruss, der Gruss wird durch das *„Yes"* ersetzt. In Beispiel 3 schliesslich wird nicht nur der Gruss durch das *„Yes"* ersetzt, die Gegenidentifikation fehlt hier ganz. In diesem Beispiel wurde als Identifikation jedoch auch nur der Name der Institution genannt, ohne Hinweis darauf, wer am Telefon spricht.

Werlen nennt einen Grund, weshalb die Gruss-Sequenz wegfallen kann:

> Grüsse müssen in gewisser Weise am Anfang stehen, sonst sind sie fehl am Platz. Daher fallen sie häufig fort, wenn die erste Begrüssung nicht gleich der Identifikation folgt. (Werlen 1984: 238)

Wie alle drei Beispiele zeigen, folgt auf die Gesprächseröffnung direkt die Themeneinführung. Sogenannte „Nullthemen" mit rein phatischer Funktion sind in einem institutionellen Telefonat an dieser Stelle nicht zu finden. Der Angerufene erwartet die Themeneinführung, da darin der Grund und zugleich das Ziel des Anrufes liegt.[56] Die Themenratifizierung erfolgt bei institutionellen Telefonaten immer, da es zur Tätigkeit des Angerufenen gehört, sich den Anliegen der Anrufer zu widmen. Die geforderte Auskunft wird zur Verfügung gestellt, der Anruf an den gewünschten Gesprächspartner weitergeleitet oder die gewünschte Transaktion durchgeführt.

Je nachdem, wie kompliziert sich die Themenbearbeitung gestaltet, fällt auch die Gesprächsbeendigung länger oder kürzer aus.

Bei einer reinen Informationsabfrage, die mit der Ausgabe der Auskunft beendet ist, sind weder Resümee-Sequenz noch eine Vereinbarung zum Übergang in die Themenbeendigung notwendig. In beiden unten

56 Die Themeneinführung obliegt bei einem Telefongespräch dem Anrufer. Ausnahmen bilden Gesprächssituationen, bei denen der Anrufer mit einem Rückruf auf einen erfolglosen Anrufversuch des Angerufenen reagiert. In diesem Fall übergibt der Anrufer die Themenwahl dem Angerufenen (*„Sie wollten mich sprechen?" „Ich sollte Sie zurückrufen?"*). Siehe Werlen 1984: 244).

angeführten Beispielen zur Zugauskunft findet eine Grenzmarkierung statt, die den Abschluss der Themenphase darstellt (*„gut“, „prima“*) und auf die unmittelbar die Dank- und Abschiedssequenz folgt.

Beispiel 1:
(Lüger 1988: 5)

1	E	der isch zwanzig fünfzehn in Z un dort geht s weiter
2		zwanzig vierzig zwa mit m omnibus zwanzig vierundfünfzig
3		in Y
4	A	gut
5		vielen dank
6	E	bitte
7	A	wiederhören
8	E	wiederhören

(Ende des Telefonates)

Beispiel 2:
(Lüger 1988: 10)

1	E	ankunft Y [ON] neun uhr fünf [zehn
2	A	[neun uhr fünfzehn
3		prima ja der is gut
4		prima
5		ich danke ihnen
6		auf [wiederhören
7	E	[wiederhören

(Ende des Telefonates)

Bei einem Anruf, der mehr als eine reine Informationsanfrage enthält und bei dem eine Transaktion durchgeführt wurde, fasst der Angerufene seine Handlungen in einem abschliessenden Fazit zusammen (Zum Beispiel: *„Ich habe Ihre Bestellung aufgenommen, Sie erhalten sie in den nächsten Tagen.“*). In dieser Resümeesequenz kann die Zusammenfassung jedoch auch vom Anrufer übernommen werden, der sie fragend an den Ausführenden richtet (*„Dann erhalte ich die Bestellung per Post in den nächsten Tagen? – „Ja, genau.“*).

In beiden Fällen folgt auf die Resümeesequenz die Dank- und Verabschiedungssequenz, eingeleitet vom Anrufer, wie sie auch in den oben aufgeführten Beispielen ohne Resümeesequenz dargestellt ist.

5.5 Call-Center-Gespräche

Als spezielles institutionelles Telefonat soll das Call-Center-Gespräch abgegrenzt werden. Es handelt sich dabei auch um ein institutionelles Telefonat inklusive der im vorhergehenden Kapitel beschriebenen Eigenschaften. Call-Center-Gespräche stellen jedoch auch eine Massenkommunikation dar, bei der per Telefon eine computergestützte Kundenberatung angeboten wird. Die Dienstleistung der Experten besteht darin, Informationen und Hilfe bei Problemen zur Verfügung zu stellen.

Die Kommunikationssituation in Call-Center-Gesprächen ist durch verschiedene Faktoren vorstrukturiert, die im Folgenden beschrieben werden. Als Erstes soll der Begriff *Call-Center* definiert werden, in einem zweiten Schritt werden die Gespräche und Gesprächspartner untersucht.

Einfach und allgemeinverständlich formuliert, stellt ein Call-Center eine Organisation dar, deren Aufgabe darin besteht, sich um den telefonischen Kundenservice eines Unternehmens zu kümmern. Wiencke und Koke erweitern diese Erklärung und halten sie allgemeiner, indem sie den Begriff Call-Center folgendermassen definieren:

> Call-Center sind Unternehmensabteilungen oder eigenständige Firmen, die unter Wahrung von Unternehmens- und Marketingzielen und mit Hilfe modernster Informations- und Telekommunikationstechnik einen serviceorientierten Dialog des Unternehmens mit Kunden, Interessenten und Lieferanten gewährleisten. (Wiencke/Koke 1999: 9)

Im Zentrum steht demnach die Kommunikation im *Service* oder *Kundendienst*. Die beiden Begriffe werden in der Betriebswirtschaftslehre als Synonyme verstanden und beinhalten

> alle Zusatzleistungen [...], die ein Anbieter neben der Hauptleistung, d. h. dem Produkt im engeren Sinne, seinen Kunden offeriert, um den Erwerb, Einsatz und/oder Gebrauch der Hauptleistung zu ermöglichen bzw. zu erleichtern. (Vahlens 1994: 1253)

Bendel (2007) hat die Call-Center einer Schweizer Grossbank untersucht und beschreibt deren Zweck und Funktion folgendermassen:

> Call-Center sind Organisationen, in denen die spezifischen Eigenschaften von Institutionen besonders augenfällig sind. Der Zweck der Institution schlägt sich materiell nieder in speziell eingerichteten Räumen, spezifischem Mobiliar, hoch spezialisierten, technisch ausgerüsteten Arbeitsplätzen mit der typischen Verbindung

> von Bildschirm- und Telefonarbeit sowie im über die Bürozeiten hinausgehenden Schichtbetrieb. Call-Center sind Ausdruck der steigenden Taylorisierung auch im Dienstleistungssektor und nehmen im Rahmen der zunehmenden betriebsinternen Arbeitsteilung ganz spezifische Funktionen innerhalb des Gesamtunternehmens wahr. Der einzelne Arbeitsplatz ist von der Funktion des Call-Centers her definiert. Im Falle der Schwyzer Bank lautet der Auftrag: Anrufe entgegennehmen und verteilen, Auskunft geben, kleinere Beratungen durchführen und Aufträge entgegennehmen sowie Probleme lösen helfen. Die Arbeit ist einerseits repetitiv wie in jedem Call-Center, andererseits verlangt sie breites bankfachliches Wissen sowie umfangreiche Kenntnis der betriebseigenen Produkte und Prozesse und ist damit qualifizierter als in vielen Auskunfts- und Bestelldiensten. (Bendel 2007: 71)

Die Aufgaben eines Call-Centers, die hier in Bezug auf eine Bank angesprochen werden, sind in der folgenden Liste erweitert und damit allgemeingültig gemacht worden (vgl. Wiencke/Koke 1999: 23):

Die Hauptaufgaben eines Call-Centers beinhalten:

- Informationsausgabe
- Beschwerdemanagement
- Auftrags- und Bestellannahme
- Reservierungszentrale
- Direktvertrieb/Direct Banking
- Marktforschung
- Notfall- und Support-Service
- Durchführung von Nachfassaktionen
- Customer Care/After-Sales-Service
- Akquisition und aktive Kundenbetreuung

Bei dieser Liste von Hauptaufgaben eines Call-Centers wurde kein Unterschied zwischen Inbound- und Outbound-Call-Center gemacht. Mit *inbound calls* sind alle eingehenden Anrufe gemeint, unter *outbound calls* versteht man die Anrufe, die vom Call-Center an bestehende oder potentielle Kunden getätigt werden. Diese können zum Beispiel Kundenzufriedenheitsbefragungen, Nachfassaktionen oder den direkten Telefonverkauf beinhalten. Für beide Arten von Anrufen können automatische Dialogsysteme eingesetzt werden, wobei die untersuchten Telefongespräche im Korpus ausschliesslich aus *inbound calls* bestehen.[57]

57 Die Untersuchung von automatisch ausgelösten *outbound calls* mittels natürlichsprachlicher Dialogsysteme fand im Rahmen dieser Arbeit nicht statt. Da die Maschine bei

Call-Center sind zudem dadurch geprägt, dass die Mitarbeiter beim Kundengespräch gleichzeitig am Computer arbeiten. Die Art und Weise, wie ein Kundenanliegen im Computersystem erfasst werden kann, hat Auswirkungen auf den Inhalt und den Ablauf des Kundengesprächs. Nur die vom System benötigten Kundendaten werden erfasst. Die Reihenfolge der notwendigen Kundendaten wird zudem durch die Abfolge der Eingabemasken des Systems vorgegeben. Die Interaktion zwischen Call-Center-Mitarbeiter und Kunde wird somit durch organisatorische und technische Vorgaben gesteuert. Dieser Umstand setzt Call-Center-Mitarbeiter unter den enormen Druck, sowohl den Vorgaben ihres Arbeitgebers als auch dem Kunden und seinem Anliegen gerecht zu werden.

> Die Widersprüche zwischen Flexibilität und Standardisierung der Interaktion, die für die Vermittlungsarbeit der AgentInnen zwischen KundInnen und Organisation kennzeichnend sind, behindern dann auch ihre Übersetzungsarbeit zwischen Kundengespräch und Systembedienung. Da sich die Interaktion zwischen Kundin und Agent an die im System vergegenständlichten organisatorischen Vorgaben anpassen soll, sind die Möglichkeiten, die Bedienung des Systems mit den situativen Erfordernissen des Gesprächsverlaufs in Einklang zu bringen, entsprechend gering. (Theissing 2001: 156)

Antos (1988) zeigt diesen Konflikt am Beispiel des „Identifizierungszwangs" auf: Eine Reklamation kann vom Mitarbeiter des Call-Centers nur aufgenommen werden, wenn der Kunde identifiziert ist. Die Identifizierung ist für den Mitarbeiter der erste Schritt im Kundengespräch. Der Kunde hingegen erwartet Anteilnahme und Verständnis für sein Anliegen. Durch das Fragen nach dem Identifizierungsmerkmal fehlt die empathische Geste des Verständnisses, was die Verärgerung des Kunden steigert. Der Mitarbeiter verstösst somit gegen die „Regel der emotionalen Reziprozität" (Fiehler 1986: 288) und verweigert dem Kunden die Reziprozitätsdemonstration (Kallmeyer 1979), die sozial determinierte Reaktion auf die aktuelle Gefühlsäusserung des Kunden.

> Somit birgt die Identifizierungsprozedur eine Eskalationstendenz in sich: Der Kunde wird mit seinen Problemen nicht ernst genommen, durch die „Abfragerei" zusätzlich provoziert, häufig fühlt er sich „verschaukelt" und sträubt sich bisweilen sogar gegen diese Form der Reklamationsbewältigung. Umgekehrt der Mitarbeiter: Er sieht sich als Sprachrohr des Computers und interpretiert emotionale Kundenreaktionen als Ausdruck von Unsachlichkeit, Uneinsichtigkeit bis Obstruktion – etwa nach der Devise: Wer sich den Sachzwängen des hilfreichen Computers zu entziehen versucht, diskreditiert sich

---

dieser Art von Anrufen die aktive Rolle übernimmt und den Anruf tätigt, wäre es interessant, zu untersuchen, wie und ob sich das Benutzerverhalten ändert.

selbst. Der wütende Kunde und der sich hinter dem Computer versteckende „sachliche" Mitarbeiter eskalieren so ungewollt ihren Konflikt: Der Kunde erwartet emotionale Anteilnahme als Grundvoraussetzung der Renormalisierung, während dies für den Mitarbeiter gerade die sachangemessene Identifizierung ist. (Antos 1988: 15f.)

Bemerkenswert ist im Hinblick auf die „Ersetzung" des Call-Center-Mitarbeiters durch ein Sprachdialogsystem, mit welchen Formulierungen der Mitarbeiter beschrieben wird, der „sich hinter dem Computer versteckt" und als „Sprachrohr des Computers" auftritt.

Dass sich Kunde und Call-Center-Mitarbeiter nicht auf derselben Ebene gegenübertreten, zeigt sich auch, wenn nicht nur das Gespräch an sich, sondern auch der jeweilige Blickwinkel der Gesprächspartner auf das Gespräch beobachtet wird. Durch die tabellarische Gegenüberstellung der Perspektiven von Call-Center-Mitarbeiter und Kunde wird es offensichtlich, dass der Call-Center-Mitarbeiter als Repräsentant der Institution auf das Reklamationsgespräch mit einer im Vergleich zum Kunden emotionslosen Haltung eingeht.

Perspektiven-Unterschiede bei Kundin/Kunde und Reklamationsbearbeiter/-in:

Kundin/Kunde (K)	**Reklamationsbearbeiter/-in (M)**
Handeln als individuelle Person	Handeln als Agent der Institution
Unkenntnis der institutionellen Abläufe	Kenntnis der institutionellen Abläufe
Agieren aus einer Position der Schwäche	Agieren aus einer Position der Stärke
Sicht auf die Reklamation als Einzelfall/ besonderen Fall	Sicht auf die Reklamation als Standardfall
Persönliche Betroffenheit von dem Problem	Keine persönliche Betroffenheit von dem Problem
Abwicklung bedeutet eine Störung des Alltags	Abwicklung ist Bestandteil alltäglicher beruflicher Routine
Problemlösung ist für K relevant	Problemlösung ist für M wenig relevant
Erwartet individuelle Behandlung	Wendet allgemeine Regeln an
(Negative) Emotionen	Emotionale Neutralität/Unbeteiligtheit

Abbildung 20: Perspektivenunterschiede (vgl. Brünner 2000: 111).

Diese Unterschiede in der Perspektive der Gesprächspartner führen zu dem oben beschriebenen Spannungsfeld.[58]

Wichtig ist es an dieser Stelle, dass es sich um ein Gespräch zwischen menschlichen Gesprächspartnern handelt, bei dem die Reziprozitätsdemonstration verweigert wird. Der Kunde fühlt sich nicht ernst genommen, ein Umstand, der nicht durch einen maschinellen Gesprächspartner herbeigeführt wird, dem die Fähigkeit für das „Einfühlen" fehlt, sondern durch äussere Umstände evoziert ist, die in vielen Punkten gegenteilige Perspektiven zur Folge haben, wie die Tabelle zeigt.

Call-Center-Gespräche sind nicht allein durch das Kundenanliegen und die systemtechnischen Vorgaben strukturiert. Das Telefon als Gesprächsmedium gibt kultur- und medienspezifische Konventionen vor und beschränkt die Ausdrucksmöglichkeiten. Zudem bestehen oft unternehmensinterne Verhaltensvorschriften, die genau festlegen, wie die Tätigkeiten auszuführen sind und welche Höflichkeitsstandards gelten. Diese Vorschriften schliessen auch Formulierungsvorgaben ein, deren exakter Wortlaut zu verwenden ist. Solche *scripts* oder Gesprächsleitfäden (Fojut 2008) beinhalten einzelne Stichwörter oder auch ausformulierte Sätze, die den Mitarbeitern im Call-Center als Grundlage für das Kundengespräch dienen. Ein Beispiel, das nicht nur wörtliche Formulierungen vorgibt, sondern auch Gesprächstechniken, Hinweise zur atmosphärischen Gestaltung und rhetorische Strategien beinhaltet, sind die sogenannten *Telefonstandards* der Call-Center einer Schweizer Grossbank (Bendel 2007: 68):

58 Dieses Spannungsfeld aus Sicht der Kunden spricht Oberlindober an, indem er darauf hinweist, dass die Call-Center trotz dieses Umstandes akzeptiert werden:

„Erstaunlich ist, wie global und allgemein die Akzeptanz von Call-Centern als Pufferzone zwischen Menschen und Unternehmen oder Institutionen geworden zu sein scheint. Dabei ist es gar nicht selbstverständlich, wenn Millionen von Menschen mit verschiedenen Anliegen immer wieder begrüsst werden mit jenem ‚Guten Tag … (Firmenname) … mein Name ist … Was kann ich für Sie tun?', und diese vom individuellen Anliegen ebenso wie von der Identität des Adressaten unabhängige Formel klaglos hingenommen wird, als wären alle Anrufer bei Firmen, Verwaltungen, Auskünften und Sportvereinen sich einig, dass dies die Weltformel der Dienstleistung ist, mit der in unterschiedlichen Sprachen, aber gleicher Intonation und in gleichem Singsang all diejenigen am Telefon begrüsst werden, die irgendwas wollen und daher schon per se lästig sind." (Oberlindober 2001: 13)

- Wörtliche Vorschriften
  - Begrüssungsformel: „Schwyzer Bank min Name isch [Vorname] [Name]“
  - Ansprache des Kunden mit Namen, mindestens drei Mal im Gespräch.
  - Nach Gesprächspause kein „Sind Sie no daa?“, sondern „Herr/Frau [Name]?“
- Formale Kriterien
  - Bei der Kundenidentifikation interne Weisung Nr. X befolgen.
  - Interne Sicherheitsvorschriften einhalten.
  - Auskunft und Vorgehen sind korrekt.
- Einzelne Gesprächstechniken
  - Einsatz der Fragetechnik.
  - Für Anruf danken.
  - Bei Wartezeiten über eine Minute Rückruf anbieten.
- Atmosphärische Gestaltung
  - Freundliche, verbindliche Stimme.
  - Sympathische Ausstrahlung, Engagement, Begeisterung.
- Komplexe rhetorische Strategien
  - Gesprächsführung behalten, zum Thema zurückführen.
  - Reklamationen ernst nehmen, Verständnis zeigen.
  - Argumentation aus Sicht des Kunden.

5.6 Unterschied zwischen menschlichem und maschinellem Gesprächspartner

Das Beispiel des Kundenservice-Portals in der empirischen Untersuchung zeigt, dass der telefonische Kundenservice ganz oder teilweise durch Dialogsysteme ersetzt wird. Die Interaktion mit dem Dialogsystem ersetzt oder ergänzt dabei das Gespräch mit dem menschlichen Call-Center-Mitarbeiter.

Interessant ist, was sich im Gespräch ändert, wenn es nicht von einem Call-Center-Mitarbeiter geführt wird, sondern von einem Dialogsystem. Es stellt sich die Frage, ob und wenn ja, welche Unterschiede sich ausmachen lassen im direkten Vergleich zwischen menschlicher Kommunikation und Mensch-Maschine-Interaktion.

Die telefonbasierten Dialogsysteme kopieren somit eigentlich das Original: die zwischenmenschliche Kommunikation in einer speziellen Kundenservice- oder Dienstleistungs-Kommunikationssituation. Aus diesem Grund ist es interessant, die Interaktion zwischen Mensch und Maschine dem zwischenmenschlichen Gespräch in dieser konkreten Gesprächssituation gegenüberzustellen und nach Unterschieden und Parallelen zu suchen.

Zudem stellt sich die Frage, ob es klare Hinweise dafür gibt, dass mit einer Maschine interagiert wird. Dies kann erreicht werden, indem man sich als Beobachter naiv stellt und den Aspekt der maschinellen Interaktion erst einmal vernachlässigt. Dabei wird das Gespräch betrachtet, als ob es sich um ein typisches Call-Center-Gespräch handeln würde. Dieses Vorgehen ist angelehnt an das qualitativ-analytische Beobachten von Alltagsphänomenen, bei dem vermieden werden soll, die zugrundeliegenden Motive der Alltagskommunikation zu reproduzieren (Schmitt/Heidtmann 2003). Viel eher geht es darum, sich naiv zu stellen und die zu untersuchende Kommunikation als etwas Fremdes anzusehen, um mögliche Erklärungen so aus dem Untersuchungsgegenstand selbst zu entwickeln. Oevermann spricht von „*einer Art künstlichen Verfremdung seines Gegenstandes durch die Herstellung einer ‚künstlichen Naivität' ihm gegenüber*" (Oevermann 1986: 36) und Garfinkel empfiehlt „*[to] treat the rational properties of practical activities as anthropologically strange*" (Garfinkel 1967: 9).[59]

In der Anwendung auf Dialoge aus der Mensch-Maschine-Interaktion können durch dieses Vorgehen Rückschlüsse darauf gezogen werden, worin sich das „Maschinelle" im Kommunikationsablauf überhaupt zeigt.

Als Beispiel soll ein Anruf beim Telefonbanking-System dienen. Die Testperson hatte die Aufgabe, zu überprüfen, ob die Gutschrift eines Einzahlungsscheins über den Betrag von 134.10 CHF auf dem Konto eingetroffen war.

Telefonbanking inklusive Kartensperrungen: Aufnahme 1.11.4 (Dauer: 2 Min. 14 Sek.)
S = System (weibliche Stimme)
Sf = System (weibliche Stimme, französisch)
Si = System (weibliche Stimme, italienisch)
Se = System (weibliche Stimme, englisch)
A = Anrufer

59 Siehe auch Hirschauer 1997.

01 S: willkommen bei x.
02 Sf: bienvenue à x.
03 Si: benvenuti a x.
04 Se: welcome to x.
05 S: für deutsch drücken sie die taste eins.
06 Sf: pour le [français…]
07 A: [Ais.]
((A drückt Taste 1.))
08 S: für die tastensteuerung drücken sie die taste eins, für die sprachsteuerung die taste zwei.
((A drückt Taste 2.))
09 S: wir sind jetzt im hauptmenü.
10 wählen sie aus folgenden möglichkeiten: kontodienstleistungen, demo-version, fonds[prei…]
11 A: [demo-version.]
12 S: (-) demo-version.
13 hier können sie die verschiedenen funktionen abfragen und testen.
14 ihre eingaben haben keinen einfluss auf die persönlichen konten.
15 wenn sie jetzt testen wollen, sagen sie ja, wenn nicht, sagen sie nein.
16 A: j:a.
17 S: bitte beachten sie, dass alle zahlen und daten in der demo-version nur beispiele sind.
18 wir sind jetzt im hauptmenü der demo-version.
19 wählen sie aus folgenden möglichkeiten: kontodienstleistungen, demo-version verlassen,fondspreise oder kartensperrungen.
20 A: <<p> kontodienstleistungen.>
21 S: kontodienstleistungen.
22 das verfügbare guthaben für das konto fünfundzwanzig strich neun sieben sieben neun strich acht beträgt eintausendfünfhundert franken.
23 (-) wir sind jetzt im menü kontodienstleistungen.
24 wählen sie aus folgenden möglichkeiten: letzte buchungen, kontowechsel, kontoübertrag, einstellungen oder saldoauskunft.=
25 A: =letzte buchungen.

```
26   S:   buchungen.
27        sie hören die buchungen für das konto
          fünfundzwanzig strich neun sieben sieben
          neun strich acht.
28        in dieser liste bewegen können sie sich mit
          weiter, zurück und abbrechen.
29        (-) dritter februar, auftrag debit direct,
          betrag eintausendzweihun[dertfü…]
30   A:                           [weiter.]
31   S:   erster februar, gutschrift einzahlungsschein,
          betrag einhundertvierunddreissig franken und
          [zehn rappen.]
32   A:   [mmmh.]
((A legt auf.))
```

In einem ersten Schritt stellt sich nun die Frage, an welchen Stellen auffällt, dass keine beidseitige Natürlichsprachlichkeit vorliegt.

Die viersprachige Begrüssung muss noch nicht zwingend auf einen maschinellen Gesprächspartner verweisen, da es sich dabei um eine weitere Begrüssungsformel handeln könnte, angepasst an die mehrsprachige Kundengruppe. Die Bedienhinweise in den Zeilen 8, 10 und 15 hingegen lassen allein aufgrund des Eingabemodus auf einen nicht-menschlichen Gesprächspartner schliessen. Eine Sprachwahl müsste bei einem menschlichen Gegenüber nicht über die Tastatureingabe erfolgen. Nicht unbedingt eindeutig sind die Auswahlmöglichkeiten, die vom System angeboten werden (Zeilen 19 und 24). Ein menschlicher Gesprächspartner würde kaum die Möglichkeiten des ihm zur Verfügung stehenden Computersystems aufzählen, sondern auf das Anliegen des Anrufers reagieren.

Auffallend sind neben den Ansagen des Systems auch die Äusserungen des Anrufers. Die Anruferäusserungen bestehen nur aus einzelnen Wörtern, keinen ganzen Sätzen, in denen meist das Schlüsselwort wiederholt wird, das vom System vorgegeben wurde. Auffällig ist auch, dass während des ganzen Gespräches von über zwei Minuten Dauer auf den Anrufer nur sechs von insgesamt 32 *turns* entfallen.

Um den direkten Vergleich zwischen maschinellem und humanem Gesprächspartner anstellen zu können, soll dieser Anruf einem vergleichbaren Anruf zwischen menschlichen Gesprächspartnern gegenübergestellt werden. Dazu wurde ein Anruf aus dem Korpus von Bendel (2007) ausgewählt. Der Anruf im Call-Center einer Schweizer Bank beinhaltet ebenfalls eine Auskunft bezüglich einer Kontogutschrift. Der Kunde möchte in diesem Gespräch wissen, ob der erwartete Betrag auf seinem Konto bereits gutgeschrieben wurde.

■ ***Gespräch 125 (vollständig)***

Titel	Ist heute was reingekommen?	Dauer	1'23''
Agent	männlich, Zürcher Dialekt	Gesprächstyp	Auskunft geben
Kunde	männlich, Bündner Dialekt	Resultat	Anliegen erfüllt
Bemerkung	Die Aufnahme ist durch einen permanenten Summton gestört. Der Kunde ist nur leise zu hören, eventuell ruft er von einem Mobiltelefon aus an.		

[1]

A [v]	schwyzer bank mi namen=isch AMrein? guete tag herr
A [u]	*schweizer bank mein name ist amrein guten tag herr*
K [v]	(0.7) ↑JA grüeziwool da isch ↓keller;
K [ü]	*ja grüeziwohl hier ist keller*

[2]

A [v]	keller,
A [ü]	*keller*
K [v]	(0.8) si könnted si schnell luege ob (.) öppis INEkoo isch; (ufs) KONto hüt.
K [ü]	*könnten sie schnell nachschauen ob etwas reingekommen ist aufs konto heute*

[3]

A [v]	ja=händ=s mer (d) KONtonummere_ _ (1.4) sächzä DRÜezwänzg,
A [ü]	*ja haben sie mir die kontonummer sechzehn dreiundzwanzig*
K [v]	(0.6) sächzä drüezwanzg,
K [ü]	*sechzehn dreiundzwanzig*

[4]

A [v]	.... ja (0.7) ↓äinenünzg. (1.1) jetzt ëh (.) zur
A [ü]	*ja einundneunzig. jetz äh zur*
K [v]	(0.9) FÜfedrissg- (0.7) strich äinenünzg.
K [ü]	*fünfunddreissig strich einundneunzig*

[5]

A [v]	identifikaTION händ=s mer no es paar AAgaabe zum KONto;
A [ü]	*identifikation haben sie mir noch ein paar angaben zum konto*
K [v]	(1.0) ja:: – Yzalt het ah (XXXxxx)
K [ü]	*ja, einbezahlt hat äh (xxx)*

[6]

A [v]	m=Hm,
A [ü]	*m=hm*
K [v]	sächstusigsächshundert (xxxxxxxxxx)- (1.1) und wer het no zalt. (.) ja (XXXxxx) –
K [ü]	*sechstausendsechshundert (xxx) und wer hat noch bezahlt, ja, (xxx)*

[7]

A [v]	(1.3) wer isch sösch no
A [p]	<all, fragend
A [ü]	*wer ist sonst noch*
K [v]	(0.8) äine wo füfzigtusig (xxxx) äh:: (.) füfzigtusig und achzg zalt-
K [ü]	*einer der fünfzigtausend (xxx) äh fünfzigtausend und achzig bezahlt*

[8]

A [v]	UNderschriftsberächtiget; niemer mee. (2.0) es goot um de
A [p]	>
A [ü]	*unterschriftsberechtigt niemand mehr es geht um den*
K [v]	(0.9) (xxxxxxx) (.) ja.
K [ü]	*(xxxxxxxx) ja*

[9]

A [v]	KONtostand. isch füfesächzgTUsig, zwäihundertachtedachzg, (0.9) und
A [ü]	*kontostand ist fünfundsechzigtausend zweihundertachtundachtzig und*
K [v]	JA gern ja. (.) ja,
K [ü]	*ja gerne ja ja*

[10]

A [v]	nünezwänzg rappe.
A [ü]	*neunundzwanzig rappen*
K [v]	a:=Ha. die (achte)drissgTUsig isch nonig ineko; he?
K [ü]	*a=ha. die (achtund)dreissigtausend ist noch nicht reingekommen, he*

[11]

A [v]	tschuldigung? ....
A [ü]	*wie bitte*
K [v]	(0.7) ich (erwarte) drissgTUsig vom/ vo öpperem; isch nonig
K [p]	<f >
K [ü]	*ich (erwarte) dreissigtausend vom/von jemandem ist noch nicht*

[12]

A [v]	(0.9) (xxxx) i letschter ZYT nöd näi; nüt inechoo so; i dere
A [ü]	*(xxxx) in letzter zeit nicht nein nichts hereingekommen in der*
K [v]	ineko; he? ned (xx?)
K [ü]	*reingekommen, he nicht (xx)*

[13]

A [v]	gröössenornig. herr keller, e schönen=abig wünsch ich.
A [ü]	*grössenordnung herr keller, einen schönen abend wünsche ich*
K [v]	aha. ↑Okay; (1.2) guet! Ade
K [p]	<f >
K [ü]	*aha okay; gut! ade*

[14]

A [v]	Ade merci
A [ü]	*ade merci*
K [v]	merci-
K [ü]	*merci*

Abbildung 21: Gespräch 125 (Bendel 2007: 102).

Auffallend an diesem Gespräch ist, dass die Themeneinführung vom Anrufer direkt nach der Begrüssung (Zeile 2) und erst dann die Identifizierung durch den Call-Center-Mitarbeiter vorgenommen wird. Bei der Interaktion mit dem Dialogsystem (Transkription 1.11.4) hingegen erfolgt die Identifizierung vor der Einführung des Anliegens. Aufgrund der Testsituation wird die Identifizierung durch die Auswahl der Demo-Version (Zeile 11) durchgeführt. Interessant ist zudem, dass während des Anrufes beim Agenten der Bank die Identifizierung und die dazugehörenden Sicherheitsfragen einen Grossteil des Gespräches (Zeilen 3–8) einnehmen.

Um die beiden Gespräche auf eine strukturierte und übersichtliche Art miteinander vergleichen zu können, wird jedes im Folgenden in Aufgaben zerlegt und ein Aufgabenschema erstellt. Die Aufgaben sind rollenspezifisch und können den beiden Rollen *Kunde* und *Agent/Dialogsystem* zugeteilt werden. Durch dieses Hilfskonstrukt können eventuelle rollenspezifische Unterschiede zwischen den Gesprächen aufgezeigt und lokalisiert werden.[60]

Das an Bendel (2007) angelehnte Aufgabenschema zeigt auf der linken Seite dasjenige für die Anfrage beim Call-Center-Mitarbeiter und auf der rechten Seite den Anruf beim Dialogsystem. Aufgeführt ist nur das Minimalset an Aufgaben. Diese Aufgaben müssen zwingend vorhanden sein. Das Fehlen einer Aufgabe führt zur Markierung oder zum Scheitern des Gesprächs.

	Kunde	**Gemeinsame Aufgaben**	**Agent**	**Kunde**	**Gemeinsame Aufgaben**	**Dialogsystem**
Eröffnung	Anruf		Anrufannahme	Anruf		Anrufannahme
	Vorstellung	Rückfragen bezüglich Name	Vorstellung			Begrüssung
	Begrüssung		Begrüssung	Bedienungsmodus auswählen		Bedienhinweise präsentieren

60 Das Aufgabenschema bezieht sich auf ein *Inbound*-Telefonat. Zur Gesprächsstruktur in einem *Outbound*-Telefonat siehe Plog 1996.

	Kunde	**Gemeinsame Aufgaben**	**Agent**	**Kunde**	**Gemeinsame Aufgaben**	**Dialogsystem**
Hauptteil	Anliegen präsentieren	Anliegen klären	Anliegen ratifizieren	Gewünschte Option auswählen		Auswahlmöglichkeiten präsentieren
	Kontonummer angeben		Konto aufrufen	Ausgewählte Funktion bestätigen		Bitte um Bestätigung der ausgewählten Funktion
	Angaben zur Identifikation liefern		Kunden identifizieren	Gewünschte Option auswählen		Auswahlmöglichkeiten präsentieren
	Ratifikation der Auskünfte	Akustische Verständigungsprobleme beheben	Gewünschte Auskunft erteilen	Zur gewünschten Information navigieren	Akustische Verständigungsprobleme beheben	Informationen präsentieren
		(Fremd-) Sprachliche Verständigungsprobleme beheben		Ratifikation der Auskunft		
		Inhaltliche Verständigungsprobleme beheben				
Abschluss	Beendigungssignal		Beendigungssignal			
	Dank		Dank			
	Wünsche		Wünsche			
	Abschied		Abschied			

Abbildung 22: Vergleich Anruf bei Call-Center-Mitarbeiter und Anruf bei Dialogsystem.

Im direkten Vergleich des Gesprächs mit dem Call-Center-Mitarbeiter mit dem Gespräch mit dem Dialogsystem fällt im ersten Teil der Eröffnung bereits auf, dass die Begrüssung im Dialog mit dem automatischen System nur vom System ausgeführt wird. Der Gruss durch den Anrufer wird nicht erwartet und ihm ist deshalb auch kein Platz eingeräumt. Auch fehlt in der Interaktion mit dem Dialogsystem die Vorstellung zwischen den Interaktionspartnern. Dafür tritt eine neue Paarsequenz auf, bei der vom System Bedienhinweise präsentiert werden, aus denen der Anrufer auszuwählen hat. Die Gesprächssteuerung geht also vom System aus, das den Anrufer über die möglichen Eingabemodalitäten informiert, die ihm zur Verfügung stehen.

Diese Vorgehensweise zieht sich auch durch den Hauptteil des Gesprächs: Das Dialogsystem gibt jeweils eine Auswahl der aktuell möglichen Funktionen oder Optionen an und der Anrufer sucht sich die zu seinem Anliegen passende aus. Im Gespräch mit dem Call-Center-Mitarbeiter hingegen präsentiert der Anrufer sein Anliegen, auf das der Call-Center-Mitarbeiter entsprechend reagiert.

Die in diesem Gespräch mögliche gemeinsame Aufgabe „Anliegen klären" gibt es bei der Interaktion mit dem Dialogsystem nicht. Der Anrufer muss entscheiden, zu welcher der präsentierten Optionen sein Anliegen passt. Dies gilt ebenfalls für die gemeinsame Aufgabe „Inhaltliche Verständigungsprobleme beheben". Wenn der Anrufer merkt, dass das System nicht die gewünschten Auskünfte liefert, ist es seine alleinige Aufgabe, die getroffenc Auswahl zu korrigieren, um die richtigen Information zu erhalten.

Diese Vorgehensweise, bei der das individuelle Anliegen des Anrufers in eine generelle Angebotsliste eingepasst werden muss, zeigt sich auch bei der Informationsausgabe. Die Informationen zu den Kontobewegungen werden in einer Liste ausgegeben, in welcher der Anrufer selber zur gewünschten Auskunft (die Information zum Eingang der Gutschrift) navigieren muss. Die Ratifikation der Auskunft findet sich jedoch in beiden Gesprächen, wobei sie in der Interaktion mit dem Dialogsystem durch das zustimmende „*Mhm*" sehr kurz ausfällt.[61]

Auffallend ist, dass der letzte Teil des Gespräches in der Interaktion mit dem Dialogsystem nicht stattfindet. Es fehlt sowohl eine Dank- als auch Abschiedssequenz, der Anrufer legt sofort nach Erhalt der gewünschten Information auf.

61 Das Angeben der Kontonummer und die Identifikation entfallen in der Interaktion mit dem Dialogsystem, da es sich um ein Demonstrationssystem handelt.

5.7 Zusammenfassung

In diesem Kapitel wurde der Untersuchungsfokus erweitert und durch die Analyse der telefonischen Kommunikation ergänzt. In einem ersten Schritt wurde auf die doppelte Kommunikationstechnologie hingewiesen, die sich bei telefonbasierten Dialogsystemen aufgrund des technisierten Gesprächspartners und der zusätzlichen technischen Übertragung ergibt. Zudem wurden der zweifache Kommunikationsrahmen des Telefongespräches und die Einschränkung desselben aufgrund des verminderten Sprachverstehens durch den maschinellen Gesprächspartner dargestellt (Kapitel 5.2).

Kapitel 5.3 listet die Charakteristiken des Telefongespräches im Gegensatz zum Face-to-Face-Gespräch auf und stellt sie zur Interaktion mit einem automatischen Dialogsystem in Bezug. Diese Liste umfasst die ungewisse Erreichbarkeit und Identität des Adressaten, die akustischen Probleme, die Frage, ob der Gesprächspartner noch zuhört und versteht, die Bewältigung der zwei Kommunikationssituationen, die Frage, ob jemand mithört, die im Telefongespräch grössere Bedeutung der nonverbal-vokalen Äusserungskomponenten wie Tonhöhe, Lautstärke und Betonung und das Vermeiden von Schweigephasen. Die Ausführungen zum Mediengesprächstyp Telefon wurden ergänzt durch einen Überblick über den Aufbau und die verschiedenen Gesprächsphasen eines Telefongespräches.

In Kapitel 5.4 wurde definiert, was unter einem institutionellen Telefonat zu verstehen ist: ein Telefongespräch zwischen unbekannten Gesprächspartnern, wovon der eine Gesprächspartner als Repräsentant einer Institution auftritt. Die Charakteristiken des institutionellen Telefonats wurden anhand der typischen Belegung der Handlungsabfolgen in den Gesprächsphasen Gesprächseröffnung, Gesprächskern und Gesprächsbeendigung dargestellt. Schliesslich wurden in Kapitel 5.5 Call-Center-Gespräche als spezielle Art des institutionellen Telefonats definiert. Dazu wurde eine Definition für Call-Center geliefert und erläutert, dass diese Art von Gesprächen durch die vier Einflussfaktoren Medium Telefon, Kundenanliegen, systemtechnische Vorgaben und Verhaltensvorgaben durch das Unternehmen vorstrukturiert sind.

Im letzten Kapitel wurde schliesslich ein Call-Center-Gespräch mit einem menschlichen Gesprächspartner der Interaktion mit einem automatischen Dialogsystem gegenübergestellt und aufgrund eines rollenspezifischen Aufgabenschemas wurden die Unterschiede aufgezeigt.

III Empirie

6. Nutzerseitiges Gesprächsverhalten

6.1 Überblick

In diesem Kapitel liegt der Fokus auf der Untersuchung der Gesprächsaufnahmen aus dem Korpus. In einem ersten Schritt werden die aufgetretenen Phänomene in den Gesprächsaufnahmen aus der Perspektive der Testpersonen dargestellt. Aufgrund der angewandten Gesprächsstrategien sowie der Struktur und des Zeitpunktes der Benutzeräusserungen wird das grundsätzliche Benutzerverhalten aufgezeigt (Kapitel 6.2).

In einem zweiten Schritt werden Beispiele angeführt, die aufzeigen, mit welchen unterschiedlichen Erwartungen die Testpersonen das Dialogsystem bedienen und wie unerfüllte Benutzererwartungen zu Kommunikationsschwierigkeiten führen (Kapitel 6.3).

Im letzten Kapitel wird das Gesprächsverhalten in Relation zu den Benutzermerkmalen gesetzt. Annahmen und Thesen werden vorgestellt und auf ihr Zutreffen überprüft. Aufgrund persönlicher Merkmale und aufgrund von typisiertem Gesprächsverhalten lassen sich die Testpersonen klassifizieren und in Benutzergruppen unterteilen. Die Kriterien für diese Einteilung und der Einfluss auf die Systembedienung sind zum Schluss dieses Kapitels Thema (Kapitel 6.4).

6.2 Generelles Benutzerverhalten

6.2.1 Allgemeine Gesprächsstrategien

Bei den Gesprächsaufnahmen im Korpus ist aufgefallen, dass es Gesprächsstrategien gibt, die bei einem Grossteil der Testpersonen zu beobachten sind. Analog zu den in Kapitel 4.3 beschriebenen Eigenschaften der Mensch-Maschine-Interaktion können diese Strategien als grundlegendes Gesprächsverhalten bei telefonbasierten Dialogsystemen angesehen werden.

Interessant ist es, die generellen Gesprächsstrategien der Testpersonen bei einem Dialogsystem zu beobachten, das keine klaren Beantwortungshinweise gibt. Die Kinoprogrammauskunft stellte zu Beginn eine offene Frage und verzichtete auf genaue Anweisungen wie *„Sagen Sie x"*. Die Testpersonen antworteten darauf mit ausformulierten ganzen Sätzen oder Ein-Wort-Antworten. Wenn nun aber die Maschine nicht wie erwartet reagierte oder die Testperson eine andere Reaktion erwartete, wendeten die Testpersonen unterschiedliche Strategien an, um das System zu steuern und die gewünschte Information doch zu erhalten.

Eine dieser Strategien ist das überdeutliche Betonen des Satzteiles, auf dem der Fokusakzent liegt. Im folgenden Beispiel fragte das System nach der gewünschten Uhrzeit, anstatt die Information zu den Spielzeiten auszugeben. Die Testperson ging darauf nicht ein, sondern wiederholte die Frage, diesmal mit einer deutlichen Aussprache des Filmtitels.

Kinoprogrammauskunft: Aufnahme 2.03.1
S = System (männliche Stimme)
A = Anrufer

```
Jingle: Musik (Fanfare), Blasinstrumente (ca. 5 Sek)
01   S: HALLo und herzlich willkommen bei der
        kinoauskunft für die kinos cinecitta, imax,
        mad, meisengeige und metropolis in x.=
02      =ich KENne das programm für die woche vom
        <<abgehackt>einundzwanzigsten bis zum
        siebenundzwanzigsten janUAR>.
03      sie dürfen mich JEDerzeit unterbrechen und
        FRAgen stellen.
04      zum beispiel WAS läuft heute um acht uhr im
        cinecitta? oder auch WELche filme laufen im
        metropolis?=
05   A: =wann und wo läuft avatar?
06   S: gut, um wie viel UHR etwa möchten sie ins
        kino?
07   A: (--)
08   S: um wie viel UHR etwa möchten sie ins kino?
09   A: ich möchte den film A!VA!TAR! anschauen.
```

Im nächsten Beispiel verstand das System die Ein-Wort-Anfragen nicht. Die Testperson wiederholte mehrmals dieselbe Anfrage, sprach jedoch jedes Mal hörbar deutlicher und langsamer.

Kinoprogrammauskunft: Aufnahme 2.08.2
S = System (männliche Stimme)
A = Anrufer
T = Text-to-Speech

Jingle: Musik (Fanfare), Blasinstrumente (ca. 5 Sek)
01 S: HALLo und herzlich willkommen bei der kinoauskunft für die kinos cinecitta, imax, mad, meisengeige und metropolis in x.=
02 =ich KENne das programm für die woche vom <<abgehackt>einundzwanzigsten bis zum siebenundzwanzigsten januAR>.
03 sie dürfen mich JEDerzeit unterbrechen und FRAgen stellen.
04 zum beispiel WAS läuft heute um acht uhr im cinecitta? oder auch WELche filme laufen im metropolis?
05 wenn ich sie mal FALsch verstehe, geben sie bitte nicht auf und wiederholen sie einfach ihren wunsch.
06 dieses gespräch wird zur qualitätssicherung aufgezeichnet.
07 ALso, WIE kann ich ihnen helfen?
08 A: avatar.
09 S: mhmh, um wie viel UHR etwa möchten sie ins kino?
10 A: ALle spielzeiten.
11 S: um wie viel UHR etwa möchten sie ins kino?
12 A: neunzehn uhr.
13 S: Gegen NEUNzehn uhr den film
14 T: avatar
15 S: ist das korrekt?
16 A: (-) nein.
17 S: möchten sie noch eine information?
18 A: kino.
19 S: WAS möchten sie wissen?
20 A: (--)
21 S: um wie viel UHR etwa möchten sie ins kino?
22 A: (--)
23 S: WIE bitte?
24 um wie viel UHR etwa möchten sie ins kino?
25 A: WO läuft avatar?

```
26   S: gut, um wie viel UHR etwa möchten sie ins
        kino?
27   A: ALLe spielzeiten.
28   S: ich habe sie leider nicht verstanden.
29      um wie viel UHR etwa möchten sie ins kino?
30   A: ALLE SPIEL!ZEI!TEN!
31   S: um wie viel UHR etwa möchten sie ins kino?
((A legt auf.))
```

Diese Testperson betonte jede einzelne Silbe und achtete auf eine langsame und deutliche Aussprache. Bereits im ersten *turn* sprach die Testperson langsam und deutlich und verstärkte dies, je mehr sie den Eindruck gewann, dass das System sie nicht verstand.

Diese Strategie des deutlichen und langsamen Sprechens konnte auch bei anderen Testpersonen beobachtet werden, die zudem sehr abgehackt sprachen und jede Silbe einzeln aussprachen, so dass die Silbengrenzen klar erkennbar waren. Teilweise wurde diese Gesprächsstrategie mit einem lauteren Sprechen kombiniert, gerade in Situationen, in denen das System die Testperson mehrmals falsch verstanden hatte. Mehrere Testpersonen sprachen jedoch von Anfang an laut und deutlich, in einer Art „Staccato-Stil", der aus aneinander gereihten Satzfragmenten besteht.[62] Eine Testperson benutzte diesen Staccato-Stil mehrmals und unterbrach damit auch das lange Intro des Systems:

Kinoprogrammauskunft: Aufnahme 2.13.1 (2. Anruf)
S = System (männliche Stimme)
A = Anrufer

```
Jingle: Musik (Fanfare), Blasinstrumente (ca. 5 Sek)
01   S: HALLo und herzlich willkommen bei der
        kinoauskunft für die kinos cinecitta, imax,
        mad, meisengeige und metropolis in x.=
02      =ich KENne das programm für die woche vom
        <<abgehackt>achtundzwanzigsten januAR bis zum
        dritten februAR>.
03      sie dürfen mich JEDerzeit unterbrechen=
04   A: =metropolis.
05      heute abend.
```

62 Siehe dazu auch Stent et al. 2008.

```
06    S: gut, folgende filme kommen in frage: a serious
         man, ein sommer in new york ODer soul
         kitchen.
07       WELchen film möchten sie sehen?
08    A: bitte wiederholen.
```

Kinoprogrammauskunft: Aufnahme 2.13.1 (3. Anruf)
S = System (männliche Stimme)
A = Anrufer

```
Jingle: Musik (Fanfare), Blasinstrumente (ca. 5 Sek)
01    S: HALLo und herzlich willkommen bei der
         kinoauskunft für die kinos cinecitta,
         [imax, mad]
02    A: [°h met (-)]
03       heute abend.
04       metropolis.
05       ein sommer in new york.
06    S: (--)
```

Die Aufnahme 2.08.2 endete damit, dass die Testperson auflegte und erneut anrief. Dies ist eine weitere Strategie, die von mehreren Testpersonen angewandt wurde. Diese oft benutzte Strategie des Auflegens wurde einerseits nach fehlgeschlagenen Reparaturschritten als eine Art „letzter Ausweg" benutzt. Andererseits gab es jedoch auch Testpersonen, die gar keine Reparaturen versuchten und direkt auflegten, wenn das System nicht wie erwartet reagierte. Zudem legte der Grossteil der Testpersonen auf, wenn sie eine Aufgabe gelöst hatten, um dann für die zweite Aufgabe erneut anzurufen. Nur selten liess sich eine Testperson gleich in einem Anruf die Informationen für beide Aufgaben ausgeben.

Die Gesprächsaufnahmen haben gezeigt, dass die meist benutzte Gesprächsstrategie jedoch das Alignment war. Mit Alignment ist die gemeinsame Ausrichtung oder Anpassung gemeint, die natürlicherweise zwischen Gesprächspartnern entsteht.[63] Dass Sprechende ihren Wortschatz und allgemein ihre Sprache ihrem Gesprächspartner anpassen, gilt demnach auch für die Mensch-Maschine-Interaktion.

63 Zur Entstehung von Alignment siehe Pickering 2004 und Krauss 2004.

> […] a specific human linguistic ability: the ability to adapt language to the (supposed) knowledge of the conversation partner and, consequently, the influence of a model of the interlocutor on language production. (Falzon 1986: 75)

Die Angleichung an den Gesprächspartner zeigte sich zum Beispiel in der Kinoprogrammauskunft. Da in diesem Dialogsystem bereits in der ersten Systemansage Beispiel-Anfragen enthalten waren, wurden diese von mehreren Testpersonen Wort für Wort übernommen.

Kinoprogrammauskunft: Aufnahme 2.03.1 (9:20–9:52)
S = System (männliche Stimme)
A = Anrufer

```
Jingle: Musik (Fanfare), Blasinstrumente (ca. 5 Sek)
01    S: HALLo und herzlich willkommen bei der
         kinoauskunft für die kinos cinecitta, imax,
         mad, meisengeige und metropolis in x.=
02       =ich KENne das programm für die woche vom
         <<abgehackt>einundzwanzigsten bis zum
         siebenundzwanzigsten januAR↑>
03       sie dürfen mich JEDerzeit unterbrechen und
         FRAgen stellen.
04       [(-) zum beispiel WAS läuft heute um acht uhr
         im cinecitta?]
05    A: [ich möchte das programm des kinos
         metropolis.]
06    S: oder auch WELche filme laufen im metropolis?
07    A: =welche filme laufen im metropolis?
08    S: gut, um wie viel UHR etwa möchten sie ins
         kino?
```

Zudem fiel vor allem bei den kurzen Bestätigungsfragen auf, dass die Testpersonen ihre Aussagen an die Systemansage anlehnten. Auf die Frage *„Ist das korrekt?"* antworteten sie mit einem kurzen *„Korrekt."* Analog dazu antworteten die Testpersonen auf die Systemfrage *„Richtig?"* mit einem affirmativen *„Richtig."* oder *„Ja, das ist richtig."*[64]

64 Das adaptive Verhalten ging sogar so weit, dass mehrere Testpersonen die Aussprache des Systems kopierten und „Richtich." sagten, obwohl dies nicht der Schweizer Aussprache entspricht.

Kinoprogrammauskunft: Aufnahme 2.07.1 (2:10–2:19)
S = System (männliche Stimme)
A = Anrufer
T = Text-to-Speech

```
01   A: ähm, ich möchte wissen, in welchem kino
        AVATAR läuft.
02   S: ALso den film-
03   T: avatar-
04   S: richtig?
05   A: richtig.
```

Die Testpersonen passten ihre Antworten also auch auf der lexikalischen Ebene den Systemansagen an und wiederholten das vorgegebene Adverb. Erstaunlich ist, dass dieses konvergente Antwortverhalten bei den meisten Testpersonen zu finden ist, obwohl ein *„Ja"* als Antwort viel kürzer wäre. Die Gesprächsaufnahmen zeigen zudem, dass diese Anpassung an die Systemaussagen von Anfang an und nicht erst nach Verständigungsschwierigkeiten auftrat. So antwortete in der Aufnahme 2.20.2 die Testperson in allen drei Anrufen gleich, indem sie das *„etwa"* aus der Systemansage jedes Mal wiederholte:

Kinoprogrammauskunft: Aufnahme 2.20.2 (1. Anruf, 01:10)
S = System (männliche Stimme)
A = Anrufer

```
01   S: um wie viel UHR etwa möchten sie ins kino?
02   A: etwa um fünf.
```

Kinoprogrammauskunft: Aufnahme 2.20.2 (2. Anruf, 03:10)
S = System (männliche Stimme)
A = Anrufer

```
01   S: mhmh, um wie viel UHR etwa möchten sie ins
        kino?
02   A: etwa um neunzehn uhr.
```

Kinoprogrammauskunft: Aufnahme 2.20.2 (3. Anruf, 05:45)
S = System (männliche Stimme)
A = Anrufer

```
01   S: um wie viel UHR etwa möchten sie ins kino?
02   A: etwa um einundzwanzig uhr.
```

Die Anpassung an das System zeigte sich nicht nur auf Wortebene. Eine weitere Testperson stimmte ihre Gesprächsstrategie auf das System ab, um die gewünschten Informationen zu erhalten. Beim Lösen der ersten Aufgabe, in der die Spielzeit von „Avatar" herausgefunden werden musste, merkte sie, dass das System jeweils nach der gewünschten Uhrzeit fragte. Um nun für die zweite Aufgabe das Programm des Kinos Metropolis zu erfahren, gab sie von 18 bis 21 Uhr jede volle Stunde an und fragte somit das Programm strukturiert ab. Auf diese Weise erhielt sie wie gewünscht die Informationen zu den gezeigten Filmen und Spielzeiten, musste jedoch aufgrund des in diesem Falle komplizierten Dialogablaufes des Systems den umständlichen Umweg über die Abfrage der Uhrzeit gehen. Durch diese Anpassung an den Systemdialog erhielt diese Testperson die gewünschten Informationen schnell und effizient im Vergleich zu den meisten Testpersonen, die sich anfangs weigerten, eine Uhrzeit einzugeben oder bei dieser Aufgabe sogar ganz scheiterten.

Kinoprogrammauskunft: Aufnahme 2.05.1
S = System (männliche Stimme)
A = Anrufer
T = Text-to-Speech

```
Jingle: Musik (Fanfare), Blasinstrumente (ca. 5 Sek)
01   S: HALLo und herzlich willkommen bei der
        kinoauskunft für die kinos cinecitta, imax,
        mad, meisengeige und metropolis in x.=
02      =ich KENne das programm für die woche vom
        <<abgehackt>einundzwanzigsten bis zum
        siebenundzwanzigsten januAR>.
03      sie dürfen mich JEDerzeit unterbrechen und
        FRAgen stellen.
04      zum beispiel WAS läuft heute um acht uhr im
        cinecitta? oder auch WELche filme laufen im
        metropolis?
05      wenn ich sie mal FALsch verstehe, geben sie
        bitte nicht auf und wiederholen sie einfach
        ihren wunsch.
06      dieses gespräch wird zur qualitätssicherung
        aufgezeichnet.
07      ALso, WIE kann ich ihnen helfen?
08   A: °h avatar↑, heute↑.
```

09 S: gut, um wie viel UHR etwa möchten sie ins
kino?
10 A: zwanzig uhr.
11 S: gut, FOLgende filme kommen in frage: das
kabinett des doktor parnassus, yahsi bati,
zweitausendzwölf, die schachspielerin, fame,
zweiohrküken, lieber verliebt, dinosaurier
gegen uns seht ihr alt aus, haben sie das von
den morgans gehört,
12 T: avatar'
13 S: mitternachtszirkus,[soul kitchen]
14 A: [avatar.]
15 S: dreizehn semester, gamer ODer lila lila.
16 welchen film möchten sie sehen?
17 A: avatar.
18 S: also am sonntag gegen zwanzig uhr den film-
19 T: avatar'
20 S: stimmt das?
21 A: ja.
22 S: der film-
23 T: avatar'
24 S: wird am sonntag in x im kino cinecitta um
zwanzig uhr dreissig gezeigt↑.
25 möchten sie noch eine information?
26 A: ja.
27 S: WAS möchten sie wissen?
28 A: kino metropolis.
29 S: gut, um wie viel UHR etwa möchten sie ins
kino?
30 A: zwanzig uhr.
31 S: WIE bitte?
32 um wie viel UHR etwa möchten sie ins kino?
33 A: zwanzig uhr.
34 S: gegen zwanzig uhr im kino metropolis.
35 ist das richtig?
36 A: ja.
37 S: zur gewünschten zeit wird kein film gezeigt.
38 möchten sie noch eine information?
39 A: ja.
40 S: WAS möchten sie wissen?
41 A: kino metropolis.

42 S: mhmh, um wie viel UHR etwa möchten sie ins
kino?
43 A: einundzwanzig uhr.
44 S: gegen einundzwanzig uhr im kino metropolis.
45 ist das richtig?
46 A: ja.
47 S: am sonntag sind in x im kino metropolis
folgende filme zu sehen: a serious man läuft
um einundzwanzig uhr und dann noch soul
kitchen, der um einundzwanzig uhr fünfzehn↑
läuft-
48 möchten sie noch eine information?
49 A: ja.
50 S: WAS möchten sie wissen?
51 A: kino metropolis.
52 S: gut, um wie viel UHR etwa möchten sie ins
kino?
53 A: achtzehn uhr.
54 S: gegen achtzehn uhr im kino metropolis.
55 ist das korrekt?
56 A: ja.
57 S: der film a serious man wird am sonntag
in x im kino metroplois um achtzehn uhr
fünfundvierzig gezeigt-
58 möchten sie noch eine information?
59 A: ja.
60 S: WAS möchten sie wissen?
61 A: kino metropolis.
62 S: gut, um wie viel UHR etwa möchten sie ins
kino?
63 A: neunzehn uhr.
64 S: gegen neunzehn uhr im kino metropolis.
65 richtig?
66 A: ja.
67 S: der film ein sommer in new york wird am
sonntag in x im kino metropolis um neunzehn
uhr gezeigt-
68 möchten sie noch eine information?
69 A: nein.
70 S: vielen dank für ihren anruf. auf wiederhören.
((System legt auf.))

Diese Testperson lernte sehr schnell, wie sie das System steuern konnte und auf dem schnellsten Weg zu den gewünschten Informationen kam.

Die Anpassung an das System ergab sich auch bei Testpersonen, die anfänglich auf Schweizerdeutsch antworteten.[65] Die folgende Transkription zeigt, wie die Testperson schweizerdeutsche Antworten gab, die vom System nicht verstanden wurden (Zeilen 3 und 6). Erst als das System die Eingaben zum zweiten Mal nicht verstand, antwortete die Testperson auf Hochdeutsch.

Telefonbanking inklusive Kartensperrungen: Aufnahme 1.08.2 (3:30–3:40)
S = System
E = Earcon
A = Anrufer

```
01   E: ((kurze Tonfolge))
02   S: das Konto fünfundzwanzig strich neun sieben
        sieben neun strich acht=
03   A: =witer.
04   S: ich habe sie nicht verstanden.[ich...]
06   A:                                [wi:ter.]
07   S: es tut mir leid.
        ich habe sie noch nicht verst[anden.]
09   A:                              [weiter.]
10   S: entschuldigen sie, aber ICH kann Ihnen leider
        nicht weiterhelfen=
11   A: =weiter.
12   S: (-) wir sind zurück im menü
        kontodienstleistungen.
```

Dieselbe Testperson antwortete bei den anderen Dialogsystemen auch auf Schweizerdeutsch. Nur beim Telefonbanking-System wurden die Antworten auch auf Schweizerdeutsch erkannt. Die beiden anderen Schweizer Dialogsysteme, die Verkehrsinformation und das zweite Telefonbanking-System, konnten mit den schweizerdeutschen Antworten nicht umgehen.

Neben dem Alignment wurden von mehreren Testpersonen intrapersonale Strategien angewendet, indem sie eine Gesprächsstrategie vom einen

65 Es waren nur wenige Testpersonen, die anfänglich schweizerdeutsche Antworten gaben, der Grossteil der Testpersonen antwortete auf Hochdeutsch. Dieses Thema wurde mit den Testpersonen vor den Aufnahmen nicht besprochen und keine explizite Anleitung zum Antwortverhalten gegeben.

auf das andere Dialogsystem zu übertragen versuchten. So wollte der Anrufer in Aufnahme 1.12.5 das Dating-Portal mit dem Kommando „Weiter" steuern, was bei dem davor bedienten Telefonbanking-System funktioniert hatte. Das Dating-Portal konnte auf diese Weise jedoch nicht gesteuert werden.

6.2.2 Syntaktischer Aufbau der Benutzereingaben

Grundsätzlich war interessant, wie die Testpersonen ihren ersten *turn* gestalteten: Sprachen sie in ganzen Sätzen oder nur in knappen Kommandos? Antworteten sie sofort oder zögerten sie, weil sie unsicher waren, was von ihnen erwartet wurde? Die Benutzer eines Dialogsystems sahen sich mit einer neuen Kommunikationssituation konfrontiert und mussten erst ausprobieren, WANN (kann die Systemansage unterbrochen werden?) und WIE sie mit dem Dialogsystem sprechen konnten (in ganzen Sätzen oder Stichworten?).

In diesem Abschnitt wird untersucht, wie die Testpersonen der zweiten Untersuchungsreihe ihren ersten *turn* beim Anruf bei der Kinoprogrammauskunft formuliert haben. Dieses Dialogsystem beginnt mit einer offenen Frage und gibt im Intro mögliche Beispiele für Anfragen vor.

Von den zwanzig Testpersonen antworteten fünfzehn im ersten *turn* in einem syntaktisch vollständigen und grammatikalisch korrekten Satz.[66]

Nach dem Intro des Systems wurden die folgenden Fragen eingegeben:

Intro:

```
Jingle: Musik (Fanfare), Blasinstrumente (ca. 5 Sek)
01   S: HALLo und herzlich willkommen bei der
        kinoauskunft für die kinos cinecitta, imax,
        mad, meisengeige und metropolis in x.=
02      =ich KENne das programm für die woche vom
        <<abgehackt>einundzwanzigsten bis zum
        siebenundzwanzigsten januAR>.
```

66 Die erste Aufgabe zur Kinoprogrammauskunft lautete folgendermassen: „Sie möchten sich heute den Filme ‚Avatar' anschauen. Wählen Sie die Telefonnummer XXX und finden Sie heraus, wann und in welchem Kino dieser Film gezeigt wird."

```
03        sie dürfen mich JEDerzeit unterbrechen und
          FRAgen stellen.
04        zum beispiel WAS läuft heute um acht uhr im
          cinecitta? oder auch WELche filme laufen im
          metropolis?
05        wenn ich sie mal FALsch verstehe, geben sie
          bitte nicht auf und wiederholen sie einfach
          ihren wunsch.
06        dieses gesprÄch wird zur qualitätssicherung
          aufgezeichnet.
07        also, WIE kann ich Ihnen helfen?
```

Fragen der Anrufer:
„Ich möchte den Film Avatar anschauen."
„Ich möchte den Film Avatar anschauen … in Nürnberg."
„Ich möchte heute den Film Avatar schauen."
„Ich möchte den Film Avatar sehen."
„Ich möchte Avatar schauen."
„Ich möchte den Film Avatar schauen."
„In welchem … Kino spielt Avatar?"
„Ich würde gerne Avatar anschauen."

Erstaunlicherweise formulierten nur sieben Testpersonen ihren ersten *turn* als Frage. Dies, obwohl die erste Systemansage sehr lange war, aber mit der Frage endete *„Also, was möchten Sie wissen?"*
„Wo läuft heute Avatar?"
„Wo läuft der Film Avatar?"
„Wann wird Avatar gezeigt?"
„Wo läuft heute Avatar?"
„Wann und wo läuft Avatar?"
„Wo läuft Avatar?"
„Wo läuft der Film Avatar … und wann?"

Demgegenüber stehen lediglich vier Testpersonen, die keine ganzen Sätze verwendeten und ihr Anliegen durch Verwenden der Schlüsselwörter in Einzelwort-Satzfragmenten ausdrückten:
„Avatar."
„Avatar heute."
„Avatar."
„Avatar."

Eine Testperson versuchte das Intro mit dem Wort „*Avatar*“ zu unterbrechen. Als die Systemaussage daraufhin nicht abbrach, formulierte die Testperson ihre Eingabe um und sagte: „*Ich würde gerne den Film Avatar gucken.*“[67] Dass die erste Aussage vom System nicht verstanden wurde, lag jedoch lediglich daran, dass die Testperson zu leise sprach, wie in der Aufnahme zu hören ist.

Verstehen konnte das System beide Arten von Benutzeraussagen, in beiden Fällen wurden die Testpersonen danach vom System nach der gewünschten Uhrzeit gefragt („*Um wie viel Uhr etwa möchten Sie ins Kino?*“).

Bei diesem Dialogsystem überwogen die Benutzereingaben in ganzen Sätzen. Da das System eine offene Frage stellte, keine Kommandowörter vorgab und sogar Beispieleingaben vorschlug, die ganze Sätze enthalten, wurde die Systemerwartung definiert. Dass trotzdem in Einzelworten geantwortet wurde, kann mit einem Misstrauen gegenüber den Fähigkeiten des Systems erklärt werden oder mit dem Umstand, dass diese Art der System-Kommunikation bei einem anderen Dialogsystem vorgegeben wurde oder bei einem anderen Dialogsystem zum Ziel führte und aus diesem Grund wieder angewandt wurde. Für Letzteres spricht die Tatsache, dass drei der vier Testpersonen, die in Einzelwörtern antworteten, davor bei dem Kundenservice-Portal angerufen hatten, dessen Menüoptionen als Einzelworteingaben vorgegeben wurden.

Bei der Interaktion mit dem Kundenservice-Portal in derselben Testreihe nannten alle Testpersonen im ersten *turn* eine der vorgeschlagenen Menüoptionen. Keine Testperson antwortete in ganzen Sätzen. Alle Benutzereingaben enthielten eine der Menüoptionen, die vom System angeboten wurden. Aufgrund der Aufgabenstellung, welche die zwei Aufgaben enthielt, die Öffnungszeiten einer Filiale und die Verfügbarkeit eines Artikels herauszufinden, wurde als Antwort „*Allgemeine Informationen*“ oder „*Einrichtungshaus*“ genannt.

Eine Ausnahme zu diesen aus Ein-Wort-Sätzen bestehenden Antworten trat dann auf, wenn die Testpersonen merkten, dass sie die falsche Menüoption gewählt hatten. Viele der Testpersonen wählten bei der ersten Aufgabe, bei der die Öffnungszeiten herauszufinden waren, die falsche Menüoption, indem sie „*Allgemeine Informationen*“ anstelle von „*Einrichtungshaus*“ sagten. Als sie merkten, dass sie die falsche Wahl getroffen hatten, versuchten einige der Testpersonen dem Dialogsystem mit nun ausformulierten Sätzen mitzuteilen, dass die gewünschte Option im angebotenen Menü nicht enthalten war. Sie hielten sich nun anders als davor nicht mehr an die vorgegebenen

67 Zusätzlich sprach die Testperson den Filmtitel mit einer anderen Betonung aus und sagte „Avaatar“, mit einer langen zweiten Silbe.

Kommandoeingaben, um mit dem System zu kommunizieren. Diese Testpersonen formulierten nun vollständige und grammatikalisch korrekte Sätze, wie die folgenden Beispiele zeigen:

Kundenservice-Portal: Aufnahme 2.09.2 (0:00 – 1:19)
S = System (weibliche Stimme)
A = Anrufer

```
01   S: hej und herzlich willkommen bei x.
02      bitte wählen Sie aus folgenden möglichkeiten.
03      sagen sie warenverfügbarkeit,
        einrichtungshaus, bestellung, allgemeine
        informationen Oder reklamation.
04   A: allgemeine INFOrmation.
05   S: alles klar.
06      informationen rund um x.
07      bitte wählen sie aus folgenden möglichkeiten.
08      sagen sie transport, montage,
        zahlungsmöglichkeiten, x business ODer x family.
09   A: hmmm, keins.
10   S: entschuldigung, WIE war das?
11   A: äh, ich möchte die öffnungszeiten.
```

Kundenservice-Portal: Aufnahme 2.17.2 (0:00 – 1:18)
S = System (weibliche Stimme)
A = Anrufer

```
01   S: hej und herzlich willkommen bei x.
02      bitte wählen sie aus folgenden möglichkeiten.
03      sagen sie warenverfügbarkeit,
        einrichtungshaus, bestellung, allgemeine
        informationen ODer reklamation.
04   A: ALLgemeine informationen.
05   S: alles klar.
06      informationen rund um x.
07      bitte wählen sie aus folgenden möglichkeiten.
08      sagen sie transport, montage,
        zahlungsmöglichkeiten, x business ODer x family.
09   A: (--) °h
10   S: bitte sagen sie transport, montage,
        zahlungsmöglichkeiten, x business ODer x family.
```

11 A: (-) [äh, nichts von allem.]
12 S: [bitte wählen sie au]
13 entschuldigung, WAS sagten sie?
14 A: ich möchte zurück.

Eine andere Testperson antwortete zwar nicht in vollständigen Sätzen, erweiterte die Ein-Wort-Sätze jedoch zu grösseren Satzfragmenten, die aus einzelnen Kommandos bestanden:

Kundenservice-Portal: Aufnahme 2.13.2 (0:00 – 1:28)
S = System (weibliche Stimme)
A = Anrufer
01 S: hej und herzlich willkommen bei x.
02 bitte wählen Sie aus folgenden möglichkeiten.
03 sagen sie warenverfügbarkeit,
einrichtungshaus, bestellung, allgemeine
informationen Oder reklamation.
04 A: allgemeine informationen.
05 S: alles klar.
06 informationen rund um x.
07 bitte wählen sie aus folgenden möglichkeiten.
08 sagen sie transport, montage,
zahlungsmöglichkeiten, x business ODer
x family.
09 A: (--)
10 S: bitte sagen sie transport, montage,
zah[lungsmöglichkei...]
11 A: [stop.]
12 S: entschuldigung.=
13 A: =bitte zurück!
14 S: DAS habe ich nicht richtig gehört.
15 bitte wählen sie aus: für informationen zum
[transport]
16 A: [öffnungszeiten.]
17 S: entschuldigung. DAS habe ich noch nicht
verstanden.
18 [bitte ent...]
19 A: [zurück zum anfang bitte.]

Eine Ausnahme bildete folgende Testperson, die sich unabhängig von den Systemanweisungen verhielt und ihre Antworten nicht konform zu den Systemansagen formulierte. Diese Testperson formulierte ihre Anfrage beim Telefonbanking in einem ganzen ausformulierten Satz, obwohl das System eine Ein-Wort-Eingabe erwartete und die möglichen Menüoptionen vorgab.

Telefonbanking: Aufnahme 1.18.2 (7:00 – 7:45)
S = System (weibliche Stimme)
A = Anrufer

```
01   S: sie haben jetzt folgende auswahl: letzte
        bewegungen, kontoübertrag, börsenaufträge Oder
        börsenkurse.(-)
02      sie können aber auch kontosaldo, depotauskunft
        oder benutzerfunktionen sagen.
03      und wann IMMER sie wollen, steht ihnen hilfe
        oder wiederholen zur verfügung.
04      WAS wünschen sie jetzt?
05   A: ich möchte von meinem privatkonto mit der
        endung 40T tausend franken überweisen auf das
        kontokorrentkonto.
06   S: ich habe sie leider nicht verstanden.
```

Der syntaktische Aufbau der Benutzeraussagen wurde jedoch nicht nur durch die Systemansagen beeinflusst, sondern auch durch die Erfahrungen der Testperson mit den davor bedienten Dialogsystemen. Testperson 9 musste erst bei der Verkehrsinformation und danach beim Telefonbanking anrufen. Beides sind Systeme, die lediglich Stichworte als Benutzereingabe akzeptierten. Aus diesem Grund antwortete die Testperson auch bei der Kinoprogrammauskunft nicht in ganzen Sätzen, sondern nannte nur den Titel des gesuchten Films für die erste Aufgabe *(„Film" – „Zwanzig Uhr" – „Flightplan")* und den Namen des Kinos, um die zweite Aufgabe zu lösen (Aufnahme 1.09.3).

Gerade umgekehrt verhielt es sich bei Testperson 14, die sich durch die Interaktion mit der Kinoprogrammauskunft ein Antwortverhalten in ganzen Sätzen angewöhnt hatte, was bei den folgenden Anrufen beim Telefonbanking und bei der Verkehrsinformation zu Schwierigkeiten führte (Aufnahmen 1.14.3 und 1.14.4).

6.2.3 Zeitpunkt der Benutzereingaben

Neben dem syntaktischen Aufbau der Benutzereingaben wurde auch der Zeitpunkt der ersten Antwort genauer untersucht.

Beim ersten Sprecherwechsel im Kundenservice-Portal zögerten nur zwei Testpersonen so lange mit der Antwort, dass das System die Auswahl noch einmal vortrug. Bei weiteren zwei Testpersonen war das Zögern vor der ersten Eingabe so lange, dass ihre Antwort zwar noch hörbar, vom System aber nicht mehr verstanden wurde.

Die Systemansage wurde bei diesem System von keiner der Testpersonen unterbrochen. In jedem Fall wurde abgewartet, bis die Systemansage zu Ende war.

Dagegen traten während der Aushandlung des ersten Sprecherwechsels bei der Kinoauskunft bei einigen Testpersonen *Turn-Taking*-Schwierigkeiten auf. Obwohl das Intro mit 44 Sekunden sehr lange dauerte, haben nur fünf von den zwanzig Testpersonen die Systemansage unterbrochen. Dreimal wurde die Systemansage an derselben Stelle unterbrochen:

Kinoprogrammauskunft: Aufnahme 2.03.1
S = System (männliche Stimme)
A = Anrufer

Jingle: Musik (Fanfare), Blasinstrumente (ca. 5 Sek)
01 S: HALLo und herzlich willkommen bei der
kinoauskunft für die kinos cinecitta, imax,
mad, meisengeige und metropolis in x.=
02 =ich KENne das programm für die woche vom
<<abgehackt>einundzwanzigsten bis zum
siebenundzwanzigsten januAR>.
03 sie dürfen mich JEDerzeit unterbrechen und
FRAgen stellen.
04 zum beispiel WAS läuft heute um acht uhr im
cinecitta? oder auch WELche filme laufen im
metropolis?=
05 A: =wann und wo läuft avatar?
06 S: gut, um wie viel UHR etwa möchten sie ins
kino?

Kinoprogrammauskunft: Aufnahme 2.09.1
S = System (männliche Stimme)
A = Anrufer

Jingle: Musik (Fanfare), Blasinstrumente (ca. 5 Sek)
01 S: HALLo und herzlich willkommen bei der
kinoauskunft für die kinos cinecitta, imax,
mad, meisengeige und metropolis in x.=
02 =ich KENne das programm für die woche vom
<<abgehackt>einundzwanzigsten bis zum
siebenundzwanzigsten januAR>.
03 sie dürfen mich JEDerzeit unterbrechen und
FRAgen stellen.
04 zum beispiel WAS läuft heute um acht uhr im
cinecitta? oder auch WELche filme laufen im
metropolis?=
05 A: =avatar.=
06 S: =wenn ich sie mal falsch verstehe, geben sie
bitte nicht auf und wiederholen sie einfach
ihren wunsch.
07 dieses gespräch wird zur qualitätssicherung
aufgezeichnet.
08 ALso, WIE kann ich ihnen helfen?
09 A: ich würde gerne den film avAAtar gucken.
10 S: gut, um wie viel UHR etwa möchten sie ins
kino?

Kinoprogrammauskunft: Aufnahme 2.10.2
S = System (männliche Stimme)
A = Anrufer

Jingle: Musik (Fanfare), Blasinstrumente (ca. 5 Sek)
01 S: HALLo und herzlich willkommen bei der
kinoauskunft für die kinos cinecitta, imax,
mad, meisengeige und metropolis in x.=
02 =ich KENne das programm für die woche vom
<<abgehackt>einundzwanzigsten bis zum
siebenundzwanzigsten januAR>.
03 sie dürfen mich JEDerzeit unterbrechen und
FRAgen stellen.
04 zum beispiel WAS läuft heute um acht uhr im
cinecitta? oder auch WELche filme laufen im
metropolis?

05 wenn ich sie mal FALsch verstehe, geben sie bitte nicht auf und wiederholen sie einfach ihren wunsch.=
06 A: =wo läuft heute [avatar?]
07 S: [dieses gespräch] wird zur qualitätssicherung aufgezeichnet.
08 ALso, WIE kann ich ihnen helfen?
09 A: ((lacht)) (-) WO läuft [heute avatar?]
10 S: [um wie viel UHR] etwa möchten sie ins kino?
11 A: avatar?

Kinoprogrammauskunft: Aufnahme 2.13.1
S = System (männliche Stimme)
A = Anrufer
Jingle: Musik (Fanfare), Blasinstrumente (ca. 5 Sek)
01 S: HALLo und herzlich willkommen bei der kinoauskunft für die kinos cinecitta, imax, mad, meisengeige und metropolis in x.=
02 =ich KENne das programm für die woche vom <<abgehackt>einundzwanzigsten bis zum siebenundzwanzigsten janUAR>.
03 sie dürfen mich JEDerzeit unterbrechen und FRAgen stellen.
04 zum beispiel WAS läuft heute um acht uhr im cinecitta? oder auch WELche filme laufen im metropolis?
05 wenn ich sie mal falsch verstehe, [geben sie bitte nicht auf]
06 A: [WO läuft heute avatar?]
07 S: gut, um wie viel UHR etwa möchten sie ins kino?

Kinoprogrammauskunft: Aufnahme 2.17.1
S = System (männliche Stimme)
A = Anrufer
Jingle: Musik (Fanfare), Blasinstrumente (ca. 5 Sek)
01 S: HALLo und herzlich willkommen bei der kinoauskunft für die kinos cinecitta, imax, mad, meisengeige und metropolis in x.=

02 =ich KENne das programm für die woche vom <<abgehackt>einundzwanzigsten bis zum siebenundzwanzigsten januAR>.
03 sie dürfen mich JEDerzeit unterbrechen und FRAgen stellen.
04 zum beispiel WAS läuft heute um acht uhr im cinecitta? oder auch WELche filme laufen im metropolis?=
05 A: =ich [würde gerne Avatar anschauen.]
06 S: [wenn ich sie mal falsch verstehe, geben] sie bitte nicht auf und wiederholen sie einfach ihren wunsch.
07 dieses gespräch wird zur qualitätssicherung aufgezeichnet.
08 ALso, WIE kann ich ihnen helfen?
09 A: ICH würde gerne avatar anschauen.
10 S: gut, um wie viel UHR etwa möchten sie ins kino?

In den Aufnahmen 2.03.1, 2.09.1 und 2.17.1 wurde die Systemansage jeweils an derselben Stelle unterbrochen. Diese Stelle nach der Aufzählung der Beispielanfragen war eine prädestinierte Stelle für einen Sprecherwechsel (*transition relevance place*), nicht nur syntaktisch, da der Satz endete, sondern auch thematisch, da die Aufzählung der Beispieleingaben abgeschlossen war und danach ein neues Thema angesprochen wurde.

Auch in der Aufnahme 2.10.1 fand der Sprecherwechsel an einem *transition relevance place* statt, die Testperson wartete hier im Gegensatz zu den anderen drei Testpersonen jedoch noch einen weiteren Satz ab.

Einzig in Aufnahme 2.13.1 wurde die Systemansage mitten im Satz unterbrochen. Dieses eigentlich sehr unhöfliche Gesprächsverhalten kann damit erklärt werden, dass die Einleitung sehr lange ist und die Testperson keine Geduld mehr hatte, um auf die nächste übergangsrelevante Stelle zu warten. Das Unterbrechen der Systemansage war jedoch erfolgreich, die Systemansage brach ab. Dieser Erfolg ist sicherlich auch darauf zurückzuführen, dass die Testperson relativ laut sprach und somit die Spracherkennung des Systems die Eingabe gut verarbeiten konnte.

Die offene Frage (*„Also, wie kann ich Ihnen helfen?“*) des Systems verunsicherte aber auch einige Testpersonen, so dass sie mit ihrer ersten Antwort zögerten.

Kinoprogrammauskunft: Aufnahme 2.16.2
S = System (männliche Stimme)
A = Anrufer

Jingle: Musik (Fanfare), Blasinstrumente (ca. 5 Sek)
01 S: HALLo und herzlich willkommen bei der
kinoauskunft für die kinos cinecitta, imax,
mad, meisengeige und metropolis in x.=
02 =ich KENne das programm für die woche vom
<<abgehackt>einundzwanzigsten bis zum
siebenundzwanzigsten januAR>.
03 sie dürfen mich JEDerzeit unterbrechen und
FRAgen stellen.
04 zum beispiel WAS läuft heute um acht uhr im
cinecitta? oder auch WELche filme laufen im
metropolis?
05 wenn ich sie mal FALsch verstehe, geben sie
bitte nicht auf und wiederholen sie einfach
ihren wunsch.
06 dieses gespräch wird zur qualitätssicherung
aufgezeichnet.
07 ALso, WIE kann ich ihnen helfen?
08 A: (1.5)
09 S: [um wie viel]
10 A: [in welchem] kino spielt avatar?
11 S: um wie viel UHR etwa möchten sie ins kino?
12 A: WAS sind die spielzeiten?
13 S: ich habe sie leider NICHT verstanden.

Kinoprogrammauskunft: Aufnahme 2.20.2
S = System (männliche Stimme)
A = Anrufer

Jingle: Musik (Fanfare), Blasinstrumente (ca. 5 Sek)
01 S: HALLo und herzlich willkommen bei der
kinoauskunft für die kinos cinecitta, imax,
mad, meisengeige und metropolis in x.=
02 =ich KENne das programm für die woche vom
<<abgehackt>einundzwanzigsten bis zum
siebenundzwanzigsten januAR>.
03 sie dürfen mich JEDerzeit unterbrechen und
FRAgen stellen.

```
04        zum beispiel WAS läuft heute um acht uhr im
          cinecitta? oder auch WELche filme laufen im
          metropolis?
05        wenn ich sie mal FALsch verstehe, geben sie
          bitte nicht auf und wiederholen sie einfach
          ihren wunsch.
06        dieses gespräch wird zur qualitätssicherung
          aufgezeichnet.
07        ALso, WIE kann ich ihnen helfen?
08   A:   °h Ähm, wann=
09   S:   =um wie viel UHR etwa möchten sie ins kino?
10   A:   =etwa um fünf.
```

Gerade im letzten Beispiel zeigt sich, dass die Testperson von der offenen Frage des Systems überfordert und unsicher war, wie sie die Anfrage an das System formulieren sollte. Bei dieser Testperson half es, dass das System mit der direkten Frage nach der Uhrzeit reagierte, nachdem keine Benutzereingabe gemacht wurde. Auf diese direkte Frage wusste die Testperson zu antworten.

Grundsätzlich hat sich gezeigt, dass die Testpersonen schnell lernten, mit dem System zu interagieren und sich bald souveräner zeigten, wenn sie erst einmal Erfahrung im Umgang mit einem Dialogsystem gesammelt hatten. Die Testpersonen wurden mutiger in Abhängigkeit von der Anzahl der Dialogsysteme, die sie bereits bedient hatten. Das zeigte sich auch daran, dass die Systemansagen im Verlauf des ersten Anrufes und bei den weiteren Anrufen viel häufiger unterbrochen wurden als anfangs. Im zweiten Telefonbanking-System wurde zum Beispiel die Begrüssung und Systemerklärung nach dem ersten Anruf meist nicht mehr abgewartet. Die Systemansage wurde mit dem Kommando „*Demo*" unterbrochen, um so schnell wie möglich in die Demonstrationsanwendung zu wechseln (Aufnahme 1.08.4).

6.3 Benutzererwartungen

6.3.1 Benutzererwartungen bezüglich Vokabular

Das Erfüllen von Benutzererwartungen ist für ein Dialogsystem sehr wichtig und wird deshalb in den Design-Richtlinien zur Erstellung einer

Benutzerschnittstelle (Larson 2004: 47f.) bereits in der ersten Richtlinie genannt.[68] Als Beispiel wurde dabei das unterschiedliche Datumsformat in den USA und Europa angeführt, das bei der Lokalisation eines Dialogsystems berücksichtigt werden muss.

Unabhängig von der Lokalisation muss auch beachtet werden, dass die Bedienung mittels gesprochener Sprache erfolgt und die Benutzereingaben somit aus syntaktisch unvollständigen Satzfragmenten oder grammatikalisch inkorrekten Äusserungen bestehen können. Bei der Erstellung der Grammatik, in welcher die validen Benutzereingaben definiert sind, muss dies entsprechend bedacht werden. Das folgende Beispiel aus einem produktiven Dialogsystem eines Filmverleihers zeigt, in welcher Form syntaktische unvollständige Benutzereingaben akzeptiert werden müssen. Bei Testversuchen hatte sich gezeigt, dass die Benutzer auf die Frage nach dem gewünschten Filmtitel mit „*Weiss nicht*“ geantwortet haben, was zu Missverständnissen führte, da das System nur Äusserungen der Form „*Den weiss ich nicht*“ akzeptierte.

Probleme dieser Art zeigten sich in den Gesprächsaufnahmen bei mehreren Dialogsystemen. Beim Telefonbanking gab es Schwierigkeiten mit dem Wort „*Überweisen*“. Einerseits wurde diese Formulierung bereits in der Aufgabenstellung genannt, die forderte, 1’000 CHF vom Privatkonto auf das Kontokorrentkonto zu überweisen. Dass die Testpersonen durch die Formulierung der Aufgabenstellung beeinflusst wurden, kann nicht ausgeschlossen werden. Dies lässt sich jedoch bei einer Testreihe mit solch komplexen Aufgabenstellungen kaum vermeiden, da nicht auf grafische oder gezeichnete Aufgabendarstellungen zurückgegriffen werden kann.

Andererseits entspricht „*Überweisen*“ den Benutzererwartungen, da im Alltagssprachgebrauch eher von einer „*Überweisung*“ als von einem „*Übertrag*“ gesprochen wird. „*Übertrag*“ ist hingegen der bankinterne Fachbegriff. Beim Telefonbanking wurde dieser Begriff sowohl im Menü mit der Auswahlmöglichkeit „*Kontoübertrag*“ angeboten als auch von der Grammatik erwartet. Sechs der zwanzig Testpersonen, die dieses Dialogsystem getestet haben, versuchten das System jedoch explizit mit einem Token des Types „*Überweisen*“ zu steuern. Zudem konnte bei mehreren Testpersonen ein Zögern nach dem Vorlesen der Menüoptionen festgestellt werden, was auf eine Unsicherheit aufgrund der nicht wie erwartet angebotenen Option „*Überweisung*“ hindeuten könnte.

68 Siehe S. 109.

Die folgende Transkription zeigt, dass das System den Befehl „*Überweisen*“ nicht verstand, obwohl er deutlich und klar gesprochen wurde. Die Transkription zeigt auch, dass die Testperson aufgrund der Systemreaktion erkannte, dass das System mit dieser Eingabe nicht umgehen konnte und welche Eingabe es stattdessen erwartete.

Telefonbanking: Aufnahme 1.14.4 (05:30–06:30)
S = System (weibliche Stimme)
A = Anrufer

```
01   S: (-) okay. wir sind nun im hauptmenü.
02      sie haben jetzt folgende auswahl: letzte
        bewegungen, kontoübertrag, börsenaufträge
        oder börsenkurse.
03      (2.5)
04   S: sie können aber auch kontosaldo,
        depotauskunft oder benutzerfunktionen sagen.
05      und wann immer sie wollen, steht Ihnen hilfe
        oder wiederholenzur verfügung.
06      was wünschen sie jetzt?
07   A: überweisen.
08   S: ich habe sie leider nicht verstanden.
09      wählen sie aus den folgenden möglichkeiten:
        letzte bewegungen, kontoübertrag,
        börsenaufträge oder börsenkurse.
        [sie...]
10   A: [kontoübertrag.]
11   S: (-) kontoübertrag.von welchem
        belastungskonto?
```

Auch beim Dialogsystem zur Abfrage des Strassenzustandsberichtes trat ein ähnliches Problem auf. Bei diesem Dialogsystem konnten neben dem Strassenzustand auch aktuelle Informationen zum Schweizer Zugverkehr abgefragt werden. In der zweiten Aufgabe zu diesem System sollte die aktuelle Verkehrslage abgefragt werden, um zu entscheiden, ob man besser das Auto oder den Zug nehmen sollte. Entgegen der Benutzerwartung wurden „*Zug*“ und Komposita wie „*Zugverspätungen*“ vom System jedoch nicht erkannt, wie die folgende Transkription zeigt.

Verkehrsinformation: Aufnahme 1.16.3 (06:28–8:22)
Sw = System (weibliche Stimme)
Sm = System (männliche Stimme)
A = Anrufer

01 Sw: nennen sie eine autobahn oder sagen sie überblick.
02 A: (--) überblick.
03 Sw: hier ein allgemeiner überblick:
04 Sm: autobahn a1, von bern richtung st.gallen zwischen zürichseebach und verzweigung zürich ost: stockender verkehr,verkehrsüberlastung. autobahn a2, von gotthard richtung luzern, zwischen wassen und amsteg: stockender verkehr, verkehrsüberlastung.von luzern richtung basel zwischen emmen süd und emmen nord: stockender verkehr, verkehrsüberlastung.
05 A: <<f>zug>.
06 Sw: wie bitte?
07 Sm: von basel richtung luzern bei arisdorf: einfahrt gesperrt, baustelle.
von [Gott…]
08 A: [<<f>ZUGverspätungen.>]
09 Sw: (-) wie bitte?
10 A: <<f>ZUGverspätungen>.
11 Sw: (-) wie bitte?
12 ich habe sie leider nicht verstanden.
13 wir sind zurück im hauptmenü.
14 welche information wünschen sie?
15 sagen sie glion-tunnel, autobahnen, kantone, pässe, autoverlad oder schienenverkehr.
16 A: schienenverkehr.
17 Sw: informationen zu störungen und grösseren verspätungen im schienenverkehr:
18 Sm: ice dreiundsiebzig von hamburg über basel sbb, ankunft vierzehn uhr fünfundfünfzig, nach zürich hauptbahnhof, ankunft fünfzehn uhr achtundfünfzig, verspätung von dreissig minuten.

Auch in der Menüansage wurde „*Zug*" nicht verwendet, sondern das Synonym „*Schienenverkehr*". Dieser Begriff war wie „*Übertrag*" im Beispiel oben als Menüoption zwar verständlich, so dass die Testperson die richtige Wahl traf, er entspricht jedoch nicht dem Alltagssprachgebrauch.[69]

Neben diesen beiden auffallenden Verletzungen der Benutzererwartung zeigte sich in der ersten Testreihe auch beim Dating-Portal, dass die Testpersonen anders antworteten als vom System erwartet. Bei der Frage nach der Anzahl der Kinder verstand das System die Antwort „*Null*" nicht und konnte lediglich die Antwort „*Keine*" verarbeiten.

In der zweiten Testreihe haben die Gesprächsaufnahmen gezeigt, dass der Menüaufbau des Kundenservice-Portals nicht den Benutzererwartungen entsprach. Um, wie in der Aufgabenstellung gefordert, die Öffnungszeiten der Filiale in Dortmund herauszufinden, wählten 15 der 20 Testpersonen die Menüoption „*Allgemeine Informationen*". Das Dialogsystem war hingegen so konzipiert, dass für die Abfrage der Öffnungszeiten im ersten Menü die Option „*Einrichtungshaus*" ausgewählt werden musste. Nach Eingabe der gewünschten Ortschaft bot das System Informationen zu dieser Filiale an wie Adresse, Öffnungszeiten, Kinderbetreuung, Transport und Fundsachen. Diese „richtige" Option wurde aber nur von einem Viertel der Testpersonen ausgewählt und entsprach somit nicht den Erwartungen eines Grossteils der Testpersonen.

Die folgende Transkription zeigt jedoch, wie die Testperson trotz der zuerst „falschen" Auswahl vom System die gewünschte Information erhielt. Die Testperson hörte sich die Systemansagen jeweils bis zum Ende an und erfuhr, wie sie an den Anfang springen konnte, um die nun offensichtlich falsche Auswahl rückgängig zu machen. Indem sie mit dem Kommando „*Hauptmenü*" das erste Menü noch einmal anhören konnte, war es der Testperson möglich, nun eine andere Auswahl zu treffen, da sie nun wusste, dass die Option „*Allgemeine Informationen*" nicht zu den gewünschten Öffnungszeiten führte.

Kundenservice-Portal: Aufnahme 2.09.2 (0:00–3:02)
S = System (weibliche Stimme)
A = Anrufer

```
01   S: hej und herzlich willkommen bei x.
02      bitte wählen Sie aus folgenden
        möglichkeiten.
```

69 Interessanterweise wird im Pressetext zu diesem Dialogsystem ebenfalls der Begriff „Zugverspätungen" verwendet.

03 sagen sie warenverfügbarkeit, einrichtungshaus, bestellung, allgemeine informationen ODer reklamation.
04 A: allgemeine INFOrmation.
05 S: alles klar.
06 informationen rund um x.
07 bitte wählen sie aus folgenden möglichkeiten.
08 sagen sie transport, montage, zahlungsmöglichkeiten, x business ODer x family.
09 A: hm, keins.
10 S: entschuldigung, WIE war das?
11 A: äh, ich möchte die öffnungszeiten.
12 S: ich habe sie NICHT richtig verstanden.
13 bitte wählen sie aus: für informationen zum transport ihrer einkäufe sagen sie transport, für unseren montageservice sagen sie bitte montage, um informationen zu den zahlungsmöglichkeiten bei x zu erhalten, sagen sie zahlungsmöglichkeiten, für informationen zu x business sagen sie x business UND für informationen rund um x family, sagen sie x family.
14 ÜBrigens: sie können immer hilfe sagen und mit hauptmenü gelangen sie jederzeit zurück zum anfang.
15 A: HAUPTmenü.
16 S: wir sind zurück im hauptmenü.
17 bitte wählen Sie aus folgenden möglichkeiten.
18 sagen sie: warenverfügbarkeit, einrichtungshaus, bestellung, allgemeine informationen ODer reklamation.
19 A: einrichtungshaus?
20 S: oKAY.
21 auf geht's zum einrichtungshaus.
22 für welches x einrichtungshaus möchten sie informationen abrufen?
23 [fa…]
24 A: [dortmund.]
25 S: in ordnung.
26 das x einrichtungshaus in dortmund?

```
27        stimmt das?
28    A:  genau.
29    S:  gut.
30        WAS möchten sie wissen.
31        sagen sie öffnungszeiten, [adress]
32    A:                            [öffnungszeiten.]
33    S:  unser einrichtungshaus ist montag bis
          donnerstag von zehn uhr bis einundzwanzig
          uhr, freitags von zehn uhr bis zweiundzwanzig
          uhr und samstags von zehn uhr bis
          einundzwanzig uhr geöffnet.
```

Im Gegensatz zu dieser Aufnahme zeigt die folgende Transkription, wie schnell die Interaktion mit dem Dialogsystem abbrach, wenn die Testperson nicht auf die Systemansagen hörte und auch nicht darauf antwortete. Diese Testperson griff nur im ersten *turn* eine vorgeschlagene Option des Systems auf. Die folgenden Antworten enthielten keine von diesem System vorgeschlagenen Kommandos. Die Testperson antwortete zudem so schnell oder unterbrach die Systemansagen sogar, dass vom System keine weiterführenden Erklärungen angesagt wurden. Das System erkannte die Benutzereingaben mehrmals nicht und war so konzipiert, dass nach einer bestimmten Anzahl von Erkennungsfehlern eine Weiterleitung des Anrufes zum Call-Center vorgenommen wurde. Die Testperson erhielt die gewünschten Informationen schliesslich direkt von der Call-Center-Mitarbeiterin.

Kundenservice-Portal: Aufnahme 2.19.2 (0:00–1:19)
S = System (weibliche Stimme)
C = Call-Center-Mitarbeiterin
A = Anrufer

```
01    S:  hej und herzlich willkommen bei x.
02        bitte wählen Sie aus folgenden
          möglichkeiten.
03        sagen sie warenverfügbarkeit,
          einrichtungshaus, bestellung, allgemeine
          informationen ODer reklamation.
04    A:  allgemeine informationen.
05    S:  in ordnung.
06        informationen rund um x.
07        bitte wählen sie aus folgenden
          möglichkeiten.
```

08 sagen sie transport, montage, zahlungsmöglichkeiten, x business ODer x family.
09 A: ÖFFnungszeiten.
10 S: WIE bitte?
11 A: °h ÖFFnungszeiten.
12 S: DAS habe ich nicht verstanden.
13 bitte wählen sie aus: für informationen zum transport ihrereinkäufe sagen sie transport, für unseren montageservice sagen sie bitte montage, um informationen zu den zahlungsmöglichkeiten bei x zu erhalten, [sagen…]
14 A: [zurück.]
15 S: entschuldigung.
16 DAS habe ich noch nicht verstanden.
17 [bitt…]
18 A: [ich habe] eine andere frage.
19 S: hm, ich habe im moment leider schwierigkeiten, sie zu verstehen.
20 ich werde sie JETZT an unser bundesweites serviceteam weiterleiten.
21 (1.9)
22 ((Zweimaliges Klingeln))
23 C: guten tag, mein name ist x.
24 was kann ich für sie tun?
25 A: guten tag.
26 ähm, ich äh möchte wissen, wann in dortmund äh die ikea geöffnet ist diesen samstag.
27 C: für diesen samstag.
28 dann schauen mer das mal direkt an.
29 kleinen moment
30 <<flüsternd> dortmund, die öffnungszeiten.>
31 normalerweise (-) kann das die anlage auch, die hat das in ihrem fall aber nicht geschafft, nee?
32 A: nein, die hat das nicht geschafft.
33 ich wusste gar nicht, in welchem menÜpunkt.
34 also WIE ich wieder zurück könnte im menÜ.
35 DAS habe ich nicht geschafft.
36 C: <<lachend> okay.>

```
37        so, der computer hat's aber hier auch
          gleich.
38        ach der ist aber wahnsinnig langsam heutE.
39        <<flüsternd> noch einmal, dortmund.>
40        ja, das ist normalerweise immer so das
          schnellste, <<acc> wenn es die anlage
          schafft, haben sie wenigstens keine
          warteschleife, bis sie zum mitarbeiter
          kommen>, ne.
41     A: <<lachend> jaha.>
42     C: DAS ist immer so der schnellste weg.
43        also SAMtags ist von zehn bis einundzwanzig
          uhr geöffnet in dortmund.
44     A: zehn bis einundzwanzig.
45        ja.
46        vielen dank.
47        [dann. (-)]
48     C: [ja gerne.]
49     A: schönen tag noch.
50     C: ihnen auch.
51        dankeschön.
52        tschüss.
```

An diesem Gespräch ist interessant, dass die Call-Center-Mitarbeiterin die Testperson zu den Schwierigkeiten mit dem Dialogsystem befragte: *„Normalerweise (-) kann das die Anlage auch, die hat das in Ihrem Fall aber nicht geschafft, nee?"* Die Testperson nahm den Fehler auf sich und erklärte, dass sie nicht wusste, wie das System zu steuern war, um wieder zur ersten Menüauswahl zu kommen. Da die Menüansage diesbezüglich keine Hilfestellung bot, versuchte die Testperson, das System mit eigenen naheliegenden Kommandos zu steuern (*„Zurück"*, *„Ich habe eine andere Frage."*).

Dieses Ausprobieren von Steuerungswörtern war auch bei anderen Testpersonen zu beobachten. Die Testpersonen übertrugen ihre Vorstellung der Funktionsweise des Systems in Kommandos, die sich in manchen Fällen an die Systemansagen anlehnten. Beispiele dafür sind *„Saldo Depositenkonto"* (Aufnahme 1.10.2) oder *„Stadt Zürich"* (Aufnahme 1.10.3), mit der eine andere Testperson das System beim Anruf im Telefonbanking und bei der Verkehrsinformation lenken wollte, womit sie jedoch nicht erfolgreich war, so dass sie sich in der Folge an die vorgegebenen Menüpunkte hielt. Beide Steuerungswörter entsprachen der Terminologie des jeweiligen

Dialogsystems. Die Testpersonen wandten somit das Konzept der interaktiven Bedeutungskonstitution an, indem sie ihre Äusserungen von den Systemansagen ableiteten und ein Interpretationsverfahren einleiteten. Eine eigentliche „Kompetenz-Konstitution“[70] wurde von der Testperson im oben transkribierten Beispiel vorgenommen, die das System mit dem allgemeinen Kommando *„Zurück“* steuern wollte. Eine andere Testperson probierte zusätzlich die Steuerungswörter *„Stop“*, *„Menü“* oder *„Ende“* aus, was nicht von allen, aber von einigen der Dialogsysteme verstanden wurde. Die Testpersonen hatten demnach die Erwartungshaltung, dass diese universellen Kommandos in der maschinellen Systemkompetenz enthalten sein müssten.

Auch wenn die Steuerungsbegriffe vom System angesagt wurden und den Testpersonen klar war, welches zu benutzen ist, zeigten sich bei einigen Testpersonen Schwierigkeiten, das vorgegebene Steuerungswort korrekt zu verwenden. Obwohl die vom System angebotenen Kommandos naheliegend gewählt waren und der Benutzererwartung nicht widersprachen, schafften es einige der Testpersonen nicht, sich diese zu merken. In einem Fall wurde anstelle des Kommandos *„Auswählen“ stattdessen „Ausführen“* gesagt, in einem anderen *„Hauptwort“* anstelle von *„Hauptmenü“*, wobei Ersteres vom System nicht verstanden, Letzteres vom System jedoch korrekt umgesetzt wurde. Dies lässt sich einerseits durch eine fehlende visuelle Unterstützung erklären, andererseits könnte es der Fall sein, dass die Steuerungsbefehle nicht intuitiv, sondern für die Unmittelbarkeit in der gesprochenen Kommunikation zu kompliziert gewählt waren.

6.3.2 Systemverhalten widerspricht den Benutzererwartungen

Bei der Kinoprogrammauskunft gab es einige Gesprächssituationen, in denen sich das Dialogsystem nicht so verhielt, wie es die Testpersonen erwarteten. Eine dieser Situationen ergab sich durch die Aufgabenstellung, da herausgefunden werden sollte, zu welchen Zeiten ein bestimmter Film gezeigt wurde. Das Dialogsystem war jedoch so konzipiert, dass das System, wenn es die erste Benutzereingabe nicht verstand oder der Anrufer nichts sagte, nach der gewünschten Uhrzeit fragte. Da die Testpersonen genau dies herausfinden wollten, war es für die meisten von ihnen schwierig, auf diese

70 Siehe Kapitel 4.2, S. 72.

Frage zu antworten. Einige der Testpersonen gingen nicht auf die Frage des Systems ein, sondern wiederholten stur ihre Frage. Ein solches Beispiel zeigt die folgende Transkription, in welcher die Testperson erst beim dritten *turn* eine Antwort auf die vom System gestellte Frage gab.

Kinoprogrammauskunft: Aufnahme 1.04.1 (0:00–2:09)
S = System (männliche Stimme)
A = Anrufer

```
Jingle: Musik (Fanfare), Blasinstrumente (ca. 5 Sek)
01    S: HALLo und herzlich willkommen bei der
         kinoauskunft für die kinos cinecitta, imax,
         mad, atrium, meisengeige, metropolis und
         casablanca in x und das manhattan in x.=
02       =ich KENne das programm für die woche vom
         <<abgehackt>zwanzigsten bis zum
         sechsundzwanzigsten
         oktOBer↑>.
03       sie dürfen mich JEDerzeit unterbrechen und
         FRAgen stellen.
04       zum beispiel WAS läuft heute um acht uhr im
         cinecitta?
05       oder auch WELche filme laufen im metropolis?=
06       wenn ich sie mal FALsch verstehe, geben sie
         bitte nicht auf und wiederholen sie einfach
         ihren wunsch.
07    A: [ich möchte den film flightPLAN sehen.]
08    S: [dieses gespräch wird zur qualitätssicherung]
         aufgezeichnet.
09       ALso, wie kann ich ihnen helfen?
10    A: ich möchte den film flightplan sehen.
11       wann und in welchem kino läuft er?
12    S: um wie viel UHR etwa möchten sie ins kino?
13    A: (-) ja ja, das habe ich SIE gefragt.
14    S: um wie viel UHR etwa möchten sie ins kino?
15    A: ich möchte den film flightplan sehen.
16    S: um wie viel UHR etwa möchten sie ins kino?
17    A: zwanzig uhr.
18    S: gut, folgende filme kommen in frage: die
         weisse masaia, stolz und vorurteil, wallace
         und gromit - auf der jagd nach dem
         riesenkaninchen, brothers grimm, flightplan -
```

ohne jede spur, nva, ein duke kommt selten allein, jungfrau vierzig männlich sucht Oder wächter der nacht.
19 welchen FILM möchten sie sehen?

Viele der Testpersonen reagierten ähnlich wie der Anrufer in dieser Transkription, was in manchen Fällen zu grossen Interaktionsschwierigkeiten führte, die im Auflegen durch den Anrufer oder einem Abbruch durch das System mündeten. Viele der Testpersonen wiederholten ihre ursprüngliche Frage oder formulierten sie um. Sie antworteten jedoch nicht auf die Frage nach der Uhrzeit.

Das nächste Beispiel zeigt eine der wenigen Testpersonen, die auf die Frage eingegangen waren und nach allen Spielzeiten gefragt haben. Es scheint, als ob das System auch auf das Wort „*egal*" reagierte, da dies im folgenden Beispiel genannt wird und das System als Reaktion darauf alle Spielzeiten vorlas. Eine andere Testperson (Aufnahme 2.151) konnte sich mit der Antwort „*Das ist egal.*" ebenfalls alle Spielzeiten ausgeben lassen. Das System reagierte hingegen nicht wie gewünscht auf die Eingaben „*Das weiss ich nicht.*" oder „*Keine Ahnung.*" (Aufnahme 2.03.1). Bei diesen Antworten wiederholte das System die Frage nach der Uhrzeit.

Kinoprogrammauskunft: Aufnahme 2.06.2 (0:00–2:20)
S = System (männliche Stimme)
T = Text-to-Speech
A = Anrufer

Jingle: Musik (Fanfare), Blasinstrumente (ca. 5 Sek)
01 S: HALLo und herzlich willkommen bei der kinoauskunft für die kinos cinecitta, imax, mad, meisengeige und metropolis in x.
02 =ich KENne das programm für die woche vom <<abgehackt> einundzwanzigsten bis zum siebenundzwanzigsten januAR↑>.
03 sie dürfen mich JEDerzeit unterbrechen und FRAgen stellen.
04 zum beispiel WAS läuft heute um acht uhr im cinecitta?
05 oder auch WELche filme laufen im metropolis?
06 wenn ich sie mal FALsch verstehe, geben sie bitte nicht auf und wiederholen sie einfach ihren wunsch.

```
07        dieses gespräch wird zur qualitätssicherung
          aufgezeichnet.
08        ALso, WIE kann ich ihnen helfen?
09    A:  ich möchte HEUTe den film avatar anschauen.
10    S:  gut, um wie viel UHR etwa möchten sie ins
          kino?
11    A:  äh, egal, ich möchte ALLe spielzeiten hören.
12    S:  ALso am sonntag den film-
13    T:  avatar-
14    S:  stimmt das?
15    A:  ja.
16    S:  der film-
17    T:  avatar-
18    S:  wird am sonntag in x im kino cinecitta zu
          folgenden zeiten gezeigt: um zehn uhr
          zehn, um elf uhr fünfundvierzig, um
          dreizehn uhr dreissig, um fünfzehn uhr
          dreissig, um siebzehn uhr, um neunzehn
          uhr fünfzehn, um zwanzig uhr dreissig, um
          einundzwanzig uhr, um einundzwanzzig uhr
          vierzig, um zweiundzwanzig uhr fünfundvierzig
          UND schliesslich um dreiundzwanzig uhr
          fünfundfünfzig.
```

Natürlich waren auch die Testpersonen erfolgreich, die gleich von Anfang an eine Uhrzeit eingaben. Alle Testpersonen gaben eine volle Stunde ein und merkten dann bei der Ausgabe der konkreten Uhrzeit (falls der Film zufälligerweise zu dieser Zeit gezeigt wurde), dass sie nun jede Stunde einzeln abfragen müssten, um das System alle Spielzeiten ausgeben zu lassen. Ausser wenigen Testpersonen (Aufnahme 2.05.1) war dies den meisten Testpersonen zu umständlich und sie begnügten sich mit einer oder zwei Spielzeiten.

Ein weiteres Beispiel für unerwartetes Systemverhalten trat ebenfalls bei der Kinoprogrammauskunft auf. Während des langen Intros wurde angesagt, wie mit dem System umzugehen ist. In dieser Systemansage wurde auch darauf hingewiesen, dass das System jederzeit unterbrochen werden könne. Obwohl dies mehrere Testpersonen versuchten, sprach das System weiter und liess sich nicht unterbrechen. In manchen Fällen kann dies damit erklärt werden, dass die Benutzeräusserung zu leise war. In den meisten Fällen war es jedoch so, dass die Systemansage trotz des Sprechens durch den Anrufer nicht abbrach.

Die Testperson in der folgenden Transkription wollte das System unterbrechen, gleich nachdem das System diese Vorgehensweise vorschlug. Die Systemansage brach jedoch nicht ab und System und Anrufer sprachen gleichzeitig. Diese Testperson versuchte beim nächsten Anruf noch einmal, das System genau an dieser Stelle zu unterbrechen, was auch beim zweiten Mal nicht funktionierte.

Die Testperson wartete schliesslich die nächste übergangsrelevante Stelle ab und formulierte ihre Anfrage um, indem sie genau dieselbe Formulierung wie das System benutzte. Dieses Mal war die Unterbrechung erfolgreich, der Anrufer war hingegen verunsichert bezüglich der Funktionstüchtigkeit des Systems.

Kinoprogrammauskunft: Aufnahme 2.03.1 (9:20–9:52)
S = System (männliche Stimme)
A = Anrufer

```
Jingle: Musik (Fanfare), Blasinstrumente (ca. 5 Sek)
01   S: HALLo und herzlich willkommen bei der
        kinoauskunft für die kinos cinecitta, imax,
        mad, meisengeige und metropolis in x.
02      =ich KENne das programm für die woche vom
        <<abgehackt>einundzwanzigsten bis zum
        siebenundzwanzigsten januAR↑>.
03      sie dürfen mich JEDerzeit unterbrechen und
        FRAgen stellen.
04      [(-) zum beispiel WAS läuft heute um acht uhr
        im cinecitta?]
05   A: [ich möchte das programm des kinos
        metropolis.]
06   S: oder auch WELche filme laufen im metropolis?
07   A: =welche filme laufen im metropolis?
08   S: gut, um wie viel UHR etwa möchten sie ins
        kino?
```

Ein offensichtlicher Fehler dieses Dialogsystems bestand darin, dass das System einen Filmtitel nicht erkannte. Dieser Filmtitel wurde zwar vom System zuvor angesagt, trotzdem wurde er bei keinem der Testanrufe erkannt, so dass davon ausgegangen werden muss, dass das Vokabular des Systems an dieser Stelle nicht aktualisiert wurde. Interessant ist jedoch, wie die Testpersonen auf dieses unerwartete Systemverhalten reagierten. Im ersten Beispiel verstand das System offensichtlich einen falschen Filmtitel. Trotzdem bestätigte die Testperson den Namen des Films. Sie lachte jedoch dabei, was sie bereits in den vorangegangenen zwei Anrufen getan hatte, wenn das System wiederholt nach der gewünschten Uhrzeit gefragt hatte, und sie nicht wusste, wie sie darauf antworten sollte. Das lässt den Schluss zu, dass die Testperson lachte, weil das Dialogsystem nicht wie erwartet reagierte, sie jedoch davon absah, das System zu korrigieren.

Kinoprogrammauskunft: Aufnahme 2.03.1 (7:42–8:45)
S = System (männliche Stimme)
A = Anrufer

```
01   S: FOLgende filme kommen in frage: a serious man,
        ein sommer in new york ODer soul kitchen.
02      WELchen FILM möchten sie sehen?
03   A: a serious man.
04   S: ALso am samstag zwischen achtzehn und
        zweiundzwanzig uhr den film dino island drei d
        im kino metropolis.
05      ist das richtig?
06   A: <<lachend> ja.>
07   S: Der film dino island drei d wird am samstag
        zur gewünschten zeit im kino metropolis nicht
        gezeigt'
08      möchten sie NOCH eine information?
09   A: a serious man im kino metropolis.
(13.0)
10   A: jaa!
(5.0)
11   A: ((lacht)) tschühüss.
((A legt auf.))
```

Die Testperson versuchte jedoch in einem nächsten Versuch, in dem sie ihre Anfrage umformulierte, doch noch die Spielzeiten für den gewünschten Film zu erfahren. Doch nun reagierte das System gar nicht mehr und die Testperson legte schliesslich auf.

Auch in der folgenden Transkription zeigt sich, dass dieser eine Filmtitel vom System nicht verstanden wurde. Diese Testperson sprach den Filmnamen anders aus, um so vom System verstanden zu werden. Sie sprach den englischen Filmtitel so deutsch wie möglich aus, was aber vom System ebenfalls nicht verstanden wurde. Auch diese Testperson lachte, als sie schliesslich aufgab und das System bestätigte, obwohl es den falschen Filmtitel verstanden hatte.

Kinoprogrammauskunft: Aufnahme 2.13.1 (8:10–10:05)
S = System (männliche Stimme)
T = Text-to-Speech
A = Anrufer

01 A: WAS läuft heute im Metropolis?
02 S: gut, um wie viel UHR etwa möchten sie ins kino?
03 A: zwischen achtzehn und zweiundzwanzig uhr.
04 S: gut, FOLgende filme kommen in frage: a serious man, ein sommer in new york ODer soul kitchen.
05 welchen FILM möchten sie sehen?
06 A: a serious man. (ä seerius mään)
07 S: Also am samstag gegen siebzehn uhr im kino metropolis.
08 ist das richtig?
09 A: zwischen ACHTzehn und ZWEIundzwanzig uhr.
10 S: gut, FOLgende filme kommen in frage: a serious man, ein sommer in new york ODer soul kitchen.
11 welchen FILM möchten sie sehen?
12 A: a serious man. (ä seerius mään)
13 S: ich habe sie LEIDER [nicht verstanden. Folg…]
14 A: [a serious… a serious man]
15 S: ENTschuldigung, ich habe sie leider WIEDER nicht verstanden.
16 FOLgende filme kommen in frage: a serious man, ein sommer in new york ODer soul kitchen.
17 welchen FILM möchten sie sehen?
18 A: a serious man. (ä seerius mään)
19 S: tut mir leid, jetzt habe ich sie schon WIEDER nicht verstanden.
20 [FOL…]
21 A: [a serious man.]

```
22    S: FOLgende filme kommen in frage: a serious
         man, ein sommer innew york ODer soul
         kitchen.
23       welchen FILM möchten sie sehen?
24    A: <<f> a serious man.>
25    S: ALso am samstag zwischen achtzehn und
         zweiundzwanzig uhr den film-
26    T: dipsy drei d-
27    S: im kino metropolis.
28       ist das korrekt?
29    A: nein.
30    S: WIE bitte?
31       =ALso am samstag zwischen achtzehn und
         zweiundzwanzig uhr den film-
32    T: dipsy drei d-
33    S: im kino metropolis.
34       ist das richtig?
35    A: <<lachend> richtig.>
```

Wie es bereits in der Transkription zu Aufnahme 2.03.1 dargestellt ist, kam es bei diesem System vor, dass es plötzlich keine Antwort mehr gab. Die Testperson in der Aufnahme 2.03.1 wartete ab und gab dann die Antwort „*Ja.*“. Wahrscheinlich dachte sie, dass das System als Nächstes nachfragen würde, ob es die Anfrage richtig verstanden hätte und dafür eine Bestätigung benötigen würde.

Es kann nur darüber spekuliert werden, dass die Testperson vielleicht dachte, dass mit der Übertragung der Systemansage etwas nicht in Ordnung wäre und sie deswegen nichts mehr hörte. Das heisst, die Testperson hoffte, dass der Übertragungskanal nur in die eine Richtung gestört sei und ihre Antwort beim System trotzdem ankommen würde. Jedenfalls wartete die Testperson fünf Sekunden ab und verabschiedete sich dann lachend und legte auf.

Etwas anders reagierte die folgende Testperson darauf, dass das System nicht mehr antwortete:

Kinoprogrammauskunft: Aufnahme 2.06.2 (2:20–3:28)
S = System (männliche Stimme)
T = Text-to-Speech
A = Anrufer

```
01    S: möchten sie NOCH eine information?
02    A: °h (--)
03    S: WAS möchten sie wissen?
```

```
04    A: ich würde die spielzeiten für avatar gerne
         noch einmal hören.
(7.0)
05    A: jetzt fallt der nix mehr ein, gell.
06    A: °h, hm.
(5.0)
07    A: WELche filme laufen heute abend im kino
         metropolis?
08       vielleicht kriegste das hin.
(4.0)
09    A: hallOOO?
(9.0)
10    A: SPRICH mit mir.
(16.0)
((A legt auf.))
```

Die Testperson antwortete erst mit einer metakommunikativen Äusserung, die negativ konnotiert war (Zeile 5). Sie sprach das System direkt an und versuchte nicht, die bereits gestellte Anfrage umzuformulieren. In ihrer nächsten Äusserung stellte sie die Frage, die der zweiten Aufgabe zu diesem System zugrunde lag (Zeile 7). Auch dieser Eingabe folgte eine negative metakommunikative Bemerkung, welche die Einschätzung der Testperson zum Funktionieren des Systems zum Ausdruck brachte (Zeile 8).

Das folgende „*Hallo?*" (Zeile 9) ist typisch für eine „tote Leitung" während des Telefonierens. Der Grossteil der Testpersonen, bei denen das System plötzlich nicht mehr reagierte, versuchte auf diese Art herauszufinden, ob das System noch antwortete.

6.3.3 Dialogsystem als Instrument oder Gesprächspartner

Benutzererwartungen zeigen sich nicht nur auf der lexikalischen Ebene bezüglich der Menüsprache und des Vokabulars. Die Erwartungen der Anrufer an das Dialogsystem zeigen sich auch darin, ob mit dem Dialogsystem als ebenbürtigem Gesprächspartner kommuniziert wird oder eher die Erwartung vorherrscht, das Dialogsystem als Instrument zu steuern, um die gewünschte Transaktion auszuführen oder die geforderte Information zu erhalten. Die diesbezüglichen Erwartungen der Testpersonen können mit unterschiedlichen mentalen Modellen in Bezug auf ein Dialogsystem erklärt werden. Die Erwartungen von Benutzern eines interaktiven Systems basieren auf einem mentalen Modell, das sie sich aufgrund von Vorstellungen, Erfahrungen und Beobachtungen erstellt haben (Gentner 1983). Es hat sich in den Gesprächsaufnahmen gezeigt, dass sich die Testpersonen aufgrund ihres Gesprächsverhaltens in zwei Gruppen einteilen lassen: Die Testpersonen benutzten und steuerten das Dialogsystem entweder als Instrument und legten die Kommunikation auf die Zielerreichung aus oder sie sprachen das System als Person an und kommunizierten mit ihm analog zu einem menschlichen Gesprächspartner. In beiden Fällen schienen die Testpersonen einer Vorstellung oder einem Konzept zu folgen, wie das System beschaffen war und ihrer Meinung nach funktionieren sollte. Welches mentale Modell sie verfolgten, zeigt sich aufgrund des Gesprächsverhaltens (vgl. Edlund et al. 2008).

Die Testpersonen, die das Dialogsystem wie ein Instrument steuerten, haben das System nicht direkt angesprochen. Diese Testpersonen benutzten meist Ein-Wort-Kommandos und verhielten sich sehr zielorientiert, indem sie verschiedene Steuerungswörter ausprobierten, bis sie die gewünschte Information erhielten.

Die Testperson in der folgenden Transkription hatte die erste Aufgabe schon gelöst und sich vom Kundenservice-Portal die Warenverfügbarkeit des Artikels ausgeben lassen. Nun musste für die zweite Aufgabe noch die Adresse der Filiale erfragt werden. Da die Testperson sich den Menüaufbau des Systems bei der ersten Abfrage bereits gemerkt hatte, ging sie nun noch zielstrebiger vor und nannte die Kommandos direkt hintereinander.[71]

Kundenservice-Portal: Aufnahme 2.19.2 (5:41–8:30)
S = System (weibliche Stimme)
A = Anrufer

```
01   S: wir sind zurück im hauptmenü.
02      bitte wählen sie aus folgenden möglichkeiten.
03      sagen sie warenverfügbarkeit,
```

71 Im Gespräch nach den Anrufen hat die Testperson erklärt, dass sie sich die einzelnen Kommandos notiert hätte, um direkt zum richtigen Menüpunkt navigieren zu können.

einrichtungshaus, bestellung, allgemeine
informationen ODer reklamation.
04 A: EINrichtungshaus.
05 S: alles klar.
06 auf gehts zum einrichtungshaus.
07 für welches x einrichtungshaus möchten sie
informationen abrufen?
08 (--)
09 A: [dortmund]
10 S: [falls sie den ort nicht…]
11 in ordnung.
12 das x einrichtungshaus in↑ DORTmund.
13 stimmt das?
14 A: ja.
15 S: okay.
16 WAS möchten sie wissen?
17 sagen sie öffnungszeiten, adresse, transport,
montage ODer kinderbetreuung.
18 A: adresse.
19 S: die adresse unseres einrichtungshauses in
DORTmund lautet borussiastrasse
einhundertzwanzig in vier vier eins vier eins
dortmund.
20 sie erreichen uns über die a vierzig
ausfahrt indupark sowie mit der strassenbahn
s eins haltestelle dortmund klay.
21 wollen sie DIEse informationen auch per sms
erhalten?
22 A: nein'
23 S: okay.
24 wir sind zurück im hauptmenü.
25 bitte wählen sie aus folgenden [mö…]
26 A: [einrichtungs-
haus]
27 S: gut.
28 auf gehts zum einrichtungshaus.
29 [für welches…]
30 A: [adresse]
31 S: entschuldigung, WIE war das?
32 A: <<deutlich> adresse>

33 S: DAS habe ich nicht richtig gehört.
34 A: =adresse.
35 S: sie möchten das gespräch nun BEenden?
36 A: nein.
37 S: bitte nennen sie mir noch EINmal das
gewünschte x einrichtungshaus.
38 A: DORTmund.
39 S: in ordnung
40 das x einrichtungshaus in dortmund.
41 stimmt das?
42 A: ja
43 S: alles klar.
44 WAS möchten sie wissen?
45 [sagen sie öff...]
46 A: [adresse.]
47 S: die adresse unseres einrichtungshauses in
DORTmund lautet borussiastrasse
einhundertzwanzig in vier vier eins vier eins
dortmund.
48 sie erreichen uns über die a vierzig ausfahrt
indupark sowie mit der strassenbahn s eins
haltestelle dortmund klay.
49 wollen sie DIEse informationen auch per sms
[erhalten?]
50 A: [nein.]
51 S: in ordnung.
52 wir [sind zu...]
52 A: [einrichtungshaus.]
53 S: alles klar.
54 S: auf [gehts...]
55 A: [dortmund.]
56 S: gut.
57 [WAS mö...]
58 A: [öffnunszeiten
59 S: unser einrichtungshaus ist montag bis
donnerstag von zehn uhr↑bis einundzwanzig
uhr↑, freitags von zehn uhr↑ bis
zweiundzwanzig uhr↑ und samstags von zehn
uhr↑ bis zwei uhr↑ geöffnet.
60 wollen sie diese information auch per sms
erhalten?

61 A: =nein.
((A legt auf.))

Ein weiteres Merkmal für den Umgang mit dem System als „Instrument" zeigt sich in der Gesprächsbeendigung. Die Testpersonen verabschiedeten sich nicht vom Dialogsystem, sondern legten einfach auf oder sagten *„Ende"* oder *„Stop"* im Gegensatz zu den Verabschiedungsfloskeln *„Auf Wiederhören"* oder *„Tschüss"*, welche die andere Gruppe benutzte.

Verkehrsinformation: Aufnahme 1.13.4 (4:32–4:55)
S = System (weibliche Stimme)
A = Anrufer
01 S: im moment liegen keine weiteren informationen vor.
02 wenn sie etwas noch einmal hören möchten, sagen sie wiederholen.
03 A: ende.
04 S: wir sind zurück im hauptmenü.
05 welche information wünschen sie?
((A legt auf.))

Diese Testpersonen änderten ihren Umgang mit dem Dialogsystem auch bei der Kinoprogrammauskunft nicht, deren Ansagen in ganzen Sätzen formuliert waren und die offene Fragen stellte.

Kinoprogrammauskunft: Aufnahme 1.13.3 (00:00–01:52)
S = System (männliche Stimme)
A = Anrufer
Jingle: Musik (Fanfare), Blasinstrumente (ca. 5 Sek)
01 S: HALLo und herzlich willkommen bei der kinoauskunft für die kinos cinecitta, imax, mad, atrium, meisengeige, metropolis und casablanca in x und das manhattan in x.=
02 =ich KENne das programm für die woche vom <<abgehackt>siebenundzwanzigsten oktOBer bis zum zweiten novembER>.
03 sie dürfen mich JEDerzeit unterbrechen und FRAgen stellen.
04 zum beispiel WAS läuft heute um acht uhr im cinecitta?

05 oder auch WELche filme laufen im metropolis?=
06 wenn ich sie mal FALsch verstehe, geben sie bitte nicht auf und wiederholen sie einfach ihren wunsch.
07 dieses gespräch wird zur qualitätssicherung aufgezeichnet.
08 also, WIE kann ich ihnen helfen?
09 A: flightPLAN.
10 S: um wie viel UHR etwa möchten sie ins kino?
11 A: ZWAnzig uhr.
12 S: gut.
13 folgende filme kommen in frage: brothers grimm, die legende des zorro, die weisse ma[sai, ...]
14 A: [stop.]
15 S: [gegen...]
16 A: [flightplan.]
17 S: gegen zwanzig uhr den film flightplan - ohne jede spur.
18 ist das richtig?
19 A: ja.
20 S: der film flightplan - ohne jede spur wird am sonntag in x im kino cinecitta um zwanzig uhr fünfzehn↑ gezeigt-

Im Gegensatz dazu verhielten sich andere Testpersonen, als ob sie mit einer Person telefonieren würden. Zum Beispiel begrüssten sie das System und stellten sich vor, wie diese beiden Beispiele zeigen.

Verkehrsinformation: Aufnahme 1.05.1 (03:20–03:42)
S = System (weibliche Stimme)
Sf = System (weibliche Stimme, französisch)
Si = System (weibliche Stimme, italienisch)
Sm = System (männliche Stimme)
A = Anrufer
01 S: <<mit Jingle unterlegt> x: verkehrsinfo>
02 Sf: <<mit Jingle unterlegt> infotraffic>
03 Si: <<mit Jingle unterlegt> infotraffico>
04 S: (-) sagen sie deutsch.
05 Sf: dites français.
06 Si: dica italiano.

07 S: [sie können...]
08 A: [.h Gut-en Tag], da ist x am apparat.
09 ich wollte wissen, ob die a2, aso, ob auf der a2 mit staus zu rechnen ist, wenn ich richtung wallis fahren möchte.

Verkehrsinformation: Aufnahme 1.18.1 (00:00–01:05)
S = System (weibliche Stimme)
Sf = System (weibliche Stimme, französisch)
Si = System (weibliche Stimme, italienisch)
Sm = System (männliche Stimme)
A = Anrufer

01 S: <<mit Jingle unterlegt> x: verkehrsinfo>
02 Sf: <<mit Jingle unterlegt> infotraffic>
03 Si: <<mit Jingle unterlegt> infotraffico>
04 S: (-) sagen sie deutsch.
05 Sf: dites français.
06 Si: dica italiano.
07 (--)
08 S: sie können jederzeit auch HILfe sagen.
09 Sf: à tous les moments vous pouvez dire AIde.
10 Si: in qualsiasi momento può dire Aiuto.
11 (--)
12 S: ich habe für sie DEUTsch ausgewählt.
13 A: =<<lachend ja>
14 ja, grüezi, do isch x.
15 ich möcht wüsse, ob de furkapass befahrbar isch.

Bei einem Grossteil der Testpersonen konnten Hinweise gefunden werden, die darauf schliessen lassen, dass sie das System wie einen menschlichen Gesprächspartner wahrnahmen.[72] Dies unterstützt die These, dass der natürlichsprachlichen Stimme eines Dialogsystems eine Persönlichkeit zugesprochen wird, ähnlich wie einem menschlichen Gesprächspartner (*computer dialog personality*, siehe S. 98). Zudem benutzten alle untersuchten Dialogsysteme das Personalpronomen „ich", was den Eindruck eines denkenden und handelnden Subjektes vermittelte.

72 Dieses Problem sprechen auch Nass und Moon an, die es jedoch für unwahrscheinlich halten, dass das Dialogsystem wirklich als Mensch angesehen wird, da den Benutzern sehr wohl klar sei, dass sie lediglich mit einer Maschine sprechen (Nass/Moon 2000).

Trotzdem mutet dieses Gesprächsverhalten seltsam an vor dem Hintergrund, dass die Testpersonen eigentlich wussten, dass es sich bei dem Dialogsystem um ein automatisches System handelte. Clark (1999: 43) liefert dafür die Erklärung, dass wir beim Umgang mit Computern immer so „tun als ob" und die einzelnen Handlungen durch ein Abbilden der Wirklichkeit (*joint pretense*) geprägt seien. Wenn wir etwas kopieren und einfügen, muss es markiert, ausgeschnitten und eingefügt werden, als ob wir diese Tätigkeit auf realem Papier durchführen würden. Fischer (2006) argumentiert nun, dass in der Mensch-Maschine-Interaktion nicht die einzelnen Handlungen ein Abbild der Wirklichkeit darstellen, sondern das automatische System als Kommunikationspartner den menschlichen Gesprächspartner kopiert. Ein anderer Erklärungsansatz könnte jedoch sein, dass der Benutzer die Kommunikation als Handlung ansieht, die analog zum visuellen Computerbedienen die Wirklichkeit, die zwischenmenschliche Kommunikation, kopiert.

Ein weiterer Hinweis auf die Behandlung des Systems als ebenbürtigen Gesprächspartner zeigt sich in der direkten Ansprache des Systems, wie die folgenden Transkriptionen belegen:

Kinoprogrammauskunft: Aufnahme 1.04.1 (1:20–1:30)
S = System (männliche Stimme)
A = Anrufer

```
01    S: um wie viel UHR etwa möchten sie ins kino?
02    A: (-) ja ja, das habe ich SIE gefragt.
```

Kinoprogrammauskunft: Aufnahme 2.13.1 (1:30–1:38)
S = System (männliche Stimme)
A = Anrufer

```
01    S: gut, um wie viel UHR etwa möchten sie ins
         kino?
02    A: sagen sie mir ALLe spielzeiten.
```

Kinoprogrammauskunft: Aufnahme 2.14.2 (2:00–2:38)
S = System (männliche Stimme)
T = Text-to-Speech
A = Anrufer

```
01    S: möchten sie NOCH eine information?
02    A: °h können sie mir noch sagen SPÄtere zeiten?
```

```
03        zweiundzwanzig uhr?
04        vierundzwanzig uhr?
05    S:  also am samstag gegen zweiundzwanzig uhr den
          film-
06    T:  avatar-
07    S:  stimmt das?
08    A:  ja.
09    S:  der film-
10    T:  avatar-
11    S:  wird am samstag in x im kino cinecitta um
          zweiundzwanzig uhr fünfzehn gezeigt-
12        möchten sie NOCH eine information?
13    A:  °h
14    S:  WAS möchten sie wissen?
15    A:  ouh, später?
16        haben sie noch um vierundzwanzig uhr (-) den
          film avatar?
```

In diesen Transkriptionen wurde das Dialogsystem jeweils mit „Sie" angesprochen. Es kam jedoch auch vor, dass die Testpersonen die Höflichkeit ausser Acht liessen und das System mit „Du" ansprachen, was nur in sehr emotionalen und aufgebrachten Momenten geschah.

Telefonisches Dating-Portal: Aufnahme 1.08.5 (03:05–03:28)
S = System (weibliche Stimme)
E = Earcon
A = Anrufer

```
01    S:  WIE alt bist du?
02    A:  fünfunddreissig.
03    E:  ((bestätigendes Klangzeichen))
04    S:  ich fass deine grunddaten nochmal kurz
          zusammen.
05    S:  du bist (.) ein mann und suchst eine frau.
06        du bist (.) dreissig jahre jung.
07    A:  (-)[mann, du blödi chueh!]
08    S:     [und du suchst einen Partner] im Alter von
          <<abgehackt> dreissig Jahren>.
09        ist das richtig?
10    A:  jo,jo, scho guet.
```

Verkehrsinformation: Aufnahme 1.12.1 (05:35–05:55)
S = System (weibliche Stimme)
Sf = System (weibliche Stimme, französisch)
Si = System (weibliche Stimme, italienisch)
Sm = System (männliche Stimme)
A = Anrufer

01 S: HIER ein allgemeiner überblick.
02 Sm: autobahn a2, von gotthard richtung luzern
zwischen [amsteg und...]
03 A: [weiter.]
04 S: WIE bitte?
05 A: nächste.
06 S: ich habe sie leider nicht verstanden.
07 A: =jo, ich dich au nöd!

Die folgende Transkription zeigt schliesslich, dass die Testperson sogar explizit von einer „Person“ sprach, als sie auf das System verwies.

Verkehrsinformation: Aufnahme 1.05.1 (02:25–03:08)
S = System (weibliche Stimme)
Sf = System (weibliche Stimme, französisch)
Si = System (weibliche Stimme, italienisch)
Sm = System (männliche Stimme)
A = Anrufer

01 S: WIE bitte?
02 A: hä?
03 wie bitte?
04 .h aso, ich wollte wissen, ob <<lachend> der
furkapass befahrbar ist>, ähm, (-)
05 S: ich habe sie leider nicht verstanden.
06 wir sind zurück im hauptmenü.
07 welche information wünschen sie?
08 sagen sie glion-tunnel, autobahnen, kantone,
pässe, autoverlad oder schienenverkehr.
09 (1.5)
10 S: [Sie können jeder...]
11 A: [AUTOverlad furka.]
12 S: nennen sie eine verladestation oder sagen sie
überblick.
13 (1.5)

```
14        sie können jederzeit auch hilfe sagen.
15   A:   .h he, aso, mit däre person chani jetzt
          irgendwiä nöd redä.
          ähm.
((A legt auf))
```

6.4 Benutzerklassifikation

6.4.1 Klassifikation aufgrund persönlicher Merkmale

In diesem Kapitel soll geprüft werden, ob und wenn ja, welche persönlichen Merkmale einer Testperson einen Einfluss auf die Bedienung eines Dialogsystems haben. Dazu wurden die fünf Merkmale Alter, Geschlecht, Ausbildung, Vorkenntnisse und Computerkenntnisse untersucht. Für jede Merkmalsgruppe wurde jeweils verglichen, wie viel Zeit die Testpersonen für die Aufgaben benötigten und wie viele Aufgaben sie lösen konnten.

1. Alter
Um herauszufinden, ob das Alter des Benutzers einen Einfluss auf die Bedienung von Dialogsystemen hat, wurde die Zeit gemessen, die für die einzelnen Aufgaben benötigt wurde (*Transaction Duration*) und die Anzahl der erfüllten Aufgaben ins Verhältnis zur Gesamtzahl der Aufgaben (*Task Initiation Rate* im Verhältnis zu *Task Completion Rate*) gesetzt.

Die Gegenüberstellung der Altersgruppe 1 (10 Testpersonen im Alter zwischen 20 und 30 Jahren) mit der Altersgruppe 3 (10 Testpersonen im Alter zwischen 50 und 66 Jahren) ergibt folgendes Ergebnis:

Transaction Duration:

Dialogsystem	Altersgruppe 1	Altersgruppe 3	Beide Altersgruppen
Kinoprogramm-auskunft	378 Sek.	409 Sek.	393 Sek.
Telefonbanking	411 Sek.	590 Sek.	500 Sek.
Telefonbanking inkl. Kartensperrungen	436 Sek.	570 Sek.	531 Sek.
Verkehrsinformation	550 Sek.	612 Sek.	581 Sek.
Durchschnittliche Dauer	444 Sek.	545 Sek.	501 Sek.

Task Completion Rate:

Dialogsystem	Altersgruppe 1	Altersgruppe 3	Beide Altersgruppen
Kinoprogramm-auskunft	95 %	100 %	97.5 %
Telefonbanking	90 %	95 %	92.5 %
Telefonbanking inkl. Kartensperrungen	80 %	85 %	82.5 %
Verkehrsinformation	80 %	65 %	72.5 %
Alle Systeme	86.25 %.	86.25 %	86.25 %

Der Vergleich der beiden Altersgruppen zeigt, dass die Testpersonen der Altersgruppe 3 durchschnittlich etwa 1,5 Minuten länger für ein Dialogsystem benötigten. Eine Erklärung dafür liefert die auffallende Tatsache, dass die Testpersonen in dieser Altersgruppe nicht auflegten, bis sie die Aufgaben gelöst hatten, was für die Testpersonen in Altersgruppe 1 nicht zutraf.

In dieser Altersgruppe gingen die Testpersonen schneller zur nächsten Aufgabe über und zeigten sich weniger ehrgeizig in der Lösung der Aufgaben. Im Gegensatz dazu fällt auf, dass die Testpersonen der Altersgruppe 3 nur selten resignierten, bevor sie nicht alle Aufgaben gelöst hatten, und die Aufgabenstellung somit ernster nahmen.

Trotzdem zeigt die Tabelle, dass beide Altersgruppen gesamthaft gesehen gleich viele Aufgaben gelöst haben. Im Gegensatz zu den jüngeren

Testpersonen lösten die älteren zwar mehr Aufgaben bei den Systemen zum Telefonbanking und der Kinoprogrammauskunft, bei der Verkehrsinformation konnten sie jedoch mehrere Aufgaben nicht lösen, so dass sich der Unterschied der beiden Gruppen insgesamt wieder ausglich.

Der erwartete grosse Unterschied zwischen den beiden Altersgruppen ist demnach nicht auszumachen, abgesehen von dem kleinen zeitlichen Unterschied. Die jüngeren Testpersonen hatten den älteren zwar voraus, dass sie sich in der Menünavigation etwas schneller zurechtfanden, dies machten die älteren jedoch durch Hartnäckigkeit, aufmerksameres Zuhören und Befolgen der Systemanweisungen wieder wett.

2. Geschlecht

Um das Merkmal „Geschlecht" zu prüfen, wurden die zwanzig Testpersonen aus der zweiten Testreihe (alle Testpersonen sind zwischen 30 und 50 Jahre alt) herangezogen und die zehn weiblichen Testpersonen den zehn männlichen Testpersonen gegenübergestellt. Die beiden Gruppen wurden wiederum bezüglich *Transaction Duration* und *Task Completion Rate* verglichen.

Transaction Duration:

Dialogsystem	Weibliche Testpersonen	Männliche Testpersonen	Alle Testpersonen
Kinoprogramm-auskunft	459 Sek.	570 Sek.	515 Sek.
Kundenservice-Portal	427 Sek.	418 Sek.	423 Sek.
Durchschnittliche Dauer	443 Sek.	494 Sek.	469 Sek.

Task Completion Rate:

Dialogsystem	Weibliche Testpersonen	Männliche Testpersonen	Alle Testpersonen
Kinoprogramm-auskunft	85 %	90 %	87.5 %
Kundenservice-Portal	100 %	100 %	100 %
Alle Systeme	92.5 %	95 %	93.75 %

Wie die beiden Tabellen zeigen, sind die Unterschiede minimal. Die männliche Gruppe benötigte etwas länger, um alle Aufgaben zu lösen, dafür löste diese Gruppe im Vergleich zu den weiblichen Testpersonen auch mehr Aufgaben.

Es lässt sich also auch bei diesem Merkmal nicht erkennen, dass es einen Einfluss auf die Bedienung eines Dialogsystems hätte.

3. Ausbildung

Bezüglich Ausbildung wurden die acht Testpersonen mit Universitätsabschluss den fünf Testpersonen mit Berufslehre aus der zweiten Testreihe gegenübergestellt. Beide Gruppen beinhalten demnach Testpersonen, die zwischen 30 und 50 Jahre alt waren.

Transaction Duration:

Dialogsystem	**Testpersonen mit Universitäts-abschluss**	**Testpersonen mit Berufslehre**	**Alle Testpersonen**
Kinoprogramm-auskunft	586 Sek.	497 Sek.	551 Sek.
Kundenservice-Portal	352 Sek.	544 Sek.	426 Sek.
Durchschnittliche Dauer	469 Sek.	520 Sek.	489 Sek.

Task Completion Rate:

Dialogsystem	**Testpersonen mit Universitäts-abschluss**	**Testpersonen mit Berufslehre**	**Alle Testpersonen**
Kinoprogramm-auskunft	81.25 %	90 %	84.62 %
Kundenservice-Portal	100 %	100 %	100 %
Alle Systeme	90.63 %	95 %	92.31 %

Hier lässt sich erkennen, dass beim Kundenservice-Portal beide Gruppen 100% der Aufgaben lösten, die Gruppe mit Universitätsabschluss dafür jedoch viel weniger Zeit benötigte. Ausser dieser Auffälligkeit sind die Unterschiede zwischen den beiden Gruppen jedoch nicht so gross, wie man erwarten würde. Die Gruppe mit Universitätsabschluss war zwar durchschnittlich etwas schneller, hat dafür aber nicht so viele Aufgaben gelöst wie die Referenzgruppe mit Berufslehre. Dies lässt sich auch damit erklären, dass sich die Testpersonen mit Berufslehre hartnäckiger verhielten und weniger schnell resignierten, wenn bei einer Aufgabe Schwierigkeiten auftraten.

4. Erfahrung mit natürlichsprachlichen Dialogsystemen
Von den zwanzig Testpersonen aus der zweiten Testreihe gaben sechs Testpersonen an, dass sie nicht nur Vorkenntnisse mit tastaturgesteuerten Dialogsystemen mitbringen, sondern auch Erfahrung mit sprachgesteuerten Systemen. Die Gegenüberstellung mit den vierzehn Testpersonen, denen diese Erfahrung fehlte, ergibt folgendes Ergebnis:

Transaction Duration:

Dialogsystem	Erfahrung mit einem sprachgesteuerten System	Keine Erfahrung mit einem sprachgesteuerten System	Alle Testpersonen
Kinoprogramm-auskunft	604 Sek.	476 Sek.	515 Sek.
Kundenservice-Portal	379 Sek.	442 Sek.	423 Sek.
Durchschnitt-liche Dauer	492 Sek.	459 Sek.	469 Sek.

Task Completion Rate:

Dialogsystem	Erfahrung mit einem sprachgesteuerten System	Keine Erfahrung mit einem sprachgesteuerten System	Alle Testpersonen
Kinoprogramm-auskunft	91.67 %	85.71 %	87.5 %
Kundenservice-Portal	100 %	100 %	100 %
Alle Systeme	95.83 %	92.86 %	93.75 %

Erwartet wurde bei der Prüfung dieses Merkmals, dass die Gruppe mit Vorkenntnissen besser abschneiden würde als ihre Referenzgruppe. Diese Gegenüberstellung zeigt hingegen, dass die Testpersonen mit Vorkenntnissen sogar überdurchschnittlich lange für die Aufgaben brauchten. Dies kann durch den Umstand relativiert werden, dass sie dafür auch mehr Aufgaben erfolgreich lösten. Somit zeigt sich auch bei diesem Merkmal, dass keine relevante Auswirkung auf die Systembedienung auszumachen ist.

5. Computerkenntnisse

Bei der zweiten Testreihe wurden die Testpersonen nach ihren Computerkenntnissen gefragt, die sie auf einer Fünf-Punkte-Skala einordnen mussten. Die Testpersonen konnten zwischen den folgenden fünf Antworten wählen:

- Meine Ausbildung hat(te) mit Informatik zu tun und ich kenne mich mit Programmiertechniken aus.
- Ich bin geübt im Umgang mit dem Computer, ich benutze ihn vor allem für die Musik- oder Bildbearbeitung.
- Ich bin geübt im Umgang mit dem Computer, ich benutze vor allem Mail- und Textverarbeitungsprogramme (Word, Excel, PowerPoint …).
- Ich benutze den Computer nicht täglich, aber ab und zu.
- Ich vermeide es wenn möglich, den Computer zu benutzen.

Der Grossteil der Testpersonen schätzte sich als geübt im Umgang mit dem Computer ein. Zehn Testpersonen gaben an, ihren Computer für Mailversand und Textverarbeitung zu gebrauchen, vier Testpersonen verwendeten ihn auch für die Musik- und Bildbearbeitung. Drei Testpersonen benutzten den Computer nur selten und ebenfalls drei Testpersonen brachten Informatikkenntnisse mit.

Um den Einfluss dieses Merkmals zu evaluieren, wurden die Testpersonen mit Informatik-Ausbildung denjenigen gegenübergestellt, die den Computer nur ab und zu benutzten.

Transaction Duration:

Dialogsystem	Testpersonen mit Informatik-kenntnissen	Testpersonen benutzen Computer nur selten	Alle Testpersonen
Kinoprogramm-auskunft	576 Sek.	496 Sek.	536 Sek.
Kundenservice-Portal	396 Sek.	491 Sek.	444 Sek.
Durchschnittliche Dauer	486 Sek.	494 Sek.	490 Sek.

Task Completion Rate:

Dialogsystem	Testpersonen mit Informatik-kenntnissen	Testpersonen benutzen Computer nur selten	Alle Testpersonen
Kinoprogramm-auskunft	83.33 %	83.33 %	83.33 %
Kundenservice-Portal	100 %	100 %	100 %
Alle Systeme	91.67 %	91.67 %	91.67 %

Beide Gruppen lösten bei jedem Dialogsystem genau gleich viele Aufgaben und weisen dieselbe *Task Completion Rate* auf. Das erwartete bessere Abschneiden der Testpersonen mit Informatikausbildung zeigt sich darin, dass diese beim Lösen der Aufgaben etwas schneller waren als die Testpersonen aus der Referenzgruppe. Bei der *Transaction Duration* ist auffallend, dass die Gruppe mit Informatikkenntnissen bei dem Dialogsystem zur Kinoprogrammauskunft mehr Zeit benötigte als die Testpersonen, die den Computer nur ab und zu benutzten. Beim Kundenservice-Portal war es hingegen umgekehrt, hier waren die Testpersonen mit Informatikkenntnissen um einiges schneller als die Referenzgruppe, was auch zum besseren Resultat in der Gesamtbewertung der *Transaction Duration* führte.

Abschliessend lässt sich zusammenfassen, dass die Prüfung der Merkmale eine leichte Tendenz erkennen lässt, dass die Merkmale Ausbildung, Vorkenntnisse und Computerkenntnisse eine Auswirkung auf die Systembedienung hatten, wenn es sich um ein Dialogsystem handelte, das eine systeminitiative Kommandosteuerung aufwies. Bei diesen strukturierten Systemen schnitten die gut ausgebildeten Testpersonen, die zudem Vorkenntnisse bezüglich sprachgesteuerter Systeme und Computerkenntnisse mitbrachten, besser ab als ihre Referenzgruppe.

6.4.2 Klassifikation aufgrund des Gesprächsverhaltens

Bei den Gesprächsaufnahmen fiel auf, dass die Testpersonen sehr unterschiedlich mit den Dialogsystemen interagierten. Einige Testpersonen hörten den Systemansagen sehr genau zu, unterbrachen das System nie und passten ihr Antwortverhalten möglichst gut an die Systemerwartungen an, sofern ihnen diese aufgrund der Interaktionserfahrung bekannt waren. Andere

Testpersonen wiederum gaben erst keine Antwort und warteten zunächst mehrere Aufforderungen zur Eingabe ab, bevor sie ihre Anfragen formulierten. Zudem gab es Testpersonen, die ihre Eingaben weder bezüglich Zeitpunkt noch Formulierung an die Systemansagen anpassten.[73]

Aufgrund ihres unterschiedlichen Gesprächsverhaltens lassen sich die Testpersonen in drei verschiedene Gesprächstypen einteilen.

1. Kooperativer Gesprächstyp

Der kooperative Benutzer zeichnet sich dadurch aus, dass er verschiedene Strategien ausprobiert, um vom System verstanden zu werden. Er geht dabei sehr kreativ vor und wendet intrapersonale Strategien an, indem er sein Vorgehen, das bei einem Dialogsystem erfolgreich war, auf weitere Dialogsysteme überträgt.

Die Testpersonen dieses Gesprächstyps haben ihre Eingaben neu und umformuliert, sobald sie merkten, dass sie vom System nicht verstanden wurden. Sie sprachen lauter, deutlicher oder langsamer, damit – wie sie annahmen – ihre Eingaben vom System besser erkannt wurden. Sie unterbrachen die Systemansagen nicht, ausser wenn sie bereits wussten, dass dies bei diesem System möglich sei und zu keinen Verständigungsproblemen führen würde. Sie passten sich dem System an, nicht nur indem sie ihre Formulierungen auf der lexikalischen und syntaktischen Ebene anpassten, sondern auch indem sie sich an die Systemkonzipierung hielten. So antworteten diese

73 Es stellt sich die Frage, ob sich das Gesprächsverhalten aufgrund eines persönlichen Merkmals der Testperson antizipieren lässt. Natürlich spielt die Einstellung der Testperson gegenüber sprachgesteuerten Dialogsystemen eine Rolle. Mit einer offenen Haltung wird die Testperson auch ein kooperatives Gesprächsverhalten aufweisen. Eine Testperson, die solchen Dialogsystemen gegenüber eher negativ und ablehnend eingestellt ist, wird ihr Gesprächsverhalten nicht dem System anpassen und deswegen unter den dominanten Gesprächstypen zu finden sein.

Denkbar wäre aber auch die Zuordnung von Geschlecht und Gesprächstyp, wie es in der Soziolinguistik untersucht wird. Demnach sollte eine männliche Testperson eher ein dominantes Gesprächsverhalten aufweisen. Dies lässt sich jedoch aufgrund des Korpus nicht bestätigen, da sich sowohl bei männlichen als auch bei weiblichen Testpersonen Merkmale eines dominanten Gesprächsverhaltens finden liessen.

Ein weiterer interessanter Ansatz wäre es, zu prüfen, ob und wie weit sich die Gesprächstypen mit einem Persönlichkeitsprofil wie dem DISG-Modell (Gay 2004) oder dem Myers-Briggs-Typindikator (Briggs Myers 1985) vereinen lassen. Dies muss jedoch an anderer Stelle untersucht werden, da diese Fragestellung über das Thema der vorliegenden Arbeit hinausgeht.

Testpersonen bei der Kinoprogrammauskunft zum Beispiel immer auf die Frage nach der Uhrzeit und versuchten entweder, das System dazu zu bringen, alle Spielzeiten anzusagen, oder fragten geduldig jede Stunde einzeln ab, um die gewünschten Informationen zu erhalten.

2. Überforderter Gesprächstyp
Dieser Gesprächstyp ist aufgrund der synchronen Kommunikationssituation im Telefongespräch überfordert. Die Eingabe des Anrufers wird unmittelbar gefordert. Zeit, um lange zu überlegen, bleibt nicht. Ein Verhaltensmerkmal der Testpersonen dieses Gesprächstyps war, dass sie bei der ersten Eingabeaufforderung nichts sagten. In den meisten Fällen ermöglichte es die erneute Eingabeaufforderung des Systems, dem Anrufer zu antworten, indem sie dem Anrufer entweder genügend Zeit zum Nachdenken oder weitergehende Erklärungen anbot. Manche Testpersonen blieben jedoch auch nach der zweiten und dritten Eingabeaufforderung stumm und brauchten etwas länger, um zu verstehen, welche Antwort von ihnen erwartet wurde. Oft legten diese Testpersonen auch einfach auf und riefen das Dialogsystem erneut an, um dem interaktionalen Handlungsdruck zu entkommen. Beim wiederholten Anruf wussten die Testpersonen, wie sie ihre Anfrage an das System formulieren wollten, dank des ersten „Versuchsanrufs" und der Bedenkzeit zwischen den Anrufen, bei der sie nicht unter einem direkten Handlungsdruck standen, sondern in Ruhe überlegen konnten.

Das Auflegen und Abwarten sind beides Strategien, die für diesen Gesprächstyp typisch sind. Das folgende Beispiel zeigt einen typischen Anruf für diesen Gesprächstyp.

Kinoprogrammauskunft: Aufnahme 1.02.1 (0:00–2:57)
S = System (männliche Stimme)
A = Anrufer

1. Anruf

```
Jingle: Musik (Fanfare), Blasinstrumente (ca. 5 Sek)
01   S: HALLo und herzlich willkommen bei der
        kinoauskunft für die kinos cinecitta, imax,
        mad, atrium, meisengeige, metropolis und
        casablanca in x und das manhattan in x.=
02      =ich KENne das programm für die woche vom
        <<abgehackt>zwanzigsten bis zum
        sechsundzwanzigsten oktOBer↑>.
```

03 sie dürfen mich JEDerzeit unterbrechen und
FRAgen stellen.
04 zum beispiel WAS läuft heute um acht uhr im
cinecitta?
05 oder auch WELche filme laufen im metropolis?
06 wenn ich sie mal FALsch verstehe, geben sie
bitte nicht auf und wiederholen sie einfach
ihren wunsch.
07 dieses geSPRÄCH wird zur qualitätssicherung
aufgezeichnet.
08 ALso, WIE kann ich ihnen helfen?
09 A: °h (--)
10 S: um wie viel UHR etwa möchten sie ins kino?
11 (--)
12 S: um wie viel UHR etwa möchten sie ins kino?
13 (--)
14 S: WIE bitte?
15 =um...
((A legt auf.))

2. Anruf

Jingle: Musik (Fanfare), Blasinstrumente (ca. 5 Sek)
01 S: HALLo und herzlich willkommen bei der
kinoauskunft für die kinos cinecitta, imax,
mad, atrium, meisengeige, metropolis und
casablanca in x und das manhattan in x.=
02 =ich KENne das programm für die woche vom
<<abgehackt>zwanzigsten bis zum
sechsundzwanzigsten oktOBer↑>.
03 sie dürfen mich JEDerzeit unterbrechen und
FRAgen stellen.
04 zum beispiel WAS läuft heute um acht uhr im
cinecitta?
05 oder auch WELche filme laufen im metropolis?
06 wenn ich sie mal FALsch verstehe, geben sie
bitte nicht auf und wiederholen sie einfach
ihren wunsch.
07 dieses gespräch wird zur qualitätssicherung
aufgezeichnet.
08 ALso, WIE kann ich ihnen helfen?
09 A: °h welchE: filme laufen im cinecitta?

3. Dominanter Gesprächstyp

Der dominante Gesprächstyp schliesslich verfolgt seine eigene Strategie und passt sein Gesprächsverhalten nicht an das System an. Ein Beispiel für diesen Gesprächstyp findet sich in den Aufnahmen 1.12.3 und 1.12.5. Diese Testperson sprach Schweizerdeutsch und achtete zudem nicht auf die mit Musik unterlegten Antwortphasen, sondern antwortete meist zu schnell und zu direkt nach den Systemansagen, was zu Missverständnissen und *Turn-Taking*-Problemen führte. Eine weitere typische Verhaltensweise war das Ignorieren der Systemäusserung, indem die Testperson einfach weitersprach und wie im Gespräch zwischen menschlichen Gesprächspartnern durch lautes und bestimmtes Sprechen auf ihr Rederecht pochte, bis die Systemansage abbrach, und dabei nicht darauf achtete, ob und welche Eingabe das System erwartete, was zu wiederholten Schwierigkeiten führte, da das System keine gültige Eingabe erkennen konnte (Aufnahme 1.20.1).

Diese Testpersonen haben ihre Eingaben auch nicht umformuliert, wenn das System sie nicht verstanden hatte, sondern wiederholten die genau gleiche Formulierung noch einmal (Aufnahme 2.11.1). Feststellen lässt sich auch, dass die Testpersonen dieses Gesprächstyps oft nicht zuhörten, was das System sagte oder fragte. Dies liess sich bei mehreren Testpersonen beobachten, die nicht auf die Frage der Kinoprogrammauskunft nach der gewünschten Uhrzeit antworteten, sondern stur ihre eingangs gestellte Frage wiederholten.

Kinoprogrammauskunft: Aufnahme 2.07.1 (0:00–2:19)
S = System (männliche Stimme)
A = Anrufer

```
Jingle: Musik (Fanfare), Blasinstrumente (ca. 5 Sek)
01   S: HALLo und herzlich willkommen bei der
        kinoauskunft für die kinos cinecitta, imax,
        mad, meisengeige und metropolis in x.
02      =ich KENne das programm für die woche vom
        <<abgehackt> einundzwanzigsten bis zum
        siebenundzwanzigsten januAR>.
03      sie dürfen mich JEDerzeit unterbrechen und
        FRAgen stellen.
04      zum beispiel WAS läuft heute um acht uhr im
        cinecitta?
05      oder auch WELche filme laufen im metropolis?
06      wenn ich sie mal FALsch verstehe, geben sie
```

```
            bitte nicht auf und wiederholen sie einfach
            ihren wunsch.
07          dieses geSPRÄCH wird zur qualitätssicherung
            aufgezeichnet.
08          ALso, WIE kann ich ihnen helfen?
09      A:  ich möchte den film AVATAR sehen.
11      S:  gut, um wie viel UHR etwa möchten sie ins
            kino?
12          äh, um WIE viel uhr läuft denn avatar?
13      S:  um wie viel UHR etwa möchten sie ins kino?
14      A:  ähm.
15      S:  WIE [bitte?]
16      A:      [spielzeiten] von avatar.
17      S:  um wie viel UHR etwa möchten sie ins kino?
18      A:  ich möchte wissen, in welchem KINO der film
            avatar läuft.
19      S:  um wie viel UHR etwa möchten sie ins kino?
20      A:  ((lacht)) ähm.
21      S:  ich habe sie leider nicht verstanden.
22          um wie viel UHR etwa möchten sie ins kino?
23      A:  ähm, ich möchte wissen, in welchem kino
            AVATAR
            läuft
24      S:  ALso den film-
25      T:  avatar-
26      S:  richtig?
27      A:  richtig.
```

Auch folgende Transkription deutet darauf hin, dass die Testperson den Systemansagen ebenfalls nicht zuhörte, sondern das System mit Kurz-Befehlen navigieren wollte, aufgrund eines Dialogschemas des Systems, das sich die Testperson durch das bisherige Systemverhalten erstellt hatte.

Kinoprogrammauskunft: Aufnahme 2.02.2 (2:36–2:40)
S = System (männliche Stimme)
A = Anrufer

```
01      S:  um wie viel UHR etwa möchten sie ins kino?
02      A:  metropolis.
```

Dasselbe Vorgehen lässt sich beim Kundenservice-Portal beobachten, bei dem verschiedene Testpersonen ihre Kommandos willkürlich anbrachten, ohne auf die Systemansagen zu achten. Eine Testperson sagte bereits „*Öffnungszeiten*", ohne bei der Menüauswahl angekommen zu sein, in der dies angeboten wurde, und ohne eine Filiale ausgewählt zu haben (Aufnahme 2.19.2). Eine andere Testperson nannte bereits den gewünschten Artikel, ohne erst die Auswahl der Filiale abzuwarten (Aufnahme 2.16.1).

Ein weiteres Merkmal dieses Gesprächstyps sind die bei diesem Typ häufig auftretenden metakommunikativen Äusserungen der Testpersonen. Diese sind meist ironisch konnotiert und zeigen die Geringschätzung des Dialogsystems durch die Testpersonen. Die folgende Transkription zeigt ein solches Beispiel eines dominanten Gesprächstyps.

Kinoprogrammauskunft: Aufnahme 2.06.2 (5:08–2:19)
S = System (männliche Stimme)
T = Text-to-Speech
A = Anrufer

```
01   S: FOLgende filme kommen in frage:
        mitternachtszirkus, soulkitchen, dreizehn
        semester, gamer, tannöd, alvin und die
        chipmunks zwei, new moon - bis zur
        mittagsstunde, triff die elisabeth, albert
        schweizer-
02   T: avatar-
03   S: das kabinett des doktor parnassus, yahsi
        bati, zweitausendzwölf, die schachspielerin,
        fame, zweiohrküken,...
04   A: =ähm. vielen dank.
05   S: [lieb...]
06      [äh], das ist ein bisserl zu ausführlich.
07      ich will...
08   S: =ich habe sie LEIder nicht verstanden.
09   A: ja ich dich auch nicht.
10   S: FOLgende filme kommen in frage...
11   A: =MOMent!
12      kino metropolis.
13      welche FILme kommen dort heute abend?
14   S: gut, FOLgende filme kommen in frage: a serious
        man, ein sommer in new york ODer soul
        kitchen.
15      welchen FILM möchten sie sehen?
16   A: (-) nein, ich will...
```

```
17   S: WIE bitte?
18   A: ja_a.
19   S: FOLgende filme kommen in frage: a serious
        man,…
20   A: =Stop!
```

Die Einteilung in diese drei Gesprächstypen ist in Bezug auf die Systembedienung interessant. Die Gesprächstypen können in einen direkten Zusammenhang mit der *Task Completion Rate* gestellt werden. Bei der Untersuchung lösten vier der zwanzig Testpersonen die Aufgaben nur teilweise, die restlichen Testpersonen lösten alle Aufgaben. Von diesen vier Testpersonen zeigten zwei Merkmale eines überforderten Benutzers und zwei die Merkmale eines dominanten Benutzers.

Das heisst im Umkehrschluss, dass – wie zu erwarten – die kooperativen Benutzer alle Aufgaben gelöst haben.

6.5 Zusammenfassung

In diesem Kapitel wurde gezeigt, welche grundsätzlichen Gesprächsstrategien die Testpersonen bei der Interaktion mit dem automatischen Dialogsystem angewendet haben. Diese Gesprächsstrategien umfassen den „Staccato-Stil", ein überdeutliches und langsames Sprechen in Satzfragmenten, das als grundsätzliches Gesprächsverhalten eingesetzt wurde und zudem bei Verständigungsproblemen beobachtet werden konnte. Eine weitere Strategie beinhaltet das Auflegen und erneute Anrufen nicht nur bei Verständigungsproblemen, sondern auch als bewusstes Steuerungsinstrument. Das Alignment schliesslich konnte bei allen Testpersonen festgestellt werden, sowohl auf der lexikalischen Ebene als auch auf der Ebene des Dialogablaufs, an den sich die Testpersonen angepasst haben. Auch die sprachliche Anpassung an die hochdeutsche Aussprache konnte bei allen Testpersonen festgestellt werden, wobei einige Testpersonen erst aufgrund von Verständigungsproblemen in die hochdeutsche Aussprache wechselten.

Das Benutzerverhalten der Testpersonen wurde zudem dahingehend untersucht, wie ihre Äusserungen syntaktisch aufgebaut waren und zu welchem Zeitpunkt die Testpersonen gesprochen haben – nach oder während der Systemansagen (Kapitel 6.2).

Wie sich Benutzererwartungen im Gesprächsverhalten aufzeigen lassen und zu welchen Kommunikationsschwierigkeiten nicht erfüllte Erwartungen führen können, wurde im nächsten Unterkapitel dargelegt (Kapitel 6.3). Unerfüllte Benutzererwartungen zeigten sich nicht nur auf der lexikalischen Ebene, wenn wie im Beispiel des Kundenservice-Portals die Testpersonen bei einem Menüpunkt nicht erkannten, was damit gemeint war. Aufgrund der Äusserungen der Testpersonen lässt sich auch zeigen, ob das Dialogsystem als gleichberechtigter Gesprächspartner oder eher als zu steuerndes Instrument zur Informationsbeschaffung angesehen wurde.

Im letzten Kapitel (6.4) wurden mögliche Benutzerklassifikationen untersucht. Eine Benutzerklassifikation lässt sich aufgrund von persönlichen Merkmalen wie Alter, Geschlecht, Ausbildung, Erfahrung mit automatischen Dialogsystemen und Computerkenntnissen erstellen oder aufgrund des beobachteten Gesprächsverhaltens. Die Gegenüberstellung dieser Merkmale mit der *Task Completion Rate* und der *Transaction Duration* gibt Aufschluss darüber, welchen Benutzerklassen oder Gesprächstypen die Bedienung des Dialogsystems Mühe bereitete und welche Gruppen schnell und effizient damit umgingen.

7. Interaktionsphänomene

7.1 Überblick

Im folgenden Kapitel werden für verschiedene gesprächsanalytische Phänomene Beispiele aus dem Korpus angeführt. Die Beispiele aus den Gesprächsaufnahmen zeigen auf, was in der Interaktion mit dem natürlichsprachlichen Dialogsystem zu Problemen führte und welche Herausforderungen von den Testpersonen ohne Schwierigkeiten gemeistert wurden.

Untersucht werden Interaktionsschwierigkeiten aufgrund der maschinellen Dialogsituation sowie die Themen Moduswechsel und Gesprächsorganisation, welche die Organisation des Sprecherwechsels und die verschiedenen Gesprächsphasen umfasst. Beim Thema Rezipientensignale sind es Verstehens- und Höflichkeitssignale der Testpersonen, die für die Systeme ein Problem darstellen und aus diesem Grund oft zu Verständnisschwierigkeiten führen. Zudem weisen die Gesprächsaufnahmen metakommunikative Äusserungen der Testpersonen auf, die von den Systemen ebenfalls nicht eingeordnet werden können.

7.2 Allgemeine Beobachtungen

7.2.1 Interaktionsschwierigkeiten aufgrund der maschinellen Interaktion

Die von Danieli (2004: 73) entworfene Klassifikation von Missverständnissen im Umgang mit Dialogsystemen dient der folgenden Darstellung der Interaktionsschwierigkeiten als Grundlage. Für alle Kategorien aus dieser Tabelle lassen sich in den Gesprächsaufnahmen Beispiele finden. Es muss jedoch darauf hingewiesen werden, dass die Interaktionsschwierigkeiten aufgrund der maschinellen Interaktionssituation nicht umfassend klassifiziert werden können, wie auch Danieli einräumt.

> The classification is not complete because of the difficulty in classifying in a principled way the large variety of linguistic behavior of real users of practical dialog systems. Moreover, while a lot of practical dialog systems are being developed in different countries, researchers working in the area of spoken dialog design have little data concerning the evaluation of how the systems perform in real field conditions. Nevertheless, this classification can be useful as a general scheme to be referred to when designing a dialog strategy for a new practical dialog application. (Danieli 2004: 71)

Aufgrund der folgenden fünf Typen von Interaktionsfehlern lassen sich die beobachteten Phänomene jedoch gut strukturieren.

Kinds of action failure		
Potential Cause	**Action Failure**	**Origin/Reason**
Insufficient knowledge about how the task is structured	Inadequate information is provided	User
Inattentive behavior	Erroneous information is provided	User/excessive cognitive load
Bad signal	Recognition error	System/noise physical environment
Inadequate lexicon, poor grammar rules or semantic representation frames	Interpretation error	System/dialog lack of linguistic knowledge
Inadequate management of the discourse state	Contextualization error	System/poor dialog design

Abbildung 23: *Kinds of action failure* (Danieli 2004: 73).

1. Inadequate information is provided
Wenn der Anrufer eine unpassende Antwort gibt, weil ihm nicht klar ist, wie die Transaktion oder Informationsabfrage durchzuführen ist, werden typischerweise die Erwartungen der Benutzer vom System nicht erfüllt. Wie in Kapitel 6.3 beschrieben, können die Benutzererwartungen auf verschiedenen linguistischen Ebenen nicht erfüllt werden. Gute Beispiele dafür, dass der Benutzer eine nicht zur Systemansage passende Eingabe machte, sind die Interaktionsprobleme, die bei der Kinoprogrammauskunft aufgetreten sind. Das System fragte nach dem ersten *turn* immer nach der gewünschten Uhrzeit, was dem intendierten Dialogablauf der Anrufer widersprach, da diese gerade die Uhrzeit zu ermitteln versuchten. Aus diesem Grund antworteten

an dieser Stelle viele Testpersonen nicht auf die Frage des Systems, sondern hielten an ihrer ursprünglichen Frage fest und gaben noch einmal den Filmtitel an.

In einem weiteren Sinn kann auch die eigentlich „falsche" Eingabe „*Allgemeine Informationen*" anstelle von „*Einrichtungshaus*" beim Kundenservice-Portal zu diesem Fehlertyp gezählt werden. Die für die Abfrage der Öffnungszeiten richtige Auswahl wäre „*Einrichtungshaus*" gewesen, da mehrere Testpersonen diese Auskunft jedoch unter dem Menüpunkt „*Allgemeine Informationen*" vermuteten, gaben sie aus Systemsicht eine falsche Antwort.[74]

2. Erroneous information is provided
Auch zu diesem Fehlertyp wurden bereits Beispiele aus den Gesprächsaufnahmen besprochen; sie beschreiben das Gesprächsverhalten des dominanten Gesprächstyps. Dass der Benutzer aus Unaufmerksamkeit falsche Eingaben machte, die nicht zum aktuellen Dialogzustand passten, oder auch, weil er den Systemansagen nicht zuhörte, liess sich beim Kundenservice-Portal beobachten. Die Testpersonen nannten die Menüoption „*Öffnungszeiten*" oder den gewünschten Artikel einen Dialogzustand zu früh. Auf die Systemfrage nach der gewünschten Filiale passten diese Eingaben nicht.

3. Recognition error
Die erfolgreiche Spracherkennung ist durch Neben- und Hintergrundgeräusche stark beeinträchtigt. In den Gesprächsaufnahmen findet sich zudem ein Beispiel, das zeigt, dass auch die Stimmqualität einen Einfluss auf die Erkennung hat. In der folgenden Transkription wurde die Testperson vom System nicht verstanden, obwohl sie ihre Eingabe mehrmals wiederholte, dabei laut und deutlich sprach und ihre Eingabe umformulierte.

Obwohl die Eingaben der Testperson in der Gesprächsaufnahme gut zu verstehen sind, schien das System sie nicht zu erkennen. Da die Testperson eine sehr aspirierte Aussprache hatte und mit einer „Raucherstimme" sprach, muss davon ausgegangen werden, dass dies der Grund für das mehrmalige Nicht-Verstehen war.

74 Siehe S. 177.

Kinoprogrammauskunft: Aufnahme 1.16.1 (0:00–2:36)
S = System (männliche Stimme)
R = Recording (Aufnahme) der Eingabe des Anrufers
A = Anrufer

Jingle: Musik (Fanfare), Blasinstrumente (ca. 5 Sek)
01 S: HALLo und herzlich willkommen bei der kinoauskunft für die kinos cinecitta, imax, mad, atrium, meisengeige, metropolis und casablanca in x und das manhattan in x.
02 =ich KENne das programm für die woche vom <<abgehackt>siebenundzwanzigsten oktOBer bis zum zweiten NovembER↑>.
03 sie dürfen mich JEDerzeit unterbrechen und FRAgen stellen.
04 zum beispiel WAS läuft heute um acht uhr im cinecitta?
05 oder auch WELche filme laufen im metropolis?
06 [wenn...]
07 A: [°h ich °h] ich möchte den film FLIGHTplan selen sehen.
08 können sie mir sagen WANN und in welchem kino dieser filmgezeigt wird.
09 S: der von ihnen genannte film
10 R: in welchem'
11 S: ist mir NICHT bekannt.
12 welchen film möchten sie STATTdessen sehen?
13 A: ich möchte den film FLIGHTPLAN sehen.
14 S: gut, um wie viel UHR etwa möchten sie ins kino?
15 A: °h HEUte abend.
16 S: =ich habe sie leider nicht verstanden.
17 [um...]
18 A: [ich] möchte den film FLIGHTPLAN sehen.
19 können sie mir sagen, °h WANN und in welchem KINO dieser film gezeigt wird?
20 S: der von ihnen genannte film
21 R: in welchem.
22 S: ist mir nicht bekannt.
23 welchen film möchten sie STATTdessen sehen?
24 A: ich möchte den film FLUCHTPLAN sehen, bitte.
25 S: entschuldigung, ich habe sie LEIDER wieder nicht versanden.

```
26        welchen FILM möchten sie sehen?
27    A:  ich möchte den film FLIGHTPLAN sehen.
28    S:  also am dienstag den film blue planet.
29        ist das korrekt?
30    A:  nein, das ist nicht korrekt.
31        =ich möchte den film FLIGHTPLAN sehen.
32    S:  gut, um wie viel UHR etwa möchten sie ins
          kino?
33    A:  HEUte abend.
34    S:  also am sonntag zwischen achtzehn und
          zweiundzwanzig uhr den film flightplan?
35    A:  =genau.
```

4. Interpretation error

Dieser Fehlertyp beschreibt einen Fehler auf Seiten des Systems. Ein solcher *Interpretation error* findet sich in den Gesprächsaufnahmen in einem Anruf beim Telefonbanking-System. In diesem Beispiel erkannte das System das Steuerungswort „*Weiter*“ zwar richtig, sprang aber zu weit direkt zu den Saldoinformationen. Aus diesem Untermenü fand die Testperson nicht mehr heraus, da ihr das richtige Steuerungswort „*Hauptmenü*“ nicht einfiel, obwohl dies bereits der vierte Anruf bei diesem Dialogsystem war. „*Benutzerfunktionen*“ und „*Passwort*“ wurden in diesem Dialogschritt nicht erkannt, und erstaunlicherweise reagierte das System auch nicht auf „*Menü*“. Diese Kette von Missverständnissen führte schliesslich zur Weiterleitung des Anrufs an das Call-Center.

5. Contextualization error

Ein Beispiel für diese Fehlerart, bei welcher der Dialog in einen falschen Kontext gesetzt und aus diesem Grund vom System eine unpassende Reaktion geliefert wurde, zeigt die folgende Transkription. Obwohl die Testperson alles richtig gemacht hatte, reagierte das System in Zeile 14 mit einer Frage, die mehrere Dialogschritte ausliess. Die Frage erschien erst nicht unpassend, aber als nach dem „*Nein*“ der Testperson das Gespräch durch das System beendet wurde, war dies für die Testperson sehr verwirrend. Es kann nur vermutet werden, dass dies durch eine Missinterpretation der Eingabe der Testperson in Zeile 13 entstanden ist. Darüber, ob die Eingabe nicht dem Systemvokabular entsprach oder die Spracherkennung und -interpretation diese falsche Reaktion auslöste, kann nur spekuliert werden.

Kinoprogrammauskunft: Aufnahme 1.14.1 (0:00–1:38)
S = System (männliche Stimme)
R = Recording (Aufnahme) der Eingabe des Anrufers
A = Anrufer

Jingle: Musik (Fanfare), Blasinstrumente (ca. 5 Sek)
01 S: HALLo und herzlich willkommen bei der kinoauskunft für die kinos cinecitta, imax, mad, atrium, meisengeige, metropolis und casablanca in x und das manhattan in x.
02 =ich KENne das programm für die woche vom <<abgehackt>siebenundzwanzigsten oktOBer bis zum zweiten NovembER↑>.
03 sie dürfen mich JEDerzeit unterbrechen und FRAgen stellen.
04 zum beispiel WAS läuft heute um acht uhr im cinecitta?
05 oder auch WELche filme laufen im metropolis?
06 wenn ich sie mal FALSCH verstehe, geben sie bitte nicht auf und wiederholen sie einfach ihren wunsch.
07 dieses gespräch wird zur qualitätssicherung aufgezeichnet.
08 ALso, wie kann ich Ihnen helfen?
09 A: also, guten tag.
10 ich möchte gern wissen, wann der film flightplan (-) läuft und in welchem Kino.
11 für heute abend.
12 S: also den film delfine, richtig?
13 A: flightplan.
14 S: möchten sie noch eine information?
15 A: nein.
16 S: vielen dank für ihren anruf.
17 auf wiederhören.
((System legt auf.))

Interessant ist in diesem Zusammenhang, dass die Kinoprogrammauskunft offensichtlich auch mit einem indirekten Sprechakt umgehen konnte. In den Gesprächsaufnahmen findet sich ein Beispiel, bei dem die Testperson (2.02.1) das Programm des Kinos Metropolis strukturiert abfragte, indem sie jede volle Stunde als gewünschte Uhrzeit angab. Auf die Frage nach der Uhrzeit gab die Testperson nach einigen Durchgängen direkt den Namen des Kinos („*Metropolis*") ein, was vom System richtig verarbeitet wurde. Beim nächsten Durchgang antwortete die Testperson sogar bei der Frage „*Möchten Sie noch eine Information?*" bereits mit „*Metropolis*", worauf das System ebenfalls richtig reagierte.

Zu dieser Fehlerart kann jedoch auch grundsätzlich schlechtes Dialog-Design gezählt werden. Dazu gehören missverständliche oder unklare Systemansagen, unlogische Systemreaktionen oder auch Systemansagen, die nicht zum jeweiligen Systemkontext passen. Ein Beispiel für die letzte Fehlerart zeigt die folgende Transkription. Die Testperson tat das, was die Systemansage verlangte – sie antwortete unmittelbar und benutzte dabei ein korrektes Steuerungswort. Trotzdem führte die Eingabe der Testperson zu einem Missverständnis und das System reagierte nicht, wie von der Testperson intendiert, indem es die zur Verfügung stehenden Konten vorlas. Die Schwierigkeiten ergaben sich dadurch, dass die Kommandos der Systemansage nicht für den unmittelbaren Gebrauch gedacht waren, sondern dazu, in der folgenden Kontoliste zu navigieren und damit das gewünschte Konto auszuwählen, wenn es vorgelesen wird. Dieser Zusatz fehlte in der Systemansage und führte erst zu einem Missverständnis, welches das System als Falscheingabe klassifizierte, und in einem zweiten Schritt zur Auswahl des falschen Kontos, indem vom System noch einmal das bereits ausgewählte Konto vorgelesen wurde.

Telefonbanking inklusive Kartensperrungen: Aufnahme 1.18.3 (10:00–11:51)
S = System (weibliche Stimme)
E = Earcon
A = Anrufer

```
01   S:  wir sind zurück im menü kontodienstleistungen.
02       wählen sie aus den folgenden möglichkeiten:
         letzte buchungen, kontowechsel…
03   A:  =kontowechsel.
04   S:  kontowechsel.
05       sie hören nun die auswahlliste.
06       sagen sie weiter, zurück ODer auswählen.
07   A:  =auswählen.
08   S:  ich habe sie nicht verstanden.
09       [ich…]
10   A:  [AUSwählen.]
11   S:  Gut, ab jetzt ist folgendes konto ausgewählt
         das konto in euro fünfundzwanzig strich zwei
         zwei neun strich eins.
```

12 wir sind zurück im menü kontodienstleistungen.
13 wählen sie aus den folgenden möglichkeiten:
14 letzte buchungen, kontowechsel,
konto[übertrag]
15 A: [kontowechsel] auf zweiundneunzig strich
16 (-)
17 S: ich habe sie nicht verstanden.
18 wir sind zurück im menü kontodienstleistungen.
19 wählen sie aus den folgenden möglichkeiten:
letzte buchungen, kontowechsel…
20 A: =kontowechsel.
21 S: kontowechsel.
22 sie hören nun die auswahlliste.
23 sagen sie weiter, zurück ODer auswählen.
24 A: weiter.
25 E: kurze Tonabfolge
26 S: das konto IN euro fünfundzwanzig strich zwei
zwei neun strich eins
27 (--)
28 E: kurze Tonabfolge
29 S: das konto fünfundzwanzig strich neun sieben
sieben neun strich acht
30 (--)
31 E: kurze Tonabfolge
32 S: das depositokonto zweiundneunzig strich vier
neun acht null vier sieben strich vier.
33 A: =ja.
34 S: gut, ab jetzt ist folgendes konto ausgewählt:
35 das depositokonto zweiundneunzig strich vier
neun acht null vier sieben strich vier.

7.2.2 Moduswechsel

In den Gesprächsaufnahmen fällt auf, dass einige Testpersonen Schwierigkeiten hatten, von der tastaturgesteuerten zur sprachgesteuerten Eingabe zu wechseln. Bei beiden Telefonbanking-Systemen mussten die Anrufer zu Beginn des Gesprächs per DTMF[75]-Eingaben die richtige Sprache und den

75 Dual Tone Multiple Frequency, deutsch „Doppeltonmehrfrequenz": die Eingabe über die Telefontastatur.

sprachgesteuerten Dienst auswählen. Dabei kam es oft vor, dass die Testpersonen entweder die falsche Ziffer[76] oder zu früh die auf dem Aufgabenblatt vermerkte Ziffer für den sprachgesteuerten Dienst drückten, womit sie beim zweiten Telefonbanking-System die französische Sprache auswählten.

Die nächste Schwierigkeit zeigte sich, als das Telefonbanking-System die verschiedenen Möglichkeiten aufzählte und nicht explizit das Verb „*sagen*", sondern „*wählen*" benutzt wurde: „*Wählen Sie aus folgenden Möglichkeiten: ‚Kontodienstleistungen', ‚Demo-Version verlassen'* …" Einige der Testpersonen waren überfordert; ihnen war nicht klar, wie sie die Auswahl treffen sollten, obwohl sie davor die Demoversion schon sprachgesteuert ausgewählt hatten. Das Vermischen der beiden Steuerungsmöglichkeiten führte dazu, dass einige der Testpersonen mit der Antwort zögerten und andere gar nichts sagten (Aufnahme 1.06.2 und 1.17.2).

Dies zeigt, wie wichtig es ist, dass vom System klare Bedienungsanleitungen vorgegeben werden und dass in diesen explizit „*nennen*" oder „*sagen*" verwendet wird.[77]

7.3 Gesprächsorganisation

7.3.1 Sprecherwechsel

Bei allen untersuchten Dialogsystemen kamen voraufgenommene Ansagen mit menschlichen Stimmen zum Einsatz und die Ansagen waren allgemein verständlich und intuitiv formuliert. Die menschlichen Gesprächsteilnehmer sollen dadurch die Regeln des Sprecherwechsels, die sie implizit beherrschen, aber nicht explizit kennen (vgl. Rath 2002)[78], auch beim Gespräch mit dem Dialogsystem anwenden. Zusätzlich trägt der durch die Abfolge von Frage

76 Über den Grund für dieses Verhalten kann nur spekuliert werden, eventuell konnten sich die Testpersonen die angesagte Ziffernverteilung nicht merken.

77 Siehe auch *Guidelines for co-operative system interaction*, Aspect 1 und 4, Seite 120.

78 Das Erkennen des möglichen und adäquaten Zeitpunktes, sich als Sprecher zu etablieren, soll in dieser Arbeit nicht ausführlich diskutiert werden, zu diesem Thema sei auf die Diskussion in der gesprächsanalytischen Forschungsliteratur zu *transition relevance place, turns* und *turn constructual units* verwiesen in Sacks et al. 1974, Ford et al. 1996, Schegloff 1996, Selting 1996, Selting, M. 2000 und Mondada 2007.

und Antwort stark strukturierte Gesprächsablauf dazu bei, dass der Übergang von der Hörer- zur Sprecherrolle intuitiv erkannt werden sollte.

In den untersuchten Gesprächsaufnahmen hat sich jedoch gezeigt, dass das Erkennen von übergangsrelevanten Stellen zu Schwierigkeiten führen konnte, wenn die Systemansagen nicht eindeutig formuliert waren oder gleich nach einer Frage eine weitere Systemansage folgte. Testperson und System fielen sich bei dieser Konstellation ins Wort und die Testperson war verunsichert, wann sie sprechen sollte, da die intuitive Regel zum Sprecherwechsel durch das Weitersprechen des Systems nach der Fragestellung verletzt wurde.

Eine weitere Schwierigkeit stellte die *Barge-In*-Möglichkeit dar. Dass bereits ein Räuspern reichte, um die Systemansage zu unterbrechen (Aufnahme 2.13.1), wurde den Testpersonen erst bewusst, als die Systemansage stoppte. Einige Testpersonen erkannten den Zusammenhang und achteten darauf, sich ausserhalb der Systemeingaben ruhig zu verhalten. Im umgekehrten Falle führte die *Barge-In*-Möglichkeit zu Irritationen, als in der Kinoprogrammauskunft am Anfang zwar darauf hingewiesen wurde, dass die Systemansagen jederzeit unterbrochen werden können, dies aber auf das Intro nicht zutraf.

In den Gesprächsaufnahmen hat sich gezeigt, dass die Testpersonen anfangs bezüglich des Funktionierens des Systems verunsichert waren. Gerade bei den ersten Anrufen war nicht klar, ob Systemäusserungen unterbrochen werden durften oder nicht. Einige Testpersonen trauten sich zu Beginn nicht, dem System ins Wort zu fallen (Aufnahme 1.05.2), andere unterbrachen die Systemäusserungen gezielt und navigierten zielstrebig zum gewünschten Menüpunkt (Aufnahme 1.03.2). Bei einigen Testpersonen fiel auf, dass sie sich zunächst daran gewöhnen mussten, erst und nur in den dafür vorgesehenen Intervallen zu antworten, um einen reibungslosen Dialogverlauf zu ermöglichen (Aufnahme 1.18.4).

Obwohl das Dating-Portal in dieser Hinsicht eine zusätzliche Hilfestellung bot, indem die Antwortintervalle durch Musik gekennzeichnet waren, kam es auch bei diesem System zu Problemen. Manche Testpersonen waren unsicher, ob die Musik unterbrochen werden konnte. In einem Fall wurde die Testperson zusätzlich verwirrt, da die Melodie nach ihrer Eingabe nicht abbrach, was wohl durch Schwierigkeiten bei der Spracherkennung zu erklären ist (Aufnahme 1.01.5). In einem anderen Fall hielt sich die Testperson nicht an die vorgesehenen Eingabefelder und unterbrach die Systemansagen oder antwortete sehr schnell im Anschluss an diese (Aufnahme 1.07.5). Dieses Verhalten führte schliesslich dazu, dass das System nach mehreren gescheiterten Antwortversuchen Tastatureingaben verlangte, um eine Verständigung zu ermöglichen.

In den untersuchten Gesprächsaufzeichnungen konnte zudem festgestellt werden, dass auch bei der Interaktion mit dem automatischen Dialogsystem eine typische Eigenschaft der telefonischen Kommunikation eingehalten wurde, indem Schweigephasen entweder vermieden oder so kurz wie möglich gehalten wurden. So antworteten die Testpersonen meist sehr schnell im Anschluss an die Systemansagen. Es zeigte sich, dass sich die Testpersonen genötigt fühlten, bei Gesprächspausen schnell zu antworten, und sich nicht die Zeit liessen, zu überlegen, welches die am besten passende Menüoption ist (1.06.4). Aus diesem Grund wurde im Hauptmenü des Telefonbanking-Systems der zweite, nachgelagerte Teil der Systemansage nur selten abgewartet. Die sehr lange Pause von 2,5 Sekunden warteten die meisten Testpersonen nicht ab, was dazu führte, dass viele Testpersonen die Menüoptionen im zweiten Teil nie hörten.

Auch beim Dating-Portal führte diese Eigenschaft zu Schwierigkeiten. Da die Pausen zwischen den einzelnen Ziffern in den konkatenierten Nummerwiederholungen nach Eingabe von Postleitzahl oder Telefonnummer sehr lange ausfielen, begannen die Testpersonen oft zu früh zu sprechen. Durch diese Stille fühlten sie sich genötigt – trotz besseren Wissens, da sie die Länge der Nummern kannten – zu antworten und unterbrachen damit die Systemansage.

7.3.2 Gesprächsphasen

In den Gesprächsaufnahmen des Korpus zeigt sich die Telefonsozialisation der Testpersonen gerade in dem für die verschiedenen Gesprächsphasen typischen Verhalten. Die erlernte Gesprächskompetenz für die telefonische Kommunikation wurde trotz des maschinellen Gesprächspartners auf die Interaktion mit dem automatischen Dialogsystem übertragen. Dies wird sehr deutlich beim beobachteten Gesprächsverhalten während der Gesprächseröffnung und -beendigung.

Das folgende Beispiel zeigt den Gesprächsbeginn mit dem Dialogsystem für den Strassenzustandsbericht.[79]

79 Es muss dazu gesagt werden, dass es für diese Testperson die ersten Anrufe der Untersuchung waren und das Dialogsystem zum Strassenzustandsbericht das erste System war, das es zu testen galt.

Verkehrsinformation: Aufnahme 1.05.1
S = System (weibliche Stimme)
Sf = System (weibliche Stimme, französisch)
Si = System (weibliche Stimme, italienisch)
Sm = System (männliche Stimme)
A = Anrufer

1. Anruf

01 S: <<mit Jingle unterlegt> x: verkehrsinfo>
02 Sf: <<mit Jingle unterlegt> infotraffic>
03 Si: <<mit Jingle unterlegt> infotraffico>
04 S: (-) sagen sie deutsch.
05 Sf: dites français.
06 Si: [dica italiano.]
07 A: [Hä?]
08 (1.5) okay, ((lacht)) ähm, do isch äh x am apparat °h
09 S: wie bitte?
10 Sf: pardon?
11 A: °h ah, da ist äh x am apparat.
12 (-) ähm, ich möchte gern wissen, ob der furkapass heute befahrbar ist, aso, ob er offen hat. h°
13 S: nennen Sie einen kanton oder sagen Sie überblick.
14 A: was überblick?
15 kanto:n, ä:hm, wallis?
16 S: [de...]
17 A: [°h furkapass.]
18 S: wie bitte?
19 A: hä, wie bitte?
20 °h aso, ich wollte wissen, ob <<lachend> der furkapass befahrbar ist>, ähm, (-)
21 S: ich habe sie leider nicht verstanden.
22 wir sind zurück im Hauptmenü.
23 welche information wünschen Sie?
24 sagen Sie glion-tunnel, autobahnen, kantone, pässe,autoverlad oder schienenverkehr.
(1.5)
25 S: [sie können jeder...]
26 A: [autoverlad furka.]

27 S: nennen sie eine verladestation oder sagen Sie
überblick.
(1.5)
28 S: sie können jederzeit auch hilfe sagen.
29 A: °h he, aso, mit däre person chani jetzt
irgendwiä nöd redä.
30 ähm...
((A legt auf))

2. Anruf

01 S: <<mit Jingle unterlegt> x: verkehrsinfo>
02 Sf: <<mit Jingle unterlegt> infotraffic>
03 Si: <<mit Jingle unterlegt> infotraffico>
04 S: (-) sagen sie deutsch.
05 Sf: dites français.
06 Si: dica italiano.
07 S: [sie können...]
08 A: [°h gut-en Tag], da ist x am apparat.
09 ich wollte wissen, ob die a zwei, aso, ob auf
der a zwei mit staus zu rechnen ist, wenn ich
richtung wallis fahren möchte.
10 Sf: pardon?
11 choississez parmi les possibilitées
suivantes: tunnel de glion, autoroutes,
cantons, cols,gare de charge...
((A legt auf))

3. Anruf

01 A: ich mein, ich bin ja mängisch scho
kompliziert
mit fröge, [aber...]
02 S: [<<mit Jingle unterlegt> x:
verkehrsinfo>]
03 Sf: <<mit Jingle unterlegt> infotraffic>
04 Si: [<<mit Jingle unterlegt> infotraffico>]
05 A: [ich tue mol nöd min name säge.]
06 S: (-) wie bitte?
07 Sf: pardon?
08 A: °h grüezi, ((A räuspert sich)) ich han welle
wüsse, öb, ä:h, de furkapass befahrbar isch.
09 S: (-) ich habe für sie deutsch ausgewählt.

10 herzlich [wi…
11 A: [°h <<f>ich wollte wissen, ob der Furkapass heute befahrbar ist, oder ob ich mit em [äh…]
12 S: [Wie bit…]
13 (--)ich habe sie leider nicht verstanden.
14 [i…]
15 A: [ich meine], das isch ä sone ban↑'ali Frog, chasch jo hh°
16 S: wie bitte?
17 [nennen sie…]
18 A: [ist der] <<deutlich und abgehackt> furkapass heute befahrbar>?
19 S: (-) autobahn a acht: zur zeit liegen keine meldungen vor.
20 wenn sie etwas nochmal hören möchten, sagen Sie wiederholen.
21 A: =gibt es auf der a zwei staus?
22 [muss man…]
23 S: [wie bit…]
24 A: muss man hh°
25 S: autobahn a neun…
26 A: =muss ich((A lacht))
27 S: zur zeit liegen keine meldungen vor.
28 S: wenn sie etwas nochmal hören möchten, sagen sie wiederholen.
29 A: °hh
30 S: sie können jederzeit auch [hilfe…]
31 A: [muss man] mit längern wartezeiten rechnen, äh, beim autoverlad FURKA?
32 verlad REalp?
33 S: (-) ich habe sie leider nicht verstanden.
34 A: =ich meine- (-)
35 S: wir sind zurück im hauptmenü.
((A legt auf))

Auf den ersten Blick scheint das Gesprächsverhalten der Testperson schwer nachvollziehbar, da sie offensichtlich die Anweisungen des Systems ignorierte. Bei genauerem Hinsehen fällt jedoch auf, dass sich die Testperson an den typischen Gesprächsablauf für die Eröffnung von institutionellen Telefonaten hielt. Die Instantiierung von entweder Gegenidentifikation oder Gegengruss folgte exakt dem Muster der Eröffnungsphase, wie sie in Kapitel 5.4 für das Telefonieren mit einer Institution beschrieben wurde (S. 129). Somit verhielt sich die Testperson nicht unkooperativ, sondern verliess sich im Gegenteil auf ihre erlernte Gesprächskompetenz und übertrug diese auf die Interaktion mit dem Dialogsystem.

Von den zwanzig Testpersonen der ersten Untersuchungsreihe verhielten sich zwei nach diesem Muster in der Eröffnungsphase. Die beiden Testpersonen wandten die gleichen Reparaturstrategien an, indem sie von Schweizerdeutsch auf Hochdeutsch wechselten und bewusst laut und deutlich sprachen. Im dritten Anruf in der oben aufgeführten Transkription zeigte die Testperson in Zeile 5 noch eine weitere Reparatur an, indem sie explizit auf die Gegenidentifikation verwies und diese zum besseren Verständnis wegliess.

Dass dieses Gesprächsverhalten nur bei einem kleinen Teil der Testpersonen zu finden ist, soll nicht damit erklärt werden, dass diese Testpersonen ihre erlernte Gesprächskompetenz nicht auf die Interaktion mit dem Dialogsystem übertragen haben. Die Gesprächsaufnahmen lassen viel eher vermuten, dass der Grossteil der Testpersonen verunsichert darüber war, wie mit einem automatischen Dialogsystem zu interagieren ist. Aus diesem Grund verhielten sie sich zurückhaltend und warteten die Systemansagen ab.

Schliesslich gilt auch die Suspendierung des Gegengrusses und der Gegenidentifikation als zulässiges Vorgehen für das institutionelle Telefonat (Werlen 1984).

Alle untersuchten Dialogsysteme im Korpus sind so aufgebaut, dass die Systemansagen direkt von der Begrüssung in die Kernphase übergingen und die Themaeinführung anschlossen. Eine Möglichkeit für Gegengruss und -identifikation durch den Anrufer war bei keinem der Systeme vorgesehen.

Die Kernphase unterscheidet sich bei der Interaktion mit einer automatischen Dialogsituation dadurch vom institutionellen Telefonat mit einem menschlichen Gesprächspartner, dass die Themaeinführung nicht durch den Anrufer vorgenommen wird, sondern das Dialogsystem mögliche Themen vorgibt, aus denen der Anrufer auswählen kann. Dieses Vorgehen traf auf fünf der sechs untersuchten Dialogsysteme zu. Da bei der Kinoprogrammauskunft jedoch keine Menüauswahl angesagt wurde, sondern eine offene

Frage des Systems die Hauptphase einleitete, deckt sich dieser Ablauf mit demjenigen des institutionellen Telefonats.

Diese Phase des Gesprächs führte bei der Testuntersuchung zu keinen Schwierigkeiten. Die Gesprächsaufnahmen zeigen jedoch, dass neben der Eröffnungsphase auch die Beendigungsphase zu Schwierigkeiten führte.

Bei automatischen Dialogsystemen wird die Verabschiedung meist folgendermassen gelöst: Da die Verabschiedungssequenz in allen Telefongesprächen – auch im institutionellen Telefonat – realisiert werden muss,[80] erkennt das System die gebräuchlichen Verabschiedungsfloskeln wie *„Auf Wiederhören"* oder *„Tschüss"*. Nennt der Anrufer eine Verabschiedungsfloskel, dann fragt das System nach, ob der Anrufer das Gespräch tatsächlich beenden möchte. Wird dies vom Anrufer bestätigt, verabschiedet sich das System ebenfalls.[81] Dieses Verabschiedungskonzept konnte bei allen untersuchten Dialogsystemen beobachtet werden.

Die beobachteten Schwierigkeiten der Testpersonen mit der Beendigungsphase lassen sich in zwei Gruppen einteilen: Auf der einen Seite wussten die Testpersonen nicht, wie das Gespräch abgeschlossen werden konnte. Zwar beendeten einige der Testpersonen das Gespräch einfach durch Auflegen, ein anderer Teil von ihnen wollte das Gespräch jedoch explizit beenden und die Verabschiedungssequenz realisieren. Da nicht alle der untersuchten Dialogsysteme einen Hinweis bezüglich der Verabschiedungsmöglichkeiten gaben, waren verschiedene Verabschiedungsfloskeln zu hören. Neben den Verabschiedungen *„Tschüss"* und *„Auf Wiederhören"* benutzten die Testpersonen auch Kurzbefehle wie *„Ende"*, *„Abbrechen"* oder *„Fertig"*, vor allem bei den Systemen, die Ein-Wort-Eingaben verlangten. Interessant ist an dieser Stelle, dass diese Unsicherheit bezüglich der Verabschiedung bei einem Grossteil der Testpersonen festzustellen ist und sich lediglich die Umsetzung – entweder in zögerlichem Auflegen oder explizitem Verabschieden – unterschied.

Auf der anderen Seite gestaltete sich die Beendigungsphase problematisch, wenn das Gespräch durch das System beendet wurde. Es kam öfters vor, dass sich das Dialogsystem verabschiedete und das Gespräch beendete (Aufnahmen 1.03.3, 1.06.1, 1.11.3). Eine solche Systemverabschiedung zeigt auch die Beispieltranskription des Dating-Portals in Kapitel 2.4.

80 Siehe Kapitel 5.4.

81 Die explizite Bestätigung wird verlangt, um zu vermeiden, dass bei einem Missverständnis das Gespräch gegen den Willen des Anrufers abgebrochen wird.

In all diesen Fällen war die Verabschiedung des Systems aufgrund des Gesprächszeitpunktes korrekt. Dass das Dialogsystem die Initiative in der Verabschiedungssequenz übernahm, mutet trotzdem seltsam an und verblüffte die Testpersonen.

Neben diesen korrekten Verabschiedungen durch das System kam es aber auch vor, dass die Beendigung des Gesprächs durch das System nicht im Sinne der Testperson war. In der folgenden Transkription wurde die Anweisung „*Stop*" vom System als Gesprächsbeendigung verstanden und nicht als Befehl, das Untermenü zu beenden, wie von der Testperson intendiert. Die falsche Systemreaktion im darauffolgenden Bestätigungsschritt muss mit einem Fehler der Spracherkennung erklärt werden.

Da bereits die korrekte Systemverabschiedung die Testpersonen verblüffte, war das Erstaunen der Testperson in diesem Fall umso grösser.

Telefonbanking: Aufnahme 1.12.4 (04:26–05:00)
S = System (weibliche Stimme)
A = Anrufer

```
01   S: kurse.
02      hier kann ich ihnen folgende möglichkeiten
        anbieten: aktienkurse, notenkurse Oder
        devisen[kurs...]
03   A:        [stop.]
04   S: ich habe sie leider nicht ver[stan...]
05   A:                              [stop.]
06   S: möchten sie den sprachgesteuerten
        auskunftsdienst wirklich verlassen?
07   A: nei, wi:ter.
08   S: ich habe sie leider nicht verstanden.
09   A: =<<f>Weiter>.
10   S: okay, das nächste mal können sie auch einfach
        auflegen.
11      vielen dank für ihren anruf und auf
        wiederhören.
12   A: hallo:? (--)
((System reagiert nicht mehr, A legt auf))
```

7.4 Rezipientensignale

7.4.1 Verstehens- und Höflichkeitssignale

Schwitallas Definition der dialogaufrechterhaltenden Akte, die er von den dialogthematischen Akten abgrenzt, beschreiben den Inhalt von Hörersignalen, die in diesem Kapitel untersucht werden sollen.

> Die eine Klasse (die dialogaufrechterhaltende) fasst alle Akte zusammen, die den ungestörten Fortgang des Dialogprozesses gewährleisten. Dazu gehören drei Unterklassen von Handlungen: 1. solche, die den Sprecherwechsel regeln, 2. solche, mit denen ein aktueller Sprecher den Kanal zu seiner Zuhörerschaft prüft (Sprechersignale), oder um ein Signal des Verstehens, der Zustimmung oder der blossen Aufmerksamkeit bittet; und 3. solche, mit denen ein aktueller Zuhörer dem aktuellen Sprecher seine Aufmerksamkeit versichert und gegebenenfalls seine Meinung zum Gesagten kurz mitteilt, ohne darauf zu bestehen, die Sprecherrolle zu übernehmen (Hörersignale). (Schwitalla 1976: 80)

Hörersignale sind von grosser Wichtigkeit, da sie wie die Sprechersignale als Steuerungsmittel dienen, den Sprecherwechsel zu organisieren.

> Der Hörer seinerseits kann den Sprecherwechsel mit Mitteln steuern, mit denen er den aktuellen Sprecher in seiner Sprecherrolle bestätigt oder ihn zur Beendigung seines Beitrages bewegt. [...] Da der Wechsel und die Bestätigung von Sprecher- und Hörerrollen zu Grundvoraussetzungen des Gesprächs gehören, ist anderseits auch das Ausbleiben von Höreraktivitäten ein starkes Steuerungsmittel, falls es vom Sprecher als Zeichen für Desinteresse oder Aufmerksamkeitsentzug gewertet wird und so zum Abbruch der Interaktion führen kann. [...] Die Wichtigkeit der Hörersignale zeigt sich deutlich z. B. in Interviews, in denen der Interviewte das situativ bedingte Vorrecht zum Sprechen hat, der Interviewer sein Interesse und seine Zuhörerschaft trotzdem und häufig sogar in erhöhtem Ausmass signalisieren muss, um den Sprecher zum Fortfahren zu bewegen. (Tiittula 2001: 1365)

Da in der telefonischen Kommunikation Blickkontakt, Gestik und Mimik fehlen, sind verbale Hörersignale für die Bestätigung der Sprecherrolle umso wichtiger. Ein überdurchschnittliches Rückmeldeverhalten ist deswegen für Telefongespräche typisch.

Für die Interaktion mit einem telefonischen Dialogsystem bedeutet dies ebenfalls, dass Hörersignale für den menschlichen Gesprächspartner wichtig sind und überdurchschnittlich häufig benutzt werden.

In den Gesprächsaufnahmen hat sich gezeigt, dass die Hörersignale auf Systemseite vorhanden waren. Alle untersuchten Dialogsysteme gaben in der

Hörerrolle Rückmeldungen, um das Verstehen der Anrufer-Eingabe zu signalisieren. Diese systemseitigen Hörerrückmeldungen erfolgten in der Form von *„Gut.“*, *„Gerne.“* oder sie wiederholten die vom Anrufer ausgewählte Menüoption.

Befand sich jedoch der Anrufer in der Hörerrolle und verwendete entsprechende Hörerrückmeldungen, führte dies zu Problemen.[82] Die Dialogsysteme konnten mit diesen in der Mensch-Mensch-Kommunikation gewohnten Hörersignalen nicht umgehen. Entsprechend konnten in den Aufnahmen Gesprächsabbrüche in diesen Situationen festgestellt werden. In einem Fall führte dies sogar wiederholt zu Missverständnissen, wie in der folgenden Transkription zu sehen ist. Die Testperson quittierte die Systemaussagen mit *„Ja“* (Zeile 02 und Zeile 09) oder *„Dankeschön“* (Zeile 14), was das System nicht verstand und zu Dialogabbrüchen führte. Diese Gesprächssequenz folgte direkt auf die Auswahl des Kontos, bei der diese Testperson bereits Schwierigkeiten damit hatte, das Steuerungswort „Auswählen“ erst dann zu nennen, wenn das gewünschte Konto vorgelesen wurde. Bereits in diesem Dialogschritt hatte die Testperson nicht das Kommando „Auswählen“ benutzt, sondern das Konto mit einem intuitiveren „Ja“ ausgewählt. Da dies geklappt hatte, war es für diese Testperson umso schwieriger nachzuvollziehen, wieso ihre Eingabe in diesem Dialogschritt nicht funktioniert hatte. Ihr war nicht bewusst, dass sie im vorherigen Dialogschritt eine vom System eingeforderte Eingabe in der Sprecherrolle machte und in diesem Fall eine vom System nicht motivierte Hörerrückmeldung.

Telefonbanking inklusive Kartensperrungen: Aufnahme 1.18.3 (11:57–12:51)
S = System (weibliche Stimme)
A = Anrufer

```
01    S: gut, ab jetzt ist folgendes konto ausgewählt:
         das depositokonto zweiundneunzig strich vier
         neun acht null vier sieben strich vier-
02    A: =ja.
03    S: ich habe sie nicht verstanden.
04       wählen sie aus den folgenden möglichkeiten:
         letzte buchungen, kontowechsel,
```

82 Dass auch in der Mensch-Maschine-Interaktion mit solchen Verstehenssignalen zu rechnen ist, belegen ebenso Skantze et al. 2006.

```
         kontoübertrag, einstellungen oder
         saldoauskunft.
05       (-) sie können auch hauptmenü, hilfe o[der...]
06   A:                                       [<<f>Sa
         ldoauskunft>.]
07   S:  (--) saldoauskunft.
08       [das ver...]
09   A:  [ja.]
10   S:  ich habe sie nicht verstanden.
11   A:  =saldoauskunft
12   S:  (--) saldoauskunft.
13       das verfügbare guthaben für das depositokonto
         zweiundneunzig strich vier neun acht
         null vier sieben strich vier beträgt
         dreitausendsechshundertvierzig franken und
         achtzig rappen.
14   A:  dankeschön.
15   S:  ich habe [sie nicht verstanden.]
16   A:           [°h Oh Gott.]
17   S:  wählen Sie aus den folgenden...
((A legt auf))
```

Neben den Verstehenssignalen finden sich unter den Hörerrückmeldungen auch Höflichkeitsfloskeln wie „*Danke*" oder „*Bitte*". Auch diese Hörersignale führten zu einem Abbruch der Systemansagen. Die Intention des Anrufers, die Systemreaktion zu bestätigen, führte zum Gegenteil: Indem das System zwar darauf reagierte, aber abbrach und noch einmal nachfragte, interpretierte es die höfliche Anruferäusserung nicht als Bestätigung sondern als Korrektur. In der oben aufgeführten Transkription ist dies in Zeile 14 zu sehen, als sich die Testperson mit „*Dankeschön*" beim System bedankte. Auch die folgende Transkription illustriert ein Beispiel von höflichem Rückmeldeverhalten:

Verkehrsinformation: Aufnahme 1.09.4 (02:20–02:51)
S = System (weibliche Stimme)
A = Anrufer

```
01    S: wenn sie etwas nochmal hören wollen, sagen
         sie wiederholen.
02       (--)
03    S: sie können jederzeit auch HIlfe sagen.
04    A: =jo, denn tömmer HILfe.
05    S: Ich helfe ihnen gern.
06    A: =jo, da isch lieb.
07    S: =hier erhalten sie informationen zur
         aktuellen situation auf den schweizer
         autobahnen und hauptstrassen.
08       für verkehrsinformationen aus einem
         bestimmten kanton, nennen sie den NAMen
         dieses kantons.
```

Auch bei der Kinoprogrammauskunft mit ihrem natürlichsprachlichen Dialogaufbau hat sich in den Gesprächsaufnahmen gezeigt, dass diejenigen Testpersonen vom System schlechter verstanden wurden, die ihre Äusserungen mit Höflichkeitsbekundungen anreicherten (Aufnahme 1.04.1). Am besten verstanden wurden die Anrufer, die nicht einmal in ganzen Sätzen antworteten, sondern lediglich die Filmtitel nannten (Aufnahme 1.03.3).

Interessant ist an dieser Stelle, dass sich die Testpersonen höflich gegenüber einem automatischen System verhielten. Dies bestätigt die Aussage von Nass und Gong (2004), wonach sich Menschen gegenüber einem maschinellen Gesprächspartner in der gleichen Art und Weise sozial verhalten wie gegenüber einem menschlichen Gesprächspartner.[83]

7.4.2 Metakommunikative Benutzeräusserungen

In den untersuchten Gesprächsaufnahmen finden sich viele Benutzeräusserungen auf einer Meta-Ebene. Diese Äusserungen sind entweder kooperativer Natur und erklären das Sprachhandeln des Anrufers oder sie sind Ausdruck der zunehmenden Verärgerung des Anrufers.

83 Siehe Kapitel 4.3.

Die erste, kooperative Gruppe von metakommunikativen Äusserungen ist dadurch begründet, dass die Anrufer auf diese Art versuchen, dem System ihr Vorgehen zu erläutern und sich dem System erklären möchten, wie Fischer (2003) in ihrer Untersuchung festgestellt hat. Da die Anrufer das System als limitierten Gesprächspartner und in seinem Vokabular und Verständnis begrenzt wahrnehmen, versuchen sie, ihr Verhalten so transparent wie möglich zu gestalten.

> Both human-computer and human-robot interaction furthermore provide us with additional data not usually available in human-to-human communication. Thus, users often produce self-talk in which they give accounts of their doings and in which they reveal their interpretations and explanations about what is going on. This behaviour can be explained on the basis of Goffman's analysis (Goffman 1978) of response cries in that speakers give accounts to overhearers, such as the person running the experiments, of their partly strange linguistic behaviour triggered by the system's malfunctions. (Fischer 2003: 44)

Erwähnenswert ist an dieser Stelle das in Kapitel 2.2 beschriebene *recipient design*: Das interaktive Handeln der menschlichen Gesprächspartner ist abhängig von Annahmen zum maschinellen Gesprächspartner und die Gestaltung der Gesprächsbeiträge wird an das Gegenüber angepasst.

Das Antwortverhalten der Testperson in den folgenden Transkriptionen illustriert diesen Umstand:

Telefonbanking inklusive Kartensperrungen: Aufnahme 1.05.4 (01:30–01:48)
S = System (weibliche Stimme)
A = Anrufer

```
01   S: Cette entrée n'est malheureusement pas
        valable.
02      Veuillez maintenant taper votre numéro
        d'adhérent sur le clavier du téléphone et
        terminer avec la touche dièse.
03   A: Was touche dièse?
04      Ich verschtoh sie nöd.
05      Ich lüt jetzt nomol a.
        (A legt auf.)
```

In diesem Beispiel sollte der Anrufer eigentlich die Taste Zwei auf der Telefontastatur drücken, um in die Sprachsteuerung zu gelangen, was auf dem Aufgabenblatt beschrieben war. Leider drückte der Anrufer aber bereits bei der Sprachauswahl die Taste Zwei und wählte damit Französisch aus.

Im folgenden Beispiel machte die Testperson während der Aufzählung der Konten eine metakommunikative Äusserung. Offensichtlich wollte sie die Kontostände mitschreiben, die Liste wurde vom System jedoch zu schnell vorgelesen.

Telefonbanking: Aufnahme 1.05.4 (01:18–02:10)
S = System (weibliche Stimme)
A = Anrufer

```
01   S: hier ist ihre saldoübersicht.
02      um diese zu verlassen, sagen sie einfach
        hauptmenü.
03      kontokorrent private zweihundertdreissig
        zwei eins eins drei drei sieben null eins
        j: null franken, privatkonto sechzig
        plus vierzig t: null franken, fondskonto
        f k l: null franken, kontokorrent
        zweihundertdreissig sechs drei acht neun eins
        sieben null eins n: eintausend[achth...]
04   A:                              [he, das
        goht mir zschnell.]
05   S: =kontokorrent null zwei x:
        viertausendundsiebzehn franken
        vierundsiebzig.
```

Die zweite Gruppe von metakommunikativen Äusserungen trat auf, wenn es zu Verständigungsproblemen kam und der Dialogfluss gestört war. Das System wurde dann direkt angesprochen, vornehmlich mit sarkastischen Bemerkungen und einer abwertenden Haltung gegenüber den Fähigkeiten des Dialogsystems.

Diese Äusserungen sind einerseits bemerkenswert, da es im Gespräch zwischen menschlichen Gesprächspartnern nichts Vergleichbares gibt. Eine vergleichbare zynische Bemerkung auf der Meta-Ebene in einer Unterhaltung mit einem menschlichen Gegenüber wäre sehr unhöflich und respektlos. Andererseits erstaunt das direkte Ansprechen des Systems, offensichtlich wird ihm, wie bereits erwähnt, eine „Persönlichkeit" attestiert, sie ist jedoch nicht von gleicher Qualität wie die eines menschlichen Gesprächspartners. Die Anrufer schreiben dem System zwar Fähigkeiten zu, aber nur beschränkt. Vor allem kognitive Aspekte, Denken und Reflexion, werden dem Dialogsystem abgesprochen. Pirker beschreibt den Unterschied von *on and off records' speech* zwischen menschlicher und maschineller Interaktion folgendermassen:

> Some subjects also clearly displayed a switching between "on and off records" speech mode. While the system was answering they frequently commented on erroneous performance, using a casual speech style and directly addressed the system in a "personalized" manner. Thus side remarks like "Oh. Now you got a problem" certainly would be rather strange in a natural reservation task. On the other hand in natural conversations subjects are usually not forced to stubbornly repeat the same words and phrases over and over again and have to wait for a response in the meantime. (Pirker 1999: 4)

Fischer (2000) betrachtet *off records' speech* unter dem Gesichtspunkt von inter- und intrapersonalem Verhalten. Beim intrapersonalen Verhalten stellt sie fest, dass sich das Benutzerverhalten im Laufe der Interaktion verändert. Der Benutzer passt seine Konversationsstrategien nicht nur dem Dialogsystem an, sein Verhalten verändert sich auch, da die Kooperationsbereitschaft zusammen mit der Geduld abnimmt. Je mehr Schwierigkeiten auftreten, desto ungeduldiger und unkooperativer verhalten sich die Benutzer.

> While in early phases of the dialogues speakers react directly to the system's output, that is, acknowledging what has been said and reacting relevantly, for instance, by means of reformulations and metacommunicational statements, they cease to try out different conversational strategies when they are more frustrated. [...] Similarly, besides strictly repeating their utterances after having given up on more cooperative strategies, speakers often do not react to the system's output any more at all, producing conditionally irrelevant utterances themselves which do not relate to their partner's contributions. (Fischer 2000: 88)

Bei der Betrachtung des interpersonalen Benutzerverhaltens in Bezug auf metakommunikative Äusserungen beschreibt Fischer einen interessanten Unterschied zwischen den Geschlechtern. Offensichtlich wird Fluchen und die Benutzung von Schimpfwörtern geschlechtsspezifisch unterschiedlich eingesetzt.

> Regarding lexical material, only 36 % of the speakers have been found to use swear words for the system, some of them however produced as many as 14 instances of such words. [...] With respect to the variable speakers' gender, there are indeed systematic differences in their linguistic behaviour. The swear words discussed above, for instance, were produced by only three women but by ten men. Correspondingly, women use much fewer communicative acts in which they directly or indirectly evaluate the system's communicative behaviour. (ebd.)

In den untersuchten Gesprächsaufnahmen finden sich Beispiele sowohl für eine Veränderung im intrapersonalen Verhalten als auch die beschriebenen Unterschiede im interpersonalen Benutzerverhalten.

Die folgenden Transkriptionen zeigen, wie die Kooperationsbereitschaft der Testpersonen bei zunehmenden Verständigungsschwierigkeiten schwand. Dies führte zu vermehrtem Auftreten von metakommunikativen Äusserungen, die den Unmut über das „dumme" System zum Ausdruck brachten.

Verkehrsinformation: Aufnahme 1.12.1 (05:30–05:58)
Sw = System (weibliche Stimme)
Sm = System (männliche Stimme)
A = Anrufer

```
01   Sw: nennen sie eine autobahn oder sagen sie
         überblick.
02   A:  überblick.
03   Sw: hier ein allgemeiner überblick.
04   Sm: autobahn a zwei: von gotthard richtung
         luzern zwischen amsteg[und...]
05   A:                        [weiter.]
06   Sw: wie bitte?
07   A:  =nächste.
08   Sw: ich habe sie leider nicht ver[stand...]
09   A:                               [jo, ich dich au
         nöd.]
10       =nächste.
11   Sw: wie bitte?
12       wählen sie aus folgenden möglichkeiten.
13   A:  =autobahnen.
```

Kundenservice-Portal: Aufnahme 2.06.1 (03:20–03:40)
S = System (weibliche Stimme)
A = Anrufer

```
01   S: wollen sie diese informationen auch per sms
        erhalten?
02   A: nein.
03      (--)
04   S: ja oder nein?
05   A: <<lachend> das war deutlich NEIN.>
```

```
06   S: entschuldigung, WAS sagten sie?
07   A: ne:in.
08   S: alles klar.
09      wir sind zurück im hauptmenü.
```

Telefonisches Dating-Portal: Aufnahme 1.08.5 (08:00–08:45)
S = System (weibliche Stimme)
E = Earcon
A = Anrufer

```
01   S: okay.
02      zur sicherheit wiederhole bitte noch einmal
        deinen eben genannten lucy-namen.
03   A: ((Musik erklingt und bricht wieder ab)) °h
        adolfo eins sieben sieben [acht]
04   E:                           [(bestätigendes
        Klangzeichen)]
05   S: das war leider nicht richtig.
06   A: ((genervtes Aufstöhnen))
07   S: bitte geben sie nochmal ihren lucy-namen
        gefolgt von den vier ziffern ein.
08      ihr lucy-name lautet: adolfo eins sieben
        sieben [acht.]
09   A:        [hani jo] gseit mann!
10   S: okay.
12      zur sicherheit wiederhole bitte noch einmal
        deinen eben genannten lucy-namen.
13   A: adolfo eins sieben sieben acht.
14   E: (bestätigendes Klangzeichen)
15   S: sehr gut!
```

Kinoprogrammauskunft: Aufnahme 2.06.2 (02:20–02:40)
S = System (männliche Stimme)
A = Anrufer

```
01   S: möchten sie noch eine information?
02      (--)
03   S: WAS möchten sie wissen?
04   A: ich würde die spielzeiten für avatar gerne
        nochmal hören.
05      (3 Sek.)
06      jetzt fallt der nix mehr ein, göh.
```

Kinoprogrammauskunft: Aufnahme 2.13.1 (10:20–10:30)
S = System (männliche Stimme)
A = Anrufer

```
01   A: WAS läuft im metropolis heute abend?
02   S: hmhm.
03   A: hmhm.
04   S: =folgende filme kommen in frage a serious man,
        ein sommer in new york Oder soul kitchen.
05      welchen film möchten sie sehen?
```

Das letzte Beispiel unterscheidet sich von den anderen, da in diesem die Testperson das System nachahmte, um ihren Ärger kundzutun. Das System ist so konzipiert, dass es Rezeptionssignale wie „*Hm*" oder „*Mhm*" einstreut, um ein möglichst menschliches Konversationsverhalten zu simulieren. Da diesem Dialogabschnitt schon mehrere Verständigungsschwierigkeiten vorangegangen waren, wirkt der Einsatz dieses Rezeptionssignals jedoch deplatziert. Das Rezeptionssignal löste im Gegenteil die ironische Gesprächshandlung der Testperson aus, da das System die durch das Rezeptionssignal versprochene Konversationsfähigkeit nicht einlösen konnte.

Auch der von Fischer konstatierte interpersonale Unterschied im geschlechtsspezifischen Umgang mit Schimpfwörtern bestätigte sich in den Gesprächsaufnahmen des Korpus.

Die folgenden Beispiele stammen alle von männlichen Testpersonen:

- „*Du blödi Chueh!*" (Telefonisches Dating-Portal, Aufnahme 1.08.5)
- „*Mann, du!*" (Telefonisches Dating-Portal, Aufnahme 1.12.5)
- „*Nei, Mann he, figg die furt!*" (Telefonisches Dating-Portal, Aufnahme 1.12.5)
- „*Also, jetzt haltemal s' Maul!*" (Kinoprogrammauskunft, Aufnahme 2.06.2)
- „*Ach Gott, du bist echt armselig!*" (Kinoprogrammauskunft, Aufnahme 2.06.2)
- „*Bis mol stillä!*" (Kinoprogrammauskunft, Aufnahme 1.08.1)
- „*Jo, du mich au!*" (Kinoprogrammauskunft, Aufnahme 1.12.3)

Bei diesen Beispielen sind zwei Dinge auffällig: Einerseits wechselten die Testpersonen in den metakommunikativen Äusserungen vom „Sie" zum „Du". Das System, das vor und nach der Metakommunikation gesiezt wurde, wurde in den metakommunikativen Äusserungen geduzt. Andererseits ist in diesen metakommunikativen Äusserungen auffällig, dass sie immer im Dialekt erfolgten. Dies kann als weiteres Indiz dafür gelesen werden, dass sie nicht als Teil der Interaktion mit dem System gedacht waren. Die Gesprächsbeiträge, die an das System gerichtet waren, erfolgten in Hochdeutsch. In den metakommunikativen Äusserungen waren die Testpersonen jedoch nicht bereit, sich an ihren Gesprächspartner anzupassen, und verwendeten die Dialektsprache, von der sie annehmen mussten, dass sie vom System nicht verstanden wurde.

7.5 Reparaturen

7.5.1 Benutzerseitige Reparaturen

Reparaturen können selbst- oder fremdinitiiert sein und selbst- oder fremddurchgeführt werden (Auer 1999: 143 f.). Werden die Reparaturen der Testpersonen in den Gesprächsaufnahmen betrachtet, so zeigt sich, dass bei den von den Testpersonen durchgeführten Reparaturen zwei verschiedene Kombinationen auftraten: die selbstinitiierte und selbstdurchgeführte Reparatur und die fremdinitiierte und selbstdurchgeführte Reparatur.

Bei der selbstinitiierten und selbstdurchgeführten Reparatur bemerkte der Anrufer seinen Fehler und wollte ihn korrigieren. Die Reparatur wurde jedoch nicht im selben *turn* durchgeführt, da erst die Antwort des Systems dem Anrufer klar machte, dass seine Eingabe falsch war und er sie korrigieren sollte. Seine beim vorhergehenden *turn* getroffene Annahme war falsch, was zur Auswahl der falschen Option führte. Trotzdem war die Reparatur selbstinitiiert, da der Anrufer und nicht sein Gegenüber die Reparatur initiierte. In den folgenden Beispielen wählten die Testpersonen die Option „*Allgemeine Informationen*" in der Annahme, dass sie unter diesem Menüpunkt die in der Aufgabe geforderten Informationen zu den Öffnungszeiten erfahren würden. Erst bei der Antwort des Dialogsystems merkten sie, dass sie eine falsche Auswahl getroffen hatten. Die Initiierung der Reparatur war gekennzeichnet durch Pausen und Verzögerungspartikeln wie „*äh*" und „*hm*" und die Testpersonen versuchten, das Reparandum zu korrigieren, indem sie ihre ursprüngliche Eingabe durch die gesuchten „*Öffnungszeiten*" ersetzten.

Zusätzlich interessant ist in den folgenden Transkriptionen, dass die Initiierung und die Reparatur im Gegensatz zum vorhergehenden *turn* in ganzen Sätzen erfolgten. Da es sich bei diesen Beispielen um ein Dialogsystem handelte, bei dem Ein-Wort-Antworten erwartet wurden, könnte dies damit erklärt werden, dass die Testpersonen durch dieses geänderte Antwortverhalten versuchten, ausserhalb der vorgegebenen Kommandoeingaben mit dem System zu kommunizieren.

Kundenservice-Portal: Aufnahme 2.09.2 (0:00–1:19)
S = System (weibliche Stimme)
A = Anrufer

```
01   S: hej und herzlich willkommen bei x.
02      bitte wählen Sie aus folgenden
        möglichkeiten.
03      sagen sie warenverfügbarkeit,
        einrichtungshaus, bestellung, allgemeine
        informationen ODer reklamation.
04   A: allgemeine INFOrmation.
05   S: alles klar.
06      informationen rund um x.
07      bitte wählen sie aus folgenden
        möglichkeiten.
08      sagen sie transport, montage,
        zahlungsmöglichkeiten, x business ODer x
        family.
09   A: hmmm, keins.
10   S: entschuldigung, WIE war das?
11   A: äh,ich möchte die öffnungszeiten.
```

Kundenservice-Portal: Aufnahme 2.17.2 (0:00–1:18)
S = System (weibliche Stimme)
A = Anrufer

```
01   S: hej und herzlich willkommen bei x.
02      bitte wählen Sie aus folgenden möglichkeiten.
03      sagen sie warenverfügbarkeit,
        einrichtungshaus, bestellung, allgemeine
        informationen ODer reklamation.
04   A: ALLgemeine informationen.
05   S: alles klar.
```

06 informationen rund um x.
07 bitte wählen sie aus folgenden möglichkeiten.
08 sagen sie transport, montage,
zahlungsmöglichkeiten, x business ODer x
family.
09 A: (--) °h
10 S: bitte sagen sie transport, montage,
zahlungsmöglichkeiten, x business ODer x
family.
11 A: (-) [äh, nichts von allem.]
12 S: [bitte wählen sie au]
entschuldigung, WAS sagten sie?
13 A: ich möchte zurück.

Kundenservice-Portal: Aufnahme 2.13.2 (0:00–1:28)
S = System (weibliche Stimme)
A = Anrufer
01 S: hej und herzlich willkommen bei x.
02 bitte wählen Sie aus folgenden möglichkeiten.
03 sagen sie warenverfügbarkeit,
einrichtungshaus, bestellung, allgemeine
informationen ODer reklamation.
04 A: allgemeine informationen.
05 S: alles klar.
06 informationen rund um x.
07 bitte wählen sie aus folgenden
möglichkeiten.
08 sagen sie transport, montage,
zahlungsmöglichkeiten, x business ODer x
family.
09 A: (--)
10 S: bitte sagen sie transport, montage,
zah[lungsmöglichkei...]
11 A: [stop.]
12 S: entschuldigung.
13 A: =bitte zurück!
14 S: DAS habe ich nicht richtig gehört.
15 bitte wählen sie aus: für informationen zum
[transport]
16 A: [öffnungszeiten.]

```
17    S: entschuldigung.
18       DAS habe ich noch nicht verstanden.
19       [bitte ent...]
20    A: [zurück zum anfang, bitte.]
```

Das folgende Beispiel zeigt eine fremdinitiierte und selbstdurchgeführte Reparatur. In einem ersten Schritt versuchte die Testperson, die in der Initiierung vom System vorgeschlagenen Steuerungsbefehle zu übernehmen, merkte dann jedoch, dass diese nicht zu den gewünschten Informationen führten (Zeile 13, 15 und 17). Danach wiederholte sie ihren ursprünglichen Gesprächsbeitrag und versuchte dabei eine Reparatur, indem sie diesmal sehr laut sprach (Zeile 19). In der dritten Reparaturstufe folgte schliesslich die Ersetzung des Reparandums, erst mittels einer thematischen Ersetzung, indem sie versuchte, das Menü zu wechseln (Zeile 22), und schliesslich durch die Einführung eines neuen Themas, motiviert durch die Aufgabenstellung (Zeile 25).

Telefonbanking: Aufnahme 1.13.2 (7:50–9:32)
S = System (weibliche Stimme)
A = Anrufer

```
01    S: guten tag.
02       willkommen beim sprachgesteuerten
         auskunftsdienst.
03       nennen sie mir bitte ihre x-e-banking
         vertragsnummer.
04    A: =demo.
05    S: DEmo.
06       okay.
07       ich bitte sie um einen moment geduld.
08       (--)
09       und hier noch ein kleiner tipp
10       sie können neu den kontosaldo, die letzten
         bewegeungen, die aktienkurse, die
         depotinformationen [und...]
11    A:                    [BeNUTZ]erfunktion.
12    S: ich habe sie leider nicht verstanden.
13       um die kontoauskunft zu steuern sagen sie
         einfach weiter, zurück, erstes oder letztes.
14       sie können aber auch jederzeit wiederholen,
         hilfe, [sms...]
```

15 A: [weiter.]
16 S: kontokorrent private zweihundertdreissig zwei
eins eins drei drei sieb[en...]
17 A: [weiter.]
18 S: privatkkonto sechzig plus vierzig t: null
fran[ken...]
19 A: [weiter.]
20 S: FONndskonto fkl: null franken.
21 A: <<len> benutzerfunktionen.>
22 S: ich habe sie leider nicht verstanden.
23 um die kontoauskunft zu steuern, [sagen sie
ei...]
24 A: [<<f> menü!>]
25 S: es tut mir leid, aber ich habe sie noch immer
nicht verstanden.
26 sie können sich zwischen ihren konten hin und
her bewegen.
27 A: =<<f> PASSwort.>
28 S: sorry!
29 ich habe noch immer probleme sie zu
verstehen.
30 einen moment bitte.
31 ich verbinde sie mit dem x e-customer
service center.
((A legt auf.))

Die Analyse der Gesprächsaufnahmen hat gezeigt, dass die Reparaturen der Testpersonen selbst- oder fremdinitiiert sein können. Aus der Perspektive des Anrufers muss die Reparatur jedoch immer selbstdurchgeführt umgesetzt werden. Die Beispiele aus dem Korpus zeigen, dass die Testpersonen bei der Umsetzung der selbstdurchgeführten Reparatur verschiedene Strategien einsetzten. Die folgende Liste enthält die in den Gesprächsaufnahmen verwendeten Reparaturstrategien:

- Variation in der Betonung
- Überbetonung
- Lautes oder lauteres Sprechen
- Überdeutliches Sprechen
- Staccato-Sprechen

- Wechsel zwischen ausformulierten Anfragen und Ein-Wort-Anfragen
- Partielle Umformulierung (auch nur in einem Wort)
- Neuformulierung (oft in Kombination mit einer Anpassung an die Systemaussage)
- Wechsel des Themas
- Unveränderte Wiederholung des Gesprächsbeitrages
- Wiederholung mit langen Pausen
- Unterbrechen der Systemansage wird vermieden
- Wiederholtes Auflegen und erneutes Anrufen

7.5.2 Systemseitige Reparaturen

Werden die Reparaturen auf Systemseite betrachtet, stellt es sich folgendermassen dar: Die Reparaturen sind fremdinitiiert oder selbstinitiiert, aber immer fremddurchgeführt in der Umsetzung. Lediglich die Initiierung wird vom Dialogsystem übernommen, nicht jedoch die Umsetzung. Im Korpus traten die folgenden Initiierungsstrategien auf Systemseite auf:

Bei partiellen Erkennungsproblemen fordert das System eine Bestätigung ein und bietet damit eine Korrekturmöglichkeit an. Als Beispiel aus dem Korpus dient folgende Transkription:

Kundenservice-Portal: Aufnahme 2.03.2 (4:40–4:55)
S = System (weibliche Stimme)
A = Anrufer

```
01    S: für welches x einrichtungshaus möchten
         sie die warenverfügbarkeit abrufen?
02    A: dortmund.
03       (--)
04    S: gu:t.
05       das x einrichtungshaus in↑ DORTmund-
06       stimmt das?
07    A: ja.
08    S: okay.
```

Offensichtlich wies die Spracherkennung für diese Eingabe keinen Wert aus dem als sicher markierten Bereich auf. Aus diesem Grund initiierte das System eine Reparatur und liess sie vom Anrufer durchführen.

Bei umfassenden Erkennungsproblemen, wenn das Dialogsystem keine verwertbare Eingabe erkennt, wurde die meist dreistufige Fehlerbehandlung initiiert. Sie besteht darin, dass das Dialogsystem auf das Nicht-Verstehen hinweist und direkt im ersten Schritt, spätestens jedoch in einem zweiten Schritt mögliche Ersetzungen für das Reparandum anbietet. Falls das Verständigungsproblem dadurch nicht gelöst wird, boten alle untersuchten Dialogsysteme aus dem Korpus eine Weiterleitung an das Call-Center an.[84]

Die folgende Transkription zeigt den Ablauf der systemseitigen Fehlerbehandlung bis zur Weiterleitung in das Call-Center.

Telefonbanking: Aufnahme 1.18.2 (7:00–7:45)
S = System (weibliche Stimme)
C = Call-Center Agent
A = Anrufer

```
01   S: okay.
02      wir sind nun im hauptmenü.
03      sie haben jetzt folgende auswahl: letzte
        bewegungen, kontoübertrag, börsenaufträge
        ODer börsenkurse.
04      (-)
05      sie können aber auch kontosaldo,
        depotauskunft oder benutzerfunktionen sagen.
06      und wann IMMER sie wollen, steht ihnen hilfe
        oder wiederholen zur verfügung.
07      WAS wünschen sie jetzt?
08   A: ich möchte von meinem privatkonto mit der
        endung vierzig ttausend franken überweisen
        auf das kontokorrentkonto.
09   S: ich habe sie leider nicht ver[stand]en.
10   A:                               [jo
        ((unverständlich))]
11   S: wählen sie aus den folgenden möglichkeiten:
        letzte bewegungen, kontoübertrag,
        börsenaufträge ODer börsenkurse.
12      sie können aber auch kontosaldo,
```

84 Litman et al. (2006) stellen dazu ein Verfahren vor, das die Erkennung auf Systemseite bei Korrekturen durch den Benutzer erhöht, wodurch eine Weiterleitung des Anrufs vermieden werden könnte.

depotauskunft ODer benutzerfunktionen sagen.
13 und wie immer steht ihnen hilfe oder
wiederholen zur verfügung.
14 WAS wünschen sie nun?
15 A: wiederholung.
16 S: wählen sie aus den folgenden möglichkeiten:
letzte bewegungen, kontoübertrag,…
17 A: =kontoübertrag.
18 S: kontoübertrag.
19 von welchem belastungskonto?
20 A: von mein privatkonto auf den
kontokorrentkonto.
21 S: ich habe sie leider nicht verstanden.
22 nennen sie mir bitte das gewünschte
belastungskonto.
23 wählen sie kontokorrent…
24 A: =kontokorrent!
25 S: ich sehe, sie haben <<abgehackt>
kontokorrentkonten>↑ in
verschiedenen währungen.
26 wünschen sie das belastungskonto in schweizer
franken, us dollar oder euro?
27 A: =schweizer franken.
28 S: ich sehe, sie haben MEHR als ein
<<kontokorrent>↑.
29 jetzt brauche ich noch die endung des
gewünschten belastungskontos.
30 sagen sie mir bitte, welches sie möchten:
null eins j, null eins n oder null zwei x?
31 A: °h
32 (--)
33 S: sagen sie mir bitte die endung des
belastungskontos.
34 A: vierzig t.
35 S: ich habe sie leider nicht verstanden.
36 nennen sie mir die endung des gewünschten
belastungskontos noch einmal.
37 sie können aber [au…]
38 A: [vierzig t]
39 S: sorry, ich habe noch immer probleme, sie zu
verstehen.

40 einen moment bitte, ich verbinde sie mit
dem x e banking service center.
41 (6 Sek.)
42 wir weisen sie darauf hin, dass sämtliche
gespräche aus sicherheitsgründen
aufgezeichnet werden.
43 ((Rufton))
44 C: x min name isch melanie x, grüezi.
45 A: °h jo grüezi, do isch x, ich ha do[en äh...]
46 C: [grüezi]
47 A: ähm (--), oh gott, äh, ich m... (-) äh, nei,
tschuldigung, muess das glaub wieder afange,
ha do sones (-) dings mit.
48 C: jo?
49 A: jo <<lachend>tschuldigung.>
50 C: kei problem.
51 A: wiederhöre.
52 C: ade.
((A legt auf))

In den Anrufen der Testreihe kam es oft dazu, dass vom System die Verbindung zum Call-Center vorgeschlagen wurde. Die Weiterleitung zum Call-Center erfolgte verhältnismässig schnell und trat somit bei vielen der Testpersonen auf. Oft legten die Testpersonen in diesem Moment jedoch auf, sei es, weil sie nicht mit einer „richtigen" Person reden wollten oder weil sie nicht sicher waren, ob dies im Rahmen dieser Untersuchung zulässig war. Einige der Testpersonen scheuten die Weiterleitung zum Call-Center nicht, wie im aufgeführten Beispiel. Interessant ist jedoch, dass die Call-Center-Mitarbeiterin nicht um Hilfe gebeten wurde. Die Testperson schien von der plötzlich neuen Gesprächssituation überfordert.

Eine weitere Möglichkeit zur Initiierung einer Reparatur besteht darin, von einer offenen Frage auf einen geführten Dialog zu wechseln. Bei der Kinoprogrammauskunft wurde diese Initiierungsstrategie gleich zu Beginn nach der ersten offenen Frage eingesetzt. Verstand das System die erste Eingabe des Anrufers nicht, reagierte es damit, dass es nach der gewünschten Uhrzeit fragte, wie die folgende Transkription zeigt.

Kinoprogrammauskunft: Aufnahme 1.02.1 (4:02–4:50)
S = System (männliche Stimme)
A = Anrufer
01 S: WAS möchten sie wissen?

02 A: °h in welchem kino läuft flightplan?
03 S: um wie viel uhr etwa möchten sie ins kino?
04 A: zwanzig uhr?
05 S: gut, folgende filme kommen in frage: die
weisse massai, stolz und vorurteil, wallace
und gromit, auf der jagd nach dem
riesenkaninchen, brothers grimm, flightplan
ohne jede spur, nva ein duke kommt selten
allein, jungfrau vierzig männlich sucht
ODer wächter der nacht-
06 welchen FILM möchten sie sehen?
07 A: flightplan.
08 S: gegen zwanzig uhr den film flightplan ohne
jede spur.
09 ist das korrekt?
10 A: ja.

Das System hatte offensichtlich die Frage des Anrufers in Zeile zwei nicht verstanden. Es fragte jedoch nicht noch einmal nach, sondern reagierte mit der Frage nach der Uhrzeit. Aufgrund der Antwort des Anrufers zählte das System alle in Frage kommenden Filme auf und fragte daraufhin erst in einem zweiten Schritt nach dem gewünschten Film. Die offene Frage nach Filmtitel und Uhrzeit wurde somit vom System in zwei Schritte unterteilt, die es dem System ermöglichten, die Erkennung im jeweiligen Dialogschritt zu verbessern. In diesem Beispiel war die Reparaturstrategie des Dialogsystems erfolgreich, was bei den meisten Testpersonen der Fall war. Es gab jedoch Ausnahmen, bei denen sich die Testperson weigerte, auf die Frage nach der Uhrzeit kooperativ zu reagieren. Die Testperson in folgender Transkription wollte alle Spielzeiten hören und sich auf keine Zeit festlegen.

In Segment 12 ist zudem sehr gut zu sehen, dass das Dialogsystem auch bei fehlender Eingabe des Anrufers mit der Anschlussfrage nach der gewünschten Uhrzeit reagierte.

Kinoprogrammauskunft: Aufnahme 2.16.2
S = System (männliche Stimme)
A = Anrufer
Jingle: Musik (Fanfare), Blasinstrumente (ca. 5 Sek)
01 S: HALLo und herzlich willkommen bei der
kinoauskunft für die kinos cinecitta, imax,
mad, meisengeige und metropolis in x.=
02 =ich KENne das programm für die woche vom

```
             <<abgehackt>einundzwanzigsten bis zum
             siebenundzwanzigsten januAR>.
03           sie dürfen mich JEDerzeit unterbrechen und
             FRAgen stellen.
04           zum beispiel WAS läuft heute um acht uhr im
             cinecitta?
05           oder auch WELche filme laufen im metropolis?
06           wenn ich sie mal FALsch verstehe, geben sie
             bitte nicht auf und wiederholen sie einfach
             ihren wunsch.
07           dieses gespräch wird zur qualitätssicherung
             aufgezeichnet.
08           ALso, WIE kann ich ihnen helfen?
09      A:   (1.5)
10      S:   [um wie viel]
11      A:   [in welchem] kino spielt avatar?
12      S:   um wie viel UHR etwa möchten sie ins kino?
13      A:   WAS sind die spielzeiten?
14      S:   ich habe sie leider NICHT verstanden.
```

7.6 Zusammenfassung

In diesem Kapitel wurden allgemeine Interaktionsschwierigkeiten aufgrund der maschinellen Interaktion klassifiziert und mit Beispielen aus dem Korpus angereichert. Zudem wurde der Wechsel zwischen Tastatur- und Sprachsteuerung diskutiert und die Schwierigkeiten der Testpersonen durch den Wechsel des Eingabemodus wurden beschrieben (Kapitel 7.2).

In Kapitel 7.3 wurde das Gesprächsverhalten der Testpersonen bezüglich Sprecherwechsel und Gesprächsphasen dargestellt. Beim Sprecherwechsel hat sich gezeigt, dass in den Systemansagen die übergangsrelevanten Stellen nicht immer klar erkennbar waren und die *Barge-In*-Möglichkeit an manchen Stellen zu Kommunikationsschwierigkeiten führte.

In den Gesprächsaufnahmen hat sich gezeigt, dass Rezipientensignale häufig vorkamen, sei es als Verstehens- oder Höflichkeitssignale, und dass sie durch den telefonischen Übertragungskanal begründet waren. Zudem wurden in Kapitel 7.4 die verschiedenen Arten von metakommunikativen

Benutzeräusserungen (Aufzeigen der Gesprächsstrategie und Verärgerung) beschrieben und durch Beispiele aus dem Korpus ergänzt.

Kapitel 7.5 beschäftigte sich mit den konversationellen Reparaturmechanismen. Dem Konzept folgend, dass Reparaturen fremd- oder selbstinitiiert sein und selbst- oder fremddurchgeführt umgesetzt werden können, wurde das Reparaturvorgehen in der Mensch-Maschine-Interaktion analysiert. Die Analyse der Gesprächsaufnahmen hat dabei gezeigt, dass die Reparaturen der Testpersonen selbst- oder fremdinitiiert sein können, aus der Perspektive des Anrufers die Reparatur jedoch immer selbstdurchgeführt umgesetzt werden muss. Die Reparaturstrategien für die selbstdurchgeführte Reparatur des Anrufers wurden aufgrund der Gesprächsaufnahmen gesammelt und zusammengefasst. Auf Systemseite wurden die Möglichkeiten für eine selbstinitiierte Reparatur und mögliche Vorgehensweisen für die Reaktion auf die fremdinitiierte Reparatur aufgezeigt.

8. Optimiertes Systemdesign

8.1 Überblick

Im folgenden Kapitel werden konkrete Handlungsanweisungen benannt: Vor dem Hintergrund der im ersten Teil dieser Arbeit vorgestellten technischen Restriktionen eines Dialogsystems werden auf Basis der theoretischen Grundlagen aus dem zweiten Teil und der in den unmittelbar vorhergehenden Kapiteln analysierten Gesprächsaufnahmen konkrete Empfehlungen für ein optimiertes Systemdesign formuliert. Diese Empfehlungen sollten bei der Konzeption und Entwicklung eines natürlichsprachlichen Dialogsystems berücksichtigt werden.

Um die Darstellung übersichtlicher zu gestalten, werden die Empfehlungen in die drei folgenden Bereiche gegliedert: Empfehlungen, die auf der Untersuchung der Nutzerperspektive gründen, Empfehlungen, die konkrete Systemanforderungen benennen und Empfehlungen, die sich aufgrund der Berücksichtigung der speziellen Dialogsituation der natürlichsprachlichen Dialogsysteme ergeben.

8.2 Nutzeradaption

8.2.1 Gesprächsstrategien erkennen und nutzen

Die Auswertung der Gesprächsaufnahmen aus dem Korpus hat gezeigt, dass von den Testpersonen die folgenden Gesprächsstrategien verwendet wurden: langsames und überartikuliertes Sprechen, Staccato-Stil, Auflegen und erneutes Anrufen sowie die Anpassung an die Systemausgaben auf allen Ebenen – von der Anpassung auf Wortebene bis zur Anpassung im Gesprächsverhalten. Bei der Konzeption des Systemdesigns sollten diese Verhaltensweisen als Strategie erkannt und entsprechend beachtet werden, sofern sie zu Interaktionsproblemen führen.

Für die erfolgreiche Mensch-Maschine-Interaktion ist der sogenannte Staccato-Stil – das Antworten in kurzen Eingaben, die aus Satzfragmenten bestehen – kein Problem. Die meist regelbasierten Grammatiken der Spracherkennung in den kommerziellen Dialogsystemen können diese Eingaben gut verarbeiten und die Verstehensgenauigkeit ist hoch.

Auch die Strategie, mehrmals anzurufen, bereitet dem automatischen Dialogsystem keine grundsätzlichen Probleme. Es gibt Anrufer, die für jede Informationsabfrage einzeln anrufen und dies nicht in einem Anruf erledigen möchten. Zudem gibt es Anrufer, die von der Menünavigation überfordert sind oder sich damit nicht auseinandersetzen möchten und es aus diesem Grund vorziehen, aufzulegen und noch einmal anzurufen. Auch die synchrone Kommunikationssituation des Telefongesprächs trägt dazu bei, dass Anrufer erneut anrufen, da sie sich vom unmittelbaren Antwortdruck überfordert fühlen. Dieser Umstand muss bei der Bewertung der Aufleger-Quote beachtet werden. Eine erhöhte Aufleger-Quote bei Dialogsystemen im kommerziellen Einsatz wird oftmals negativ bewertet und mit mangelnder Benutzerfreundlichkeit des Dialogsystems begründet. Mit dem Wissen, dass es sich dabei um eine legitime Benutzerstrategie handelt, können Aufleger-Zahlen neu bewertet werden.

Hingegen stellen langsame und überartikulierte Antworten ein Problem dar, da sie von der auf Normalsprache ausgelegten Spracherkennung in den kommerziellen Dialogsystemen schlechter verstanden werden. Das Problem verschärft sich dadurch, dass die Anrufer aufgrund der Verständigungsschwierigkeiten umso deutlicher und langsamer sprechen und die Erkennung damit weiter verschlechtert wird (Levow 1998).[85] Diesem Problem kann mit der in der empirischen Untersuchung festgestellten Gesprächsstrategie der Anpassung begegnet werden. Balentine (2007: 273) nutzt diesen Umstand und dreht ihn um zu einem *negative feedback*. Indem das System lauter wird, wenn der Benutzer zu leise spricht, und umgekehrt, indem das System leiser wird, wenn der Benutzer zu laut spricht, können die Antworten der Benutzer beeinflusst und für die Systemerkennung optimiert werden.[86] Dieselbe Vorgehensweise kann im Falle von zu langsamen und überartikulierten

85 Siehe dazu auch Oviatt et al. 1998, Hirschberg et al. 1999, Levow 1999 und Soltau et al. 2000.

86 Zum Einfluss von lautem und leisem Sprechen auf die Spracherkennung siehe Tartter 1989, 1991 und 1994, Toshio 2012 und Zelinka et al. 2012.

Eingaben angewendet und der Benutzer damit zu einer normalen Sprechweise gebracht werden.

Die Anpassung der Benutzer an die Systemansagen ist eine sehr wichtige Feststellung und bezüglich einer Optimierung des Systemdesigns ein überaus mächtiges Instrument. Die Tatsache, dass die Benutzer auf die Art und Weise der Systemansagen reagieren, ermöglicht es, die Antworten der Benutzer so zu formen, dass sie von den kommerziell eingesetzten Spracherkennern am besten verstanden werden. Der in den Gesprächsaufnahmen festgestellte Umstand, dass die Benutzer ihr Gesprächsverhalten in intrapersonalen Strategien auch auf die Interaktion mit anderen Dialogsystemen übertragen, macht dieses Gestaltungsinstrument umso mächtiger.

8.2.2 Benutzererwartungen erfüllen

Die Gesprächsaufnahmen haben gezeigt, dass sich jedes der in der Untersuchung involvierten Dialogsysteme mindestens in einem Punkt nicht konform zu den Benutzererwartungen verhielt.[87] Bei den Telefonbanking-Systemen erwarteten die Testpersonen den Begriff *„Überweisung“*, im Menü angeboten und vom System verstanden wurde jedoch der Fachbegriff *„Übertrag“*. Das gleiche Problem zeigte sich bei der Verkehrsinformation, bei der die Testpersonen nach Komposita des Begriffes *„Zug“* suchten, das Dialogsystem jedoch nur das Synonym *„Schienenverkehr“* verstand. Beim telefonischen Dating-Portal konnte das System nicht mit der Antwort *„Null“* auf die Frage nach der Anzahl Kinder umgehen, da es die Eingabe *„Keine“* erwartete.[88]

Das Kundenservice-Portal entsprach auf Menüstruktur-Ebene nicht den Benutzererwartungen: Ein Grossteil der Testpersonen vermutete die Informationen zu den Öffnungszeiten und der Adresse unter dem Menüpunkt

87 Siehe Kapitel 6.3.

88 Diese Benutzeräusserungen fehlten in der Grammatik, was bei den kommerziellen Systemen dazu führte, dass das Dialogsystem nicht damit umgehen konnte. In der Forschung ist man jedoch bereits so weit, dass sogar *Out-of-Grammar*-Eingaben erkannt werden können. Komatani et al. haben eine Methode erstellt, wie aufgrund von vorangegangenen Benutzeräusserungen das Themengebiet der unbekannten Eingabe festgestellt werden kann (Komatani et al. 2006 und 2007). Zudem haben sie ein Vorgehen entwickelt, das dynamische Hilfe-Ansagen generiert, indem das mentale Modell des Benutzers aufgrund von Informationen der vorangegangenen Eingaben nachgebildet wird (Fukubayashi et al. 2006).

„Allgemeine Informationen"; zu finden waren diese Angaben jedoch unter dem Punkt *„Einrichtungshaus"*.[89] Ebenfalls auf Ebene des Dialogablaufes kam es bei der Kinoprogrammauskunft zu Problemen aufgrund nicht erfüllter Benutzererwartungen. Die direkte Frage nach der Uhrzeit zu Beginn des Dialoges überforderte die Testpersonen, vor allem wenn das Dialogsystem nicht mit der Aufforderung umgehen konnte, alle Spielzeiten auszugeben.

Alle diese Beispiele weisen eine Verletzung der *Erwartungskonformität* auf und zeigen, wie wichtig das Befolgen von Usability-Prinzipien und ergonomischen Richtlinien ist. Systemansagen und Dialogablauf müssen nachvollziehbar und verständlich sein.[90] Die verwendeten Begrifflichkeiten müssen nicht nur allgemeinverständlich, sondern auch lokalisiert und für die Zielgruppe angepasst werden.

Das Auftreten dieser Beispiele in kommerziell eingesetzten Dialogsystemen zeigt zudem, wie wichtig die Durchführung von *usability tests* wie *Wizard-of-Oz-Tests* ist.[91]

Bei den Gesprächsaufnahmen konnte festgestellt werden, dass die Testpersonen mit dem Dialogsystem als Instrument oder als ebenbürtigem Gesprächspartner interagierten. Die kurzen Kommandos der an die Instrumentensteuerung angelehnten Interaktion konnten vom System gut verarbeitet werden. Bei den Testpersonen, die das Dialogsystem als ebenbürtigen Gesprächspartner behandelten, führte lediglich die ausführliche Begrüssung durch den Anrufer zu Problemen.[92] Diese können jedoch durch eine Berücksichtigung dieses Umstandes beim Systemdesign leicht behoben werden, indem die *Barge-In*-Möglichkeit für die Systemansagen zu Beginn des Dialoges deaktiviert wird und das Dialogsystem den Gegengruss des Anrufers nicht als valide Benutzereingabe wertet.

Es stellt sich nun noch die Frage, was sich bezüglich Systemdesign und Formulierung der Systemansagen für eine erfolgreiche Interaktion besser eignet. Balentine gibt die Antwort dazu im Titel seines Buches: *„It's better to be a good machine than a bad person"* (Balentine 2007). Damit ist gemeint, dass

89 Im Gespräch mit den Testpersonen nach den Anrufen zeigte sich zudem, dass einzelne Testpersonen auch den Begriff *„Einrichtungshaus"* nicht einordnen konnten und anstelle dieses Begriffes *„Filialen"* erwartet hätten.

90 Siehe Kapitel 4.5.

91 Um das Simulieren und Testen von Dialogsystemen möglichst einfach zu gestalten, existieren Werkzeuge wie beispielsweise der *Dialog Designer* von Dybkjaer et al. (2006).

92 Das direkte Ansprechen des Systems mit „Sie" oder „Du" führte zu keinen Verständigungsproblemen, ebenso wenig wie die ausführlichere Verabschiedung.

sämtliche Vermenschlichungen, sofern sie nicht der Interaktion dienen, beim Design des Systems vermieden werden sollen. Denn die Aufmerksamkeit sollte so wenig wie möglich auf das Dialogsystem gelenkt werden, das Dialogsystem soll vielmehr als Instrument gesehen werden, das der erfolgreichen Interaktion dient.[93]

8.2.3 Bestimmungsmerkmale berücksichtigen

Die Untersuchung der persönlichen Merkmale hat gezeigt, dass die Merkmale Alter und Geschlecht keinen Einfluss auf die *Task Completion Rate* haben. Dies bedeutet, dass es keine Notwendigkeit gibt, ein speziell auf ältere Benutzer ausgerichtetes System zu konzipieren und auch Männer und Frauen kein auf ihre individuellen Bedürfnisse zugeschnittenes System brauchen. Bei dem Merkmal „Ausbildung" hat sich gezeigt, dass Benutzer mit einer Informatikausbildung zwar etwas schneller bei der Lösung der Aufgaben sind, auf die *Task Completion Rate* hat aber auch dieses Merkmal keine relevante Auswirkung. Somit sind die persönlichen Merkmale für das Systemdesign vernachlässigbar und müssen nicht berücksichtigt werden.[94]

Im Gegensatz dazu hat das Gesprächsverhalten einen unmittelbaren Einfluss auf die Systembedienung und bestimmt den Erfolg der Interaktion. Aufgrund des Gesprächsverhaltens konnten drei Gesprächstypen definiert werden: der kooperative Benutzer, der überforderte Benutzer und der dominante Benutzer.

93 Beim Dating-Portal wurde mit „Lucy" eine Persona mit sehr menschlichen Zügen geschaffen, deren verführerische Stimme und Ansagen sehr gut zum emotionalen Thema des Datings passen. Trotz dieser Übereinstimmung zwischen Persona und thematischem Inhalt wurde dieses Dialogsystem von den Testpersonen als unangenehm und unpassend empfunden. Das kann dadurch erklärt werden, dass es aufgrund der vergleichsweise langen Interaktion bei allen Testpersonen zu Verständigungsproblemen kam und in diesem Moment das menschliche Auftreten der Persona nicht zu den beschränkten „Gesprächsfähigkeiten" des Dialogsystems passte. Durch das menschliche Auftreten der Persona suggerierte das Dialogsystem eine Kommunikationsfähigkeit, die es aufgrund des limitierten Sprachverstehens durch den Spracherkenner nicht vorweisen konnte. Diese Diskrepanz war bei Verständigungsproblemen offensichtlich und löste in vielen Fällen metakommunikative Äusserungen in Form von ironischen und verärgerten Kommentaren aus.

94 Auf der technischen Seite wird die Erkennung des Geschlechts und des Alters eines Sprechers jedoch bereits erprobt. Siehe dazu Metze et al. (2007) und Li et al. (2013).

Die kooperative Benutzergruppe steht dem Dialogsystem mit grossem Wohlwollen gegenüber: Dieser Gesprächstyp bemüht sich, die Fähigkeiten und das Funktionieren des Systems herauszufinden, um das eigene Gesprächsverhalten daran anzupassen. Dieser Gesprächstyp muss beim Systemdesign nicht extra bedacht werden. Dasselbe gilt für den dritten Gesprächstyp, den dominanten Benutzer. Die Beispiele aus dem Korpus zeigten, dass sich diese Benutzer grundsätzlich weigerten, ihr Gesprächsverhalten an das System anzupassen und sich nicht kooperativ verhielten. Das dominante Gesprächsverhalten dieser Benutzer war meist mit einer ablehnenden Haltung gegenüber dem System und einer Geringschätzung der Systemfähigkeiten verbunden. Das Systemdesign sollte auch nicht auf diesen Benutzertyp ausgerichtet werden, da sich die grundlegende Haltung des Benutzers durch das Design des Systems nicht beeinflussen lässt. Wichtig ist lediglich, dass die Systembedienung so einfach wie möglich gehalten wird und das Systemdesign nicht durch übertriebene menschliche Signale auffällt, da diese zu ironischen metakommunikativen Kommentaren führen.

Der Typ des überforderten Benutzers sollte jedoch bereits bei der Entwicklungsphase des Dialogsystems bedacht werden. Bei diesem Gesprächstyp hat sich gezeigt, dass die Benutzer lange nicht antworteten und abwarteten, bis sie glaubten, das Funktionieren des Systems verstanden zu haben. Auf diese Benutzer sollte der Fokus beim Systemdesign gelegt werden. Gerade ihnen kann mit intelligent eingesetzten kontextspezifischen Hilfeansagen aus der Überforderung geholfen werden, was ihnen ermöglicht, von überforderten zu kooperativen Benutzern zu werden.

8.3 Systemanforderung

8.3.1 Gespräch organisieren

Kommandosteuerung und systeminitiative Systeme führen zu einer höheren *Task Completion Rate* in kürzerer Zeit, wie die Gegenüberstellung in Kapitel 6.4.1 zeigt. Beim Kundenservice-Portal, das keine ganzen Sätze erwartet und mit Ein-Wort-Eingaben gesteuert werden muss, konnten alle Testpersonen alle Aufgaben lösen. Bei der Kinoprogrammauskunft, die einer natürlichen, intuitiven Gesprächsführung nachempfunden ist, wurden nur 87.5 % der Aufgaben gelöst. Somit schneidet das kommandogesteuerte Dialogsystem gegenüber einem System mit gemischter Gesprächsführung und frei formulierten Eingabemöglichkeiten besser ab, da die *Task Completion Rate* beim kommandogesteuerten System höher ist.

Zudem haben die Gesprächsaufnahmen gezeigt, dass die Testpersonen unsicher waren, wann sie sprechen sollen. Eine durchdachte Promptgestaltung kann Missverständnisse vermeiden, indem der Sprecherwechsel durch klare Hinweise angezeigt wird. Gerade durch die im Unterschied zur Kommunikation zwischen menschlichen Gesprächspartnern in der Mensch-Maschine-Kommunikation verminderte wechselseitige Wahrnehmung sind diese Hinweise von grosser Bedeutung. Gefordert sind Hilfestellungen, die klar anzeigen, wann gesprochen werden kann und ob der Gesprächsbeitrag vom System verstanden wurde. Die notwendigen Hilfestellungen können durch Intonation umgesetzt werden[95] (steigende Intonation bei einer Frage) oder durch das Vermeiden von Anschlussprompts, nachdem vom System eine Frage gestellt und damit textuell ein Sprecherwechsel eingeleitet wurde. Gravano und Hirschberg listen sieben Hinweise für den Sprecherwechsel auf, die bei der Promptgestaltung beachtet werden sollten.

> We have presented evidence of the existence of seven measurable events that take place with a significantly higher frequency on IPUs [inter-pausal-unit] preceding smooth switches (when the current speaker completes an utterance and the interlocutor takes the turn after a short pause) than on IPUs preceding holds (when the current speaker continues speaking after a short pause). These events may be summarized as follows: a falling or high-rising intonation at the end of the IPU; a reduced lengthening of IPU-final words; a lower intensity level; a lower pitch level; a point of textual completion; a higher value of three voice quality features: jitter, shimmer, and NHR [noise-to-harmonics-ratio]; and a longer IPU duration. These seven events represent potential turn-yielding cues, such that when several cues occur simultaneously, the likelihood of a subsequent turn-taking attempt by the interlocutor increases in a linear manner. (Gravano/Hirschberg 2011: 630)

Je mehr solche Hinweise in die Promptgestaltung und das Systemdesign einfliessen, desto höher ist die Wahrscheinlichkeit, dass der Sprecherwechsel erfolgreich durchgeführt werden kann (Hjalmarsson 2011).[96]

95 Zur prosodischen Strukturiertheit des Gespräches siehe Couper-Kuhlen 2007.

96 Grothendieck et al. (2011) definierten *turn-taking styles*, die sie sogar in Bezug setzten zu persönlichen Merkmalen wie zum Beispiel Geschlecht, Akzent und Bildungsstand.

Dazu gehört auch, dass das System in der Hörerrolle die Antworten des Benutzers quittiert. Auf diese Weise kann dem Anrufer eine direkte Rückmeldung gegeben werden, dass die Eingabe verstanden wurde. Dies erfolgt am besten durch kurze Rückmeldungen wie „*Gut*" oder „*Gerne*".[97]

Des Weiteren sollte beim Systemdesign darauf geachtet werden, dass sich die Systemansagen an die menschliche Kommunikation anlehnen, indem beispielsweise text- und situationsdeiktische Ausdrücke und Ellipsen benutzt werden. Auf diese Weise kann eine flüssige Gesprächsorganisation gewährleistet werden, die von der intuitiven Gesprächskompetenz der Benutzer profitiert.

Wichtig ist zudem, einen Überblick über das Gespräch zu geben, gerade wenn es sich um eine lange Interaktion wie zum Beispiel beim telefonischen Dating-Portal handelt. Bei diesem Dialogsystem wurde das zwar umgesetzt, da die Erfassung der Informationen jedoch sehr lange dauert, würde es mehr dieser Standortangaben brauchen.[98] Da der visuelle Kanal fehlt, wusste der Benutzer nicht, wie viele Fragen noch zu beantworten waren, und wurde mit zunehmender Länge der Interaktion ungeduldig, was sich wiederum auf die Gesprächskooperation auswirkte.

Bei der Gesprächseröffnung zeigte sich bei allen untersuchten Dialogsystemen das Problem, dass die Systeme nach der Begrüssung keinen Gegengruss erwarteten und die Systemansagen deswegen abbrachen. Das heisst nicht, dass im Dialogablauf ein Platzhalter eingefügt werden muss, damit Gegengruss und -identifikation instantiiert werden können. Die Deaktivierung der *Barge-In*-Möglichkeit an dieser Stelle würde verhindern, dass die Ausführung des Gegengrusses durch den Anrufer den Dialogablauf unterbricht.

Bei der Gesprächsbeendigung funktioniert das standardisierte Vorgehen gut, indem durch das Erkennen eines universellen Befehls, der zudem bestätigt werden muss, das Gespräch durch den Anrufer jederzeit beendet werden kann. Es sollte jedoch beachtet werden, dass die Grammatik sorgfältig

97 Balentine (2007) schlägt vor, die Rückmeldung über Earcons zu geben, wie es auch im telefonischen Dating-Portal umgesetzt wurde. In den Gesprächsaufnahmen zeigte sich jedoch, dass die Testpersonen nicht darauf geachtet haben, ob ihre Eingabe vom System mit einem positiven oder negativen Earcon quittiert wurde.

98 Das Dating-Portal macht zwar Angaben zum Dialogfortschritt wie „Den ersten Teil hätten wir.", „Dann haben wir jetzt die wichtigsten Daten beisammen. Ein paar Sachen würde ich aber gerne noch von dir wissen." Es gibt jedoch keine Hinweise darauf, wie viele Fragen noch zu beantworten sind.

befüllt wird, da es sich um ein globales Kommando handelt, das in jedem Dialogschritt und im gesamten Dialog gültig ist. „*Stop*" eignet sich nicht, da dieses Steuerungswort auch in einem anderen Kontext eingesetzt werden kann, zum Beispiel um eine Aufzählung oder Liste zu beenden. Zudem sollte bei einer Verabschiedung durch das System explizit darauf hingewiesen werden, dass das Gespräch nun beendet wird. Wenn möglich sollte der Anrufer an dieser Stelle die Gelegenheit haben, die Verabschiedung aktiv zu steuern.

8.3.2 Rezipientensignale einplanen

Die Auswertung der Gesprächsaufnahmen hat gezeigt, dass Hörerrückmeldungen auftraten und zu Problemen in der Interaktion mit dem automatischen Dialogsystem führten. Verstehens- und Höflichkeitssignale des Anrufers verursachten bei allen untersuchten Dialogsystemen einen Abbruch der Systemansage und die Wiederholung des aktuellen Dialogschrittes.

Da die Hörerrückmeldungen nicht unterdrückt werden können, muss systemseitig ein Weg gefunden werden, damit umzugehen. Das Problem könnte auf eine einfache Weise gelöst werden, ohne dass die Hörerrückmeldungen als solche vom System erkannt werden müssten. Indem die *Barge-In*-Möglichkeit für Bestätigungen und Statusansagen des Systems deaktiviert wird, würden jegliche Hörerrückmeldungen vom System ignoriert. Bei diesem Vorgehen ist es jedoch wichtig, dass der Dialog gründlich analysiert wird und nur die Systemansagen nicht unterbrochen werden dürfen, bei denen Verstehens- und Höflichkeitssignale zu erwarten sind.

Ein grösseres Problem, das sich nicht leicht lösen lässt, stellen die metakommunikativen Äusserungen dar. Die untersuchten Gesprächsaufnahmen zeigten, dass es sehr schwierig ist, das Auftreten von metakommunikativen Äusserungen einzuplanen, da sie nicht bei allen Interaktionen auftraten und sich das Gesprächsverhalten der Benutzer zudem im Laufe der Interaktion mit dem System veränderte. Metakommunikation kann vorkommen, wenn Verständigungsschwierigkeiten auftreten und die Benutzer ihre Verärgerung über das System und sein konversationelles Unvermögen zum Ausdruck bringen möchten.

Dies führt dazu, dass die Gesprächssorte *computer talk* diesbezüglich nicht definiert werden kann:

> The results of this investigation show that the speakers' attitude towards the system and their emotional involvement may play a role in their choices of linguistic features in

> HCI. Thus, CT is not homogeneous since depending on the users' emotional states it may exhibit different distributions of linguistic characteristics. (Fischer 2006: 63)

Andererseits haben die Gesprächsaufnahmen gezeigt, dass sich metakommunikative Benutzeräusserungen nicht vermeiden lassen. Das System muss auf diese Eingaben reagieren können. Um mit Metakommunikation umgehen zu können, muss das System in der Lage sein, diese als solche zu erkennen. Gerade dies ist jedoch das Problem: Der einzige Hinweis auf das Vorkommen von Metakommunikation ist eine erhöhte Wahrscheinlichkeit ihres Auftretens bei wiederholten Verständigungsschwierigkeiten. Mehr lässt sich zu dieser Frage nicht sagen, ein Umstand, der metakommunikative Benutzeräusserungen zu einem der schwierigsten Probleme der maschinellen Interaktion macht.

Ein Versuch, zu einer möglichen Lösung zu gelangen, wurde von Bernsen vorgenommen. Er schlägt vor, die Sprechakte zu verfeinern und sie mit *discourse segment purposes* zu ergänzen. Die zugrunde liegende Idee dabei ist, dass einerseits durch das Bestimmen der Sprechakte Verbesserungen im automatischen Verstehen von natürlichsprachlichen Diskursen erzielt werden können. Auf der anderen Seite wird mit den *discourse segment purposes* eine weitere Klassifizierung eingeführt. *Discourse segment purposes* sind satzübergreifende Abschnitte eines Diskurses, in denen jeweils ein Thema oder eine Intention dominiert. Um als *discourse segment purpose* zu gelten, muss die Intention, wie sie vom einen Dialogpartner festgelegt wird, von seinem Gegenüber erkannt werden können. In der nachfolgenden Tabelle stehen die *discourse segment purposes* in der Spalte ganz rechts. Darin ist ersichtlich, wie mit der Äusserung 3 das *dsp* DATE endet und mit Äusserung 4 ein neues zum Thema HOUR eröffnet wird.

Nr.	**Speaker**	**Text**	**Speech act**	**Discourse segment purpose**
1	system	On which date does the journey start?	[request]	DATE
2	user	A Friday.	[inform]	
3	system	Friday the 13th of January.	[confirm]	
4	system	At which time?	[request]	HOUR
5	user	CHANGE.	[request]	META

Nr.	Speaker	Text	Speech act	Discourse segment purpose
6	system	The journey starts on Friday the 13th of January.	[inform]	DATE
7	system	Is this correct?	[request]	
8	user	No.	[inform]	

Abbildung 24: Zusätzliche Sprechaktklassifikationen, angelehnt an: Figure 2.7: Segmentation of a dialogue between the Danish Dialogue System and subject number 2 (Bernsen et al.: 45).

Dies ist ein erster Schritt, um das Problem der metakommunikativen Benutzeräusserungen zu lösen, beinhaltet jedoch nach wie vor die grundsätzliche Schwierigkeit, dass die Metakommunikation vom Dialogsystem als solche erkannt werden muss.

8.3.3 Reparaturen ermöglichen

Wie die Gesprächsaufnahmen gezeigt haben, übernimmt das Dialogsystem die Fremdinitiierung von Reparaturen bei Spracherkennungsproblemen und bedient sich dabei folgender Konzepte:

- In der Fehlerbehandlung wird nachgefragt und um eine Wiederholung der Eingabe gebeten.
- In der Fehlerbehandlung werden Optionen aufgezeigt, um dem Anrufer die Möglichkeit zur fremddurchgeführten Reparatur zu geben.
- In der Fehlerbehandlung wird eine Weiterleitung ins Call-Center initiiert.
- Auf Erkennungsprobleme bei offenen Fragen reagiert das System mit einem geführten Dialog.
- Bei nur partiellen Erkennungsproblemen bietet das Dialogsystem eine Bestätigung und somit eine Korrekturmöglichkeit an.

Die auf den Dialog abgestimmte Kombination dieser Konzepte funktioniert in einem ausreichenden Masse und erlaubt es den Anrufern in den meisten Fällen, die Reparatur selbstdurchgeführt umzusetzen. Lediglich die Weiterleitung in das Call-Center führte bei einigen Testpersonen zu Schwierigkeiten. Die Anrufer mussten sich nicht nur schnell an die veränderte

Kommunikationssituation gewöhnen, sie fanden sich auch vor die schwierige Aufgabe gestellt, den langen und oft komplizierten Weg ihrer Verständigungsschwierigkeiten mit dem System möglichst strukturiert wiederzugeben. Dies führte in einigen Fällen dazu, dass die Anrufer noch vor der Weiterleitung auflegten oder beim Call-Center-Mitarbeiter keine Hilfe einforderten. Dieser Umstand kann jedoch auch der Untersuchungssituation geschuldet sein und sich in einer realen Situation gegenteilig darstellen, da dann die Informationsgewinnung im Zentrum steht.

Weiter wurde bei den Testanrufen festgestellt, dass das Dialogsystem mit fremdinitiierten Reparaturen nicht umgehen konnte. Dieses Unvermögen des Dialogsystems, auf fremdinitiierte Reparaturen adäquat zu reagieren, stellt sich gleich doppelt problematisch dar. Bereits der Schritt der Fremdinitiierung wird verzögert und wenn möglich vermieden.

> Die Gesprächsteilnehmer warten möglichst lang ab, um dem augenblicklichen Sprecher die Chance zu geben, **selbst** seinen Redebeitrag zu reparieren: Der Sprecher kann seine Turnkonstruktionseinheit (turn constructional unit) zumindest noch zuende formulieren, und meist verzögert der nächste Sprecher seine Reparaturinitiierung sogar noch ein wenig über diesen Punkt hinaus. [...] Das Verhalten der Konversationsteilnehmer lässt also den Schluss zu, dass fremdinitiierte Reparaturen systematisch verzögert und damit vermieden werden. Zwar hören wir unserem Gesprächspartner meist ständig zu, die interaktive „Beurteilung“ seiner Handlung nehmen wir jedoch erst vor, nachdem wir ihm die maximale Chance gegeben haben, ihre Oberflächenverpackung zu revidieren und zu vervollständigen. Erst dann signalisieren wir durch unsere nächste Handlung, dass wir verstanden haben, oder wir klagen ihren problematischen und daher reparaturbedürftigen Status ein. (Auer 1999: 145)[99]

Die Anrufer sind also gezwungen, diesen Schritt zu tun und eine fremdinitiierte Reparatur einzuleiten. Zu diesem Umstand kommt hinzu, dass keines der untersuchten Dialogsysteme auf diese fremdinitiierte Reparatur adäquat reagiert hat. Eine kooperative Gesprächsleistung bestünde darin, die Fremdinitiierung aufzunehmen und einen Dialogschritt zurückzugehen. Im konkreten Fall könnte dies folgendermassen umgesetzt werden:

Aktuelles Systemverhalten:
Kundenservice-Portal: Aufnahme 2.09.2 (0:00–1:19)
S = System (weibliche Stimme)
A = Anrufer

99 Siehe auch Schegloff et al. 1977.

01 S: hej und herzlich willkommen bei x.
02 bitte wählen Sie aus folgenden möglichkeiten.
03 sagen sie warenverfügbarkeit, einrichtungshaus, bestellung, allgemeine informationen ODer reklamation.
04 A: allgemeine INFOrmation.
05 S: alles klar.
06 informationen rund um x.
07 bitte wählen sie aus folgenden möglichkeiten.
08 sagen sie transport, montage, zahlungsmöglichkeiten, x business ODer x family.
09 A: hmmm, keins.
10 S: entschuldigung, WIE war das?
11 A: äh, ich möchte die öffnungszeiten.

Mögliche Systemreaktion auf fremdinitiierte Reparatur:
Kundenservice-Portal: Aufnahme 2.09.2 (0:00–1:19)
S = System (weibliche Stimme)
A = Anrufer

01 S: hej und herzlich willkommen bei x.
02 bitte wählen Sie aus folgenden möglichkeiten.
03 sagen sie warenverfügbarkeit, einrichtungshaus, bestellung, allgemeine informationen ODer reklamation.
04 A: allgemeine INFOrmation.
05 S: klar.
06 informationen rund um x.
07 bitte wählen sie aus folgenden möglichkeiten.
08 sagen sie transport, montage, zahlungsmöglichkeiten, x business ODer x family.
09 A: hmmm, keins.
10 S: gut.
11 wir sind zurück im hauptmenü.

Das Dialogsystem erkennt die Fremdinitiierung und macht den zuletzt durchgeführten Dialogschritt rückgängig, um dem Anrufer auf diese Weise die Reparatur zu ermöglichen.

Auch beim Einsatz einer impliziten Bestätigungsstrategie ist eine selbstdurchgeführte Reparatur auf Systemseite denkbar:[100]

Fremdinitiierte und selbstdurchgeführte Reparatur:

```
01    S: Mit welcher kreditkarte möchten sie
         bezahlen: mit american express, visa oder
         mastercard?
02    A: mit american express.
03    S: gerne. und wie lautet die nummer ihrer
         mastercard?
04    A: nein, ich möchte mit der american express
         bezahlen.
05    S: entschuldigung. wie lautet die nummer ihrer
         american express karte?
```

Lediglich die Initiierung kann also vom Dialogsystem übernommen werden, damit sind seine Möglichkeiten erschöpft. Die Umsetzung der Reparatur muss in jedem Fall fremddurchgeführt erfolgen. Dies ergibt sich durch den maschinellen Gesprächspartner, der keine Fehler macht, gerade weil es sich um eine Maschine handelt. Das folgende Beispiel zeigt eine mögliche Umsetzung der selbstdurchgeführten Reparatur:

Selbstinitiierte und selbstdurchgeführte Reparatur:

```
01    S: sie haben das einrichtungshaus in dortmund
        (-) äh Düsseldorf ausgewählt.
```

Dieses Beispiel illustriert das Befremden einerseits durch die Vermenschlichung in den Verzögerungspartikeln, andererseits durch den Umstand, dass sich das System selbst korrigiert. Dieses unzuverlässige und unberechenbare

100 Es muss jedoch darauf hingewiesen werden, dass dieses Vorgehen mit den kommerziell eingesetzten Spracherkennungstechnologien schwierig umzusetzen und nur bei eingeschränkter Domäne einsetzbar ist. Um die Spracherkennung zu verbessern, sei auf die *ASR (Automated speech recognition) Post-correction*-Methode aus der Forschung verwiesen. Bei diesem Vorgehen wird das vom Spracherkenner gelieferte Resultat durch zusätzliche semantische, syntaktische, lexikalische und kontextuelle Informationen überprüft und die Erkennung dadurch merklich verbessert (Jeong et al. 1996; Ringger et al. 1996; Jeong et al. 2004; Zhou et al. 2004; Lopez-Cozar et al. 2007).

Verhalten würde es für den menschlichen Gesprächspartner unmöglich machen, die Gesprächskompetenz des Systems einzuschätzen.

Somit beschränken sich die systemseitigen Möglichkeiten bezüglich Reparaturen darauf, eine fremdinitiierte Reparatur einzuleiten. Die Selbstinitiierung ist nicht erstrebenswert. Hingegen sollte das Dialogsystem mit einer fremdinitiierten Reparatur umgehen und diese selbstdurchgeführt umsetzen können.

8.4 Dialogsituation

8.4.1 Mensch-Maschine-Interaktion beachten

Bei der Entwicklung eines Dialogsystems muss beachtet werden, dass es sich um eine Mensch-Maschine-Interaktion handelt, die sich zwar am Dialog zwischen menschlichen Gesprächspartnern orientieren, diesen jedoch nicht detailgetreu zu kopieren versuchen soll. Legitim ist das Vorgehen von Nass und Gong (2004), die auf der Grundlage des menschlichen Kommunikationsverhaltens zehn Prinzipien erarbeitet haben, die bei der Entwicklung einer Mensch-Maschine-Schnittstelle berücksichtigt werden sollten. Diese Prinzipien umfassen grundlegende Aspekte der menschlichen Kommunikation, die es beim Systemdesign zu berücksichtigen gilt:[101]

1. Wahrnehmung des Geschlechts
2. Stimme und Emotionen
3. Stimme und Persönlichkeitsbild
4. Stimme und Gesicht
5. Paraverbale Informationen
6. Gegenseitige Verständigung
7. Nonverbale Informationen
8. Stimme und soziale Präsenz
9. Konsistenter Kommunikationskanal
10. Dialog als gemeinschaftlicher Akt

101 Siehe Seite 87.

Balentine (2007: 295) formuliert explizit für ein telefonbasiertes Dialogsystem[102] acht Eigenschaften, die seiner Meinung nach ein gutes System auszeichnen.[103] Diese werden im Folgenden aufgrund der vorangegangenen Analyse der Gesprächsaufnahmen kommentiert:

- *Understand touch-tones as well as speech*
  Diese Aussage muss aufgrund der untersuchten Gesprächsaufnahmen präzisiert werden: Wenn es die Dialogsituation erfordert, wie zum Beispiel bei Nummerneingaben, kann die Eingabe über die Telefontastatur ergänzend angeboten werden, die Sprachsteuerung bildet jedoch den präferierten Eingabemodus. Ein Wechsel des Eingabemodus oder das Anbieten von zwei gleichwertigen Eingabemodalitäten ist zu vermeiden, da dies die Benutzer verwirrt.[104]

- *Produce musical sounds as well as speech*
  Auch dieser Punkt muss dahingehend korrigiert werden, dass der Einsatz von Earcons nicht immer sinnvoll ist. Beim Dating-Portal wurde das Eingabefenster mit Musik unterlegt, die endete, sobald der Anrufer antwortete. Zudem gab das System als Rückmeldung nach der Eingabe ein musikalisches Verstehenssignal. Die Gesprächsaufnahmen zeigten jedoch, dass die Testpersonen auf keinen der beiden Earcon-Einsätze wie gewünscht reagierten. Dies könnte darin begründet sein, dass dieses Rückmelde-Verhalten über Earcons nicht zu dem restlichen Systemdesign passt, das vom System das Bild eines sehr menschlichen Gesprächspartners vermittelt.

  Earcons sollten also nur in geeigneten Dialogsituationen eingesetzt werden, wie beispielsweise beim Vermeiden einer „toten" Leitung bei einer Datenbankabfrage.

102 Er nennt es IVR (Interactive Voice Response).

103 Siehe Seite 44.

104 Bei beiden Telefonbanking-Systemen musste die Auswahl des sprachgesteuerten Services über die Tastatursteuerung getroffen werden, was bei den Testpersonen zu Unsicherheiten bezüglich Eingabemodus zu Beginn des sprachgesteuerten Teils führte.

- *Speak with more than one voice*
  Bei der Verkehrsinformation wird dieses Vorgehen eingesetzt, um die Informationsausgaben (männliche Stimme) von den Menüansagen (weibliche Stimme) abzugrenzen. In diesem Dialogsystem ist dies sinnvoll, grundsätzlich sollte ein Dialogsystem jedoch mit einer durchgehenden Stimme sprechen, um ein konsistentes Bild zu vermitteln.[105]

- *Speak slower or faster than people can*
  Diese Fähigkeit wird benötigt, um mittels negative feedback[106] das Gesprächsverhalten des Benutzers zu beeinflussen. Die Gesprächsaufnahmen zeigten, dass neben dem Sprechrhythmus auch die Lautstärke beeinflussbar sein sollte.

- *Stick to a behavioral protocol, even when the conversational partner doesn't understand it*
  Dieser Punkt ist sehr wichtig, denn nur durch ein konsistentes Systemverhalten ist es dem Benutzer möglich, ein mentales Modell der Fähigkeiten seines Gesprächspartners zu erstellen.

- *Be truly devoid of emotion*
  Dieser Punkt ist bei den Gesprächsaufnahmen vor allem beim Dating-Portal aufgefallen. Mehrere Testpersonen empfanden es als befremdend, wie Lucy sich vorstellte und in welch jovialem Ton sie sprach. Dialogsysteme sollten emotionale Ausdrücke vermeiden und klar als Maschine erkennbar bleiben.

- *Communicate with other computers in service to the caller*
  Dialogsysteme müssen mit Datenbanken und Kundensystemen kommunizieren können, und dies zudem während der Laufzeit des Gespräches. Dies erfordert einerseits sehr schnelle Datenbankabfragen und andererseits die klare Kommunikation mit den Anrufern, damit die Anrufer jederzeit wissen, was das System tut, und nicht durch Stille in der Leitung verunsichert werden.

105 Auch auf die Kombination von voraufgenommenen und synthetisierten Prompts sollte aus demselben Grund verzichtet werden.

106 Siehe Kapitel 8.2.1.

- *Behave well in the face of uncertainty*
  Bei Verständigungsschwierigkeiten soll das Dialogsystem in der Lage sein, Fehlerbehebungsmassnahmen und kontextspezifische Hilfeansagen anzubieten, wie es bei den untersuchten Dialogsystemen bereits der Fall ist.

8.4.2 Gesprächssorte bestimmen

In die Entwicklung von Dialogsystemen sollte einfliessen, welche Art von Gespräch und welche Gesprächssorte automatisiert werden soll. Es handelt sich dabei nicht nur um ein telefonisches Gespräch; dieses Gespräch kann als institutionelles Telefonat und noch genauer als Call-Center-Gespräch definiert werden. Im Entwicklungsprozess muss darauf geachtet werden, dass der Dialogablauf und die Systemansagen dem Call-Center-Gespräch nachgebildet werden. Die Konzeption als Call-Center-Gespräch umfasst auch die institutionelle Rollenverteilung und sollte auf dem Aufgabenschema basieren, das dem zu automatisierenden Call-Center-Gespräch zugrunde liegt. Zudem sollten der Kontext und die Domäne des Call-Center-Gespräches beachtet werden:

> Ultimately, we believe that the goal of human-agent interaction, which includes both human-robot interaction and human-ECA [Embodied Conversational Agent] interaction, should not be a believable agent; it should be a believable interaction between human and agent in a given context. (Cassell/Tartaro 2007: 407)

Bei der Entwicklung von Dialogsystemen gilt es ferner zu beachten, welche Kundenanliegen sich für eine Automatisierung grundsätzlich eignen. Es sind einfache Informationsanfragen, die Erteilung von Auskünften, das Weiterverbinden oder kurze abgeschlossene Transaktionen. Wenn man sich anschaut, welche Kundenanliegen in einem Call-Center behandelt werden, dann zeigt sich, dass sogar bei einem Call-Center einer Bank eine eigentliche Beratung nur in wenigen Anrufen gefragt ist:

> Die Tabelle zeigt jedoch, dass die Häufigkeit des Beratens von den BeraterInnen überschätzt wird. In Wirklichkeit nehmen sie viel häufiger lediglich Aufträge entgegen. [...] Häufig müssen sie auch nur Auskünfte erteilen. [...] Eine eigentliche Beratung findet nicht einmal in jedem fünften Gespräch statt. (Bendel 2007: 99)

Ein Grossteil der Kundenanfragen besteht demnach aus einfach umzusetzenden Anfragen und würde sich für eine Automatisierung eignen.

Das telefonische Dialogsystem sollte zudem nicht als weiterer Kundenkanal wie die Webseite im Internet oder die E-Mail-Kommunikation angesehen und analog zu diesen Kanälen für Marketing und Werbezwecke eingesetzt werden. Auf der Webseite kann weggesehen werden oder überlesen werden, was nicht interessiert, beim Gespräch mit dem Call-Center-Mitarbeiter kann dieser unterbrochen werden, wenn das angesprochene Thema vom Anrufer nicht besprochen werden möchte. Beim telefonischen Dialogsystem funktionieren diese Verhaltensweisen jedoch nicht, da es sich einerseits um einen auditiven Kanal handelt, und andererseits das System nicht unterbrochen werden kann, bevor die Menüpunkte aufgezählt werden. Aus diesem Grund ist es wichtig, dass das Dialogsystem nicht für Marketing- und Werbezwecke missbraucht wird.[107]

8.5 Zusammenfassung

In diesem Kapitel wurden Empfehlungen für ein optimiertes Systemdesign gegeben, indem die theoretischen Grundlagen mit den Ergebnissen aus den Untersuchungen der Gesprächsaufnahmen kombiniert wurden. Dabei wurden acht konkrete Optimierungsprinzipien erarbeitet:

1. Gesprächsstrategien erkennen und nutzen
   Die folgenden grundsätzlichen Gesprächsstrategien wurden festgestellt: Staccato-Stil, langsames und überartikuliertes Sprechen, Anpassung der Anrufer an die Systemansagen und an das Systemverhalten sowie das Auflegen und erneute Anrufen. Da das langsame und überartikulierte Sprechen die Spracherkennung erschwert, muss diese Gesprächsstrategie beim Systemdesign beachtet werden. Das Problem kann gelöst werden, indem der Umstand genutzt wird, dass sich die Anrufer an das System anpassen. Durch ein entsprechendes Rückmeldeverhalten (negative feedback) kann das Benutzerverhalten beeinflusst werden.

107 Ein solches Beispiel findet sich im Telefonbanking, das im telefonischen Dialogsystem auf die SMS-Funktion als alternativen Informationskanal hinweist.

Die Strategie des erneuten Anrufens und Auflegens schliesslich muss bei der Evaluation der produktiven Dialogsysteme entsprechend bewertet werden.

2. Benutzererwartungen erfüllen
   Obwohl die untersuchten Dialogsysteme bereits kommerziell eingesetzt wurden, konnte bei jedem eine Verletzung der Erwartungskonformität festgestellt werden. Das zeigt, wie wichtig es ist, dass beim Systemdesign Usability-Prinzipien und ergonomische Richtlinien befolgt werden und auf die Durchführung von *usability tests* wie *Wizard-of-Oz-Tests* nicht verzichtet wird. Zudem sollte beim Systemdesign darauf geachtet werden, Vermenschlichungen zu vermeiden, sofern sie nicht der Interaktion dienen. Das Dialogsystem soll als Instrument der erfolgreichen Interaktion fungieren und keine Aufmerksamkeit auf sich als Persona ziehen.

3. Bestimmungsmerkmale berücksichtigen
   Persönliche Merkmale wie Alter und Geschlecht haben keinen Einfluss auf die *Task Completion Rate* und müssen beim Systemdesign nicht beachtet werden. Wichtig ist jedoch, dass bei der Entwicklung des Dialogsystems die anfangs überforderten Benutzer im Fokus stehen und das Design auf ihre Bedürfnisse ausgerichtet wird. Die dominanten Benutzer sollten das Design hingegen nicht beeinflussen.

4. Gespräch organisieren
   Das Dialogsystem muss dem Benutzer klare Hilfestellungen, wann und wie gesprochen werden kann, sowie klare Rückmeldungen zum Verstehen der Benutzereingaben geben. Dabei kann die intuitive Gesprächskompetenz der Benutzer verwendet werden.

5. Rezipientensignale einplanen
   Die Gesprächsaufnahmen haben gezeigt, dass Rezipientensignale der Anrufer nicht unterdrückt werden können. Bei der Entwicklung des Dialogsystems muss ein Weg gefunden werden, wie mit diesen Hörerrückmeldungen umgegangen werden kann. Das Problem kann teilweise gelöst werden, indem der Dialog analysiert wird und bei den Systemansagen, bei denen Verstehens- und Höflichkeitssignale zu erwarten sind, die *Barge-In*-Möglichkeit ausgeschaltet wird. Die adäquate Systemreaktion auf metakommunikative Äusserungen einzuplanen, ist jedoch fast unmöglich, da ihr Auftreten nicht vorhersagbar ist.

6. Reparaturen ermöglichen
   Das Dialogsystem übernimmt die Fremdinitiierung von Reparaturen, wenn es Probleme mit der Spracherkennung gibt, und verfügt dafür über ein erfolgreiches Vorgehensinstrumentarium, wie die Beispiele aus dem Korpus gezeigt haben. Eine Selbstinitiierung der Reparatur ist nicht erstrebenswert, da das System damit als unzuverlässig dargestellt würde. Hingegen sollte das Dialogsystem mit einer fremdinitiierten Reparatur umgehen und diese selbstdurchgeführt umsetzen können.

7. Mensch-Maschine-Interaktion beachten
   Beim Systemdesign sollte beachtet werden, dass es sich bei natürlichsprachlichen Dialogsystemen um eine Mensch-Maschine-Interaktion handelt, die auf den Prinzipien des menschlichen Kommunikationsverhaltens basiert. Diese Prinzipien sollen bei der Entwicklung des Systems berücksichtigt werden. Zudem sollen die acht Eigenschaften eines guten Dialogsystems, die aufgrund der Analyse der Gesprächsaufnahmen bewertet wurden, in das Systemdesign einfliessen.

8. Gesprächssorte bestimmen
   Bei einem telefonbasierten Dialogsystem handelt es sich um die Automatisierung eines Call-Center-Gespräches. Die Kommunikationssituation kann somit als telefonisches Gespräch und institutionelles Telefonat definiert werden. Beim Systemdesign muss beachtet werden, dass der Dialogablauf und die Systemansagen dem Call-Center-Gespräch nachgebildet werden. Die Konzeption als Call-Center-Gespräch umfasst zudem die institutionelle Rollenverteilung und sollte auf dem Aufgabenschema basieren, das dem zu automatisierenden Call-Center-Gespräch zugrunde liegt.

9. Fazit

9.1 Optimierungsprinzipien für sprachgesteuerte Dialogsysteme

Die vorliegende Arbeit befasst sich mit aktuellen, kommerziell eingesetzten natürlichsprachlichen Dialogsystemen. Diese sprachgesteuerten Dialogsysteme erlauben es, durch natürlichsprachliche Benutzereingaben ein automatisches System zu bedienen. Dabei handelt es sich um automatische Auskunfts- oder Transaktionssysteme, die mittels Spracherkennung funktionieren und per Telefon bedient werden können. Die telefonbasierten Sprachsysteme werden in Call-Centern benutzt, um einfache Informationsabfragen oder Transaktionen per Telefon anzubieten.

Der grundlegende Aufbau von natürlichsprachlichen Dialogsystemen im kommerziellen Einsatz wurde vorgestellt und die Eigenschaften der Mensch-Maschine-Interaktion in Bezug auf sprachgesteuerte Benutzerschnittstellen wurden diskutiert. Da sich durch den technischen Gesprächspartner und den technischen Übertragungskanal des Telefons eine doppelte Kommunikationstechnologie ergibt, wurden die linguistischen Grundlagen zum Telefongespräch, insbesondere zum institutionellen Telefonat, dargestellt. Des Weiteren wurde die Interaktion mit dem Dialogsystem dem Call-Center-Gespräch mit einem menschlichen Gesprächspartner gegenübergestellt, um die Unterschiede zum maschinellen Gesprächspartner zu analysieren.

In einer empirischen Benutzeruntersuchung wurde ein Korpus erstellt, das die Anrufe von 40 Testpersonen bei sechs kommerziellen Dialogsystemen enthält. Aufgrund einer gesprächsanalytischen Untersuchung der Gesprächsaufnahmen wurden die grundlegenden Gesprächsstrategien und Interaktionsprobleme dargestellt.

Auf dieser Grundlage wurden Empfehlungen ausgearbeitet, die einerseits die theoretischen Grundlagen der telefonischen Kommunikation und der Mensch-Maschine-Interaktion berücksichtigen und andererseits auch die Ergebnisse aus der Benutzeruntersuchung einbeziehen. Die Empfehlungen beinhalten Vermeidungs- und Lösungsstrategien für das Systemdesign, die nicht auf der technologischen Ebene der Spracherkennung und -synthese ansetzen. Es handelt sich dabei vielmehr um gesprächsanalytische Lösungsansätze, die auf Dialogebene einfliessen sollen. Diese Design-Empfehlungen zeigen auf, wie mit der heute vorhandenen und kommerziell eingesetzten Technologie benutzerfreundliche und effiziente Dialogsysteme erstellt werden können, wenn linguistische Theorien, insbesondere gesprächsanalytische Ansätze, und die grundlegenden Verhaltensmuster aus dem untersuchten Benutzerverhalten berücksichtigt werden.

Die Empfehlungen wurden zu den folgenden acht Optimierungsprinzipien zusammengefasst, die sich als konkrete Anleitungen bei der Gestaltung von sprachgesteuerten Dialogsystemen verstehen:

1. Gesprächsstrategien erkennen und nutzen
   In den Gesprächsaufnahmen wurden die folgenden grundsätzlichen Gesprächsstrategien festgestellt:
   - Staccato-Stil
   - langsames und überartikuliertes Sprechen
   - Anpassung der Anrufer an die Systemansagen und an das Systemverhalten
   - Auflegen und erneutes Anrufen

   Der Staccato-Stil stellt für die Spracherkennung kein Problem dar, er ist im Gegenteil für den Spracherkenner sogar besser verständlich als die kontinuierliche Sprechsprache, da die Wortgrenzen klar erkennbar sind. Das langsame und überartikulierte Sprechen hingegen erschwert die Spracherkennung. Dieser Schwierigkeit kann mit dem Wissen um die nächste grundlegende Gesprächsstrategie begegnet werden: Da sich die Anrufer in ihrem Gesprächsverhalten an die Systemansagen anpassen, kann mit einem entsprechenden Rückmeldeverhalten des Systems (*negative feedback*) das Benutzerverhalten unbewusst beeinflusst werden. Die Angleichung der Anruferäusserungen an die Systemansagen und die Orientierung der Anrufer am System sind eine Tatsache, die sich als mächtiges Gestaltungsinstrument einsetzen lässt und bei der Konzeption eines Dialogsystems auf allen Ebenen[108] beachtet werden sollte.

108 Aus diesem Grund ist beispielsweise bei voraufgenommenen Systemansagen der Einsatz eines professionellen Sprechers wichtig, da die Anrufer sich an der Aussprache und Betonung dieser Ansagen orientieren.

Die Strategie des erneuten Anrufens und Auflegens schliesslich muss bei der Gestaltung des Systems zugelassen und bei der Evaluation der produktiven Dialogsysteme berücksichtigt werden.

2. Benutzererwartungen erfüllen
   In den Gesprächsaufnahmen konnte bei jedem der untersuchten Dialogsysteme eine Verletzung der Erwartungskonformität festgestellt werden, obwohl diese bereits kommerziell eingesetzt wurden. Die Benutzererwartungen wurden auf Ebene der verwendeten Steuerungswörter, auf der Menüebene und auch bezüglich der angebotenen Funktionen nicht erfüllt. Das zeigt, wie wichtig der Einbezug der vorgestellten Usability-Prinzipien und ergonomischen Richtlinien ist und dass bei der Erstellung der Dialogsysteme auf die Durchführung von *usability tests* wie *Wizard-of-Oz*-Tests nicht verzichtet werden darf.
   Wichtig ist zudem, dass Systemansagen und Dialogablauf nachvollziehbar und verständlich sind. Die verwendeten Begrifflichkeiten sollten nicht nur allgemeinverständlich, sondern lokalisiert und für die Zielgruppe angepasst sein.

3. Bestimmungsmerkmale berücksichtigen
   Die Auswertung der persönlichen Merkmale der Testpersonen hat gezeigt, dass Merkmale wie Alter und Geschlecht keinen Einfluss auf die *Task Completion Rate* haben und beim Systemdesign nicht beachtet werden müssen. Bei der Benutzerklassifikation aufgrund des Gesprächsverhaltens wurde jedoch festgestellt, dass bei der Entwicklung des Dialogsystems weder die dominanten noch die kooperativen Benutzer, sondern die anfangs überforderten und unsicheren Benutzer im Fokus stehen sollten. Das Ziel sollte darin bestehen, bei der Gestaltung des Systems die Bedürfnisse dieser Benutzergruppe miteinzubeziehen, um es zu ermöglichen, aus dieser Benutzergruppe kooperative Systembenutzer entstehen zu lassen.

4. Gespräch organisieren
   In den Gesprächsaufnahmen hat sich gezeigt, dass Dialogsysteme, die über eine Kommandosteuerung oder eine systeminitiative Dialogsteuerung verfügen, eine höhere *Task Completion Rate* aufweisen. Dies sollte nicht dazu führen, den Dialogablauf entsprechend zu gestalten, im Falle von Verständigungsschwierigkeiten sollte dieses Wissen jedoch in die Fehlereskalationsroutine einfliessen.

Des Weiteren kann eine durchdachte Promptgestaltung Missverständnisse vermeiden, indem der Sprecherwechsel durch klare Hinweise angezeigt wird. Dazu gehört, dass das System in der Hörerrolle die Antworten des Benutzers quittiert, um dem Anrufer eine direkte Rückmeldung zu geben, dass die Eingabe verstanden wurde.

Zudem sollte beim Systemdesign allgemein darauf geachtet werden, dass sich die Systemansagen an die menschliche Kommunikation anlehnen, indem beispielsweise text- und situationsdeiktische Ausdrücke und Ellipsen benutzt werden. Auf diese Weise kann eine flüssige Gesprächsorganisation gewährleistet werden, die von der intuitiven Gesprächskompetenz der Benutzer profitiert.

Bezüglich Gesprächseröffnung und -beendigung führte vor allem die Gesprächseröffnung zu Schwierigkeiten. Bei allen untersuchten Dialogsystemen zeigte sich bei der Gesprächseröffnung das Problem, dass die Systeme nach der Begrüssung keinen Gegengruss erwarteten und die Systemansagen abbrachen, falls ein solcher instantiiert wurde. Dies sollte durch die Deaktivierung der *Barge-In*-Möglichkeit ausgeschlossen werden. Bei der Analyse der Gesprächsbeendigung hingegen konnte festgestellt werden, dass das standardisierte Vorgehen gut funktioniert, indem durch das Erkennen eines universellen Befehls, der zudem bestätigt werden muss, das Gespräch durch den Anrufer jederzeit beendet werden kann.

5. Rezipientensignale einplanen

Die Gesprächsaufnahmen haben gezeigt, dass Verstehens- und Höflichkeitssignale des Anrufers bei allen untersuchten Dialogsystemen zu einem Abbruch der Systemansage und zur Wiederholung des aktuellen Dialogschrittes führten. Dieses Problem kann behoben werden, indem die *Barge-In*-Möglichkeit für Bestätigungen und Statusansagen des Systems deaktiviert wird. Auf diese Weise werden jegliche Hörerrückmeldungen vom System ignoriert. Bei diesem Vorgehen ist es jedoch wichtig, dass der Dialog gründlich analysiert wird und nur die Systemansagen nicht auf Benutzereingaben reagieren, bei denen Verstehens- und Höflichkeitssignale zu erwarten sind.

Bei Rezipientensignalen kann es sich neben Verstehens- und Höflichkeitssignalen jedoch auch um metakommunikative Benutzeräusserungen handeln. Um mit diesen umgehen zu können, müsste das System in der Lage sein, diese als solche zu erkennen.

Gerade dies ist jedoch das Problem: der einzige Hinweis auf das Vorkommen von Metakommunikation ist der Umstand, dass es eine erhöhte Wahrscheinlichkeit gibt, dass sie bei wiederholten Verständigungsschwierigkeiten auftritt. Eine adäquate Systemreaktion auf metakommunikative Äusserungen einzuplanen ist demnach fast unmöglich, da ihr Auftreten nicht vorhersagbar ist. Aus diesem Grund stellen metakommunikative Benutzeräusserungen eines der schwierigsten Probleme der maschinellen Interaktion dar.

6. Reparaturen ermöglichen
   Das Dialogsystem übernimmt die Fremdinitiierung von Reparaturen, wenn es Probleme mit der Spracherkennung gibt, und verfügt dafür über ein erfolgreiches Vorgehensinstrumentarium, wie die Beispiele aus dem Korpus gezeigt haben. Eine Selbstinitiierung der Reparatur ist nicht erstrebenswert, da das System damit als unzuverlässig dargestellt würde. Hingegen sollte das Dialogsystem mit einer fremdinitiierten Reparatur umgehen und diese selbstdurchgeführt umsetzen können, was keines der untersuchten Dialogsysteme konnte. Die Möglichkeit von durch den Anrufer initiierten Reparaturen sollte bei der Gestaltung des Dialogablaufes bei jedem Dialogzustand bedacht und eine adäquate Systemreaktion umgesetzt werden.

7. Mensch-Maschine-Interaktion beachten
   Bei natürlichsprachlichen Dialogsystemen handelt es sich um eine Mensch-Maschine-Interaktion, die auf den Prinzipien des menschlichen Kommunikationsverhaltens basiert. Diese Prinzipien wurden diskutiert und sollten bei der Entwicklung des Systems berücksichtigt werden. Sie umfassen die Wahrnehmung des Geschlechts, die Relation von Stimme und Emotionen, Stimme und Persönlichkeitsbild sowie Stimme und Gesicht, paraverbale Informationen, gegenseitige Verständigung, nonverbale Informationen, die Verbindung von Stimme und sozialer Präsenz, einen konsistenten Kommunikationskanal und den Dialog als gemeinschaftlichen Akt.

   Zudem sollen die folgenden acht Punkte, die aufgrund der Analyse der Gesprächsaufnahmen bewertet wurden, in das Systemdesign einfliessen:

- Kombination von Sprach- und Tastatursteuerung: Wenn es die Dialogsituation erfordert, wie zum Beispiel bei Nummerneingaben, kann die Eingabe über die Telefontastatur ergänzend angeboten werden, die Sprachsteuerung sollte jedoch den präferierten Eingabemodus bilden. Ein Wechsel des Eingabemodus oder das Anbieten von zwei gleichwertigen Eingabemodalitäten ist zu vermeiden.
- Einsatz von Musik und Earcons: Beides sollte nur in geeigneten Dialogsituationen eingesetzt werden, beispielsweise um eine „tote" Leitung bei einer Datenbankabfrage zu vermeiden.
- Einsatz von unterschiedlichen Sprecherstimmen: Die Unterscheidung von Menü- und Informationsausgabestimme kann sinnvoll sein. Grundsätzlich sollte ein Dialogsystem jedoch mit einer durchgehenden Stimme sprechen, um ein konsistentes Bild zu vermitteln.
- Systemansagen sollten bezüglich Tempo und Lautstärke variabel sein: Diese Fähigkeit wird benötigt, um die Benutzeräusserungen mit Hilfe von *negative feedba*ck zu steuern.
- Konsistentes Systemverhalten: Nur durch ein konsistentes Systemverhalten ist es dem Benutzer möglich, ein mentales Modell der Fähigkeiten seines Gesprächspartners zu erstellen.
- Systemansagen sollten keine emotionalen Äusserungen enthalten: Dialogsysteme sollten emotionale Ausdrücke vermeiden und klar als Maschine erkennbar bleiben.
- Kommunikation mit Datenbanksystemen: Dialogsysteme müssen mit Datenbanken und Kundensystemen kommunizieren können und dies zudem während der Laufzeit des Gespräches, was sehr schnelle Datenbankabfragen erfordert.
- Adäquate Systemreaktion bei Interaktionsschwierigkeiten: Bei Verständigungsschwierigkeiten muss das Dialogsystem Fehlerbehebungsmassnahmen und kontextspezifische Hilfeansagen anbieten können.

8. Gesprächssorte bestimmen

   Bei einem telefonbasierten Dialogsystem handelt es sich um die Automatisierung eines Call-Center-Gespräches. Aus diesem Grund sollte beim Systemdesign beachtet werden, dass der Dialogablauf und die Systemansagen dem Call-Center-Gespräch nachgebildet werden. Zur Konzeption als Call-Center-Gespräch gehört auch die institutionelle Rollenverteilung. Darüber hinaus sollte der Dialogablauf auf dem

Aufgabenschema basieren, das dem zu automatisierenden Call-Center-Gespräch zugrunde liegt.

9.2 Ausblick

In dieser Arbeit wurde die Mensch-Maschine-Interaktion in Kombination mit dem telefonischen Übertragungskanal untersucht, der Grossteil der beschriebenen Empfehlungen für ein optimiertes Systemdesign gilt jedoch für sämtliche Arten der Mensch-Maschine-Interaktion, sofern die gesprochene Sprache als Abfragesprache benutzt wird. Dies betrifft sprachgesteuerte Systeme in der Automobil- oder Mobilfunktechnik genauso wie in der Haustechnik. Denn gerade bei zukünftigen technologischen Entwicklungen, die mobile Applikationen mit Sprachsteuerung verbinden,[109] ist ein durchdachtes Design der Benutzerschnittstelle und der Verquickung der Eingabemodalitäten für den Erfolg ausschlaggebend.

Die vorliegende Arbeit stellt viele verschiedenen Eigenschaften der Mensch-Maschine-Interaktion dar, die sich aus den Gesprächsaufnahmen oder den theoretischen Grundlagen ergaben und einen Einfluss auf das Systemdesign haben. Aufgrund der Fülle der untersuchten Parameter konnte nicht auf jeden in gebührendem Ausmass eingegangen werden. In einer zukünftigen Untersuchung wäre es interessant, sich auf einen Aspekt der Interaktion mit einem Dialogsystem zu konzentrieren und diesen vertieft zu behandeln. Aufdrängen würde sich dabei die Untersuchung der metakommunikativen Benutzeräusserungen, für die in dieser Arbeit keine abschliessende Handlungsempfehlung gegeben werden konnte. Die Konzentration auf die Suche nach dem Grund für das Auftreten der metakommunikativen Benutzeräusserungen in Verbindung mit einer möglichen Lösungsstrategie – um diese zu vermeiden oder auf Systemseite damit umzugehen – würde einen grossen Teil der Verständigungsprobleme eliminieren. Zumindest für Höflichkeits- und Verstehenssignale konnte aufgezeigt werden, dass diese nicht zu Interaktionsproblemen führen müssen, wenn sie in einem optimierten Systemdesign entsprechend bedacht werden. Ironische oder verärgerte Benutzerkommentare sind jedoch schwierig zu identifizieren. Bei gebräuchlichen

109 Siehe dazu Lopez-Cozar et al. 2007.

Schimpfwörtern ist es möglich, sie auch mit kommerziell eingesetzten Spracherkennungssystemen zu erkennen. Bei allen anderen metakommunikativen Äusserungen könnte versucht werden, durch Einbezug der stimmlichen Emotionserkennung eine Verärgerung des Benutzers festzustellen.

In einem zweiten Schritt stellt sich die Frage, wie eine mögliche Reaktion des Dialogsystems auf die erkannte Verärgerung des Benutzers gestaltet werden könnte. Eine mögliche Lösung bestünde darin, den aufgebrachten Anrufer mit einem Call-Center-Mitarbeiter zu verbinden. Dies hätte jedoch zur Folge, dass diese Anrufe nicht automatisiert bearbeitet werden könnten. Interessanter ist die Überlegung, wie eine adäquate Verhaltensweise des Dialogsystems aussehen könnte, die den Anrufer dazu bringt, zu einem kooperativen Gesprächsverhalten zurückzukehren. Ein denkbares Vorgehen wäre, dass das Dialogsystem den Anrufer direkt auf seine Verärgerung anspricht. Dabei ist jedoch fraglich, wie der Anrufer auf das direkte Ansprechen durch das Dialogsystem reagieren würde. Zudem stellt sich die Frage, ob das Dialogsystem die Verärgerung des Anrufers überhaupt beeinflussen könnte.

Diese Fragen führen bereits in Richtung Robotik sowie Avatar-Design und lassen sich auf die grundsätzliche Frage zurückführen, ob ein maschineller Gesprächspartner eine soziale Rolle übernehmen kann und soll und wenn ja, welche Rolle für eine optimale Mensch-Maschine-Interaktion angebracht ist. Hierzu könnte, wie in dieser Arbeit mit Aufgabenschema und Gesprächsablauf bereits geschehen, auch die soziale Rolle und Persönlichkeit des Dialogsystems an die Mensch-Mensch-Kommunikation in einer vergleichbaren Gesprächssituation angepasst werden. Bei telefonbasierten Dialogsystemen würde das soziale Gesprächshandeln des Systems an das reale Beispiel des Call-Center-Mitarbeiters angelehnt werden. Bei sprachgesteuerten Benutzerschnittstellen wie beispielsweise einem Navigationssystem fehlen jedoch die menschlichen Vorbilder. Somit könnte die soziale Persönlichkeit dieser Systeme nicht aufgrund eines realen Beispiels gestaltet werden und es stellte sich die Frage, wonach sich das Design der Persona in diesem Fall ausrichten sollte.

Einen möglichen Lösungsansatz bietet ein anderes weiterführendes Thema, das aus den Ergebnissen dieser Arbeit abgeleitet werden kann: Die Gesprächsaufnahmen des Korpus haben gezeigt, dass die Testpersonen nicht nur ihr Gesprächsverhalten an das Dialogsystem anpassten, sondern sich auch stark vom System beeinflussen liessen. Es wäre nun zu überlegen, ob und in welchem Ausmass die Persona einer sprachgesteuerten Benutzerschnittstelle einen Einfluss auf die Benutzerfreundlichkeit der Schnittstelle und damit auf die erfolgreiche Interaktion mit derselben hat. Falls dieser

Einfluss nachgewiesen werden könnte, wäre es spannend, zu überlegen, wie diese möglichst benutzerfreundliche Persona beschaffen sein müsste. Die in dieser Arbeit vorgestellten Empfehlungen für ein optimiertes Systemdesign sind sicherlich ein wichtiger Bestandteil der Benutzerfreundlichkeit und garantieren zumindest eine verbesserte Fallabschlussrate. Wenn es die systemischen Bedingungen zulassen – beispielsweise bei einem Navigationsgerät oder einem sprachgesteuerten Assistenten –, könnte ausserdem eine männliche und eine weibliche Systemstimme angeboten werden, denn wie in dieser Arbeit beschrieben, hat das Geschlecht des Gesprächspartners einen Einfluss auf die Kommunikation.[110] Durch die Anlehnung an die Mensch-Mensch-Kommunikation in derselben oder einer vergleichbaren Gesprächssituation könnte eine „stimmige" Persona erstellt werden.

Die Frage, welche soziale Rolle das Dialogsystem einnehmen soll, würde demnach ersetzt werden durch die Frage, wie die Persona des Dialogsystems möglichst stimmig, benutzerfreundlich, für die Benutzer „akzeptabel" und einer erfolgreichen Interaktion möglichst zuträglich gestaltet werden könnte.

110 Gemäss Nass und Brave werden Stimmen des eigenen Geschlechts vertrauenswürdiger eingeschätzt (Shinoda et al. 2011). Siehe Kapitel 4.3 Seite 85.

Anhang

Transkription: Telefonisches Dating-Portal

Telefonisches Dating-Portal: Aufnahme 1.04.2:
S = System (weibliche Stimme)
E = Earcon
A = Anrufer

```
01    S: ((mit Musik unterlegt)) hallo und HERZlich
         willkommen.
02       schön, dass sie anrufen.
03       mein name ist lucy und wenn sie lust haben,
         vermittle ich ihnen schon morgen ihren ersten
         telefonkontakt zu einem passenden partner.
04       dabei können sie natürlich völlig anonym
         bleiben.
05       und selbstverständlich entscheiden auch sie
         selbst, wann sie mit wem telefonieren.
06       damit ich ihren traumpartner finden kann,
         würde ich sie aber gern näher kennenlernen.
07       nehmen sie sich deshalb am besten ein paar
         minuten zeit, und sagen sie mir
         beispielsweise, was für ein typ sie sind,
         oder wie sie sich ihren traumpartner
         vorstellen.
08       wenn bei dieser profilerstellung irgendwann
         probleme auftauchen, sagen Sie einfach hilfe.
09       ich werde dann mein bestes tun, um ihnen
         weiterzuhelfen.((Musik wird erst lauter und
         klingt aus))
10       (-) ein rechtlicher hinweis noch:
11       damit ich für sie tätig werden kann, muss ich
         natürlich ihre angaben speichern.
12       also, jetzt geht es erst einmal um sie.
13       hmm, oder um dich?
14       soll ich DU oder SIE sagen?
```

15 A: ((Musik erklingt)) du.((Musik bricht ab))
16 E: bestätigendes Klangzeichen.
17 S: weiter geht's.
18 verrat mir jetzt bitte, wie du auf die Welt gekommen bist.
19 bist du ein MANN oder eine FRAU?
20 A: eine frau.((A spricht, bevor Musik einsetzen kann, Musik erklingt nur kurz, bricht gleich wieder ab))
21 E: bestätigendes Klangzeichen
22 S: und jetzt zu deinem wunschpartner.
23 suchst du einen MANN oder eine FRAU?
24 A: einen mann. ((A spricht, bevor Musik einsetzen kann, Musik erklingt nur kurz, bricht gleich wieder ab))
25 E: bestätigendes Klangzeichen
26 S: okay, WIE alt bist du?
27 A: ((Musik erklingt)) dreiundzwanzig. ((Musik bricht ab))
28 E: bestätigendes Klangzeichen
29 S: nächste frage:
30 wie alt sollte denn dein wunschpartner ungefähr sein?
31 A: ((Musik erklingt)) <<zögernd> zwischen zweiundzwanzig u:nd> dreissig. ((Musik bricht beim Einsetzen des Sprechens ab))
32 E: bestätigendes Klangzeichen
33 S: (-) ich fass deine Grunddaten nochmal kurz zusammen.
34 du bist (.) eine frau und suchst (.) einen mann.
35 du bist (.) dreiundzwanzig jahre jung und du suchst einen partner im alter von <<abgehackt> mindestens zweiundzwanzig und höchstens dreissig jahren>.
36 ist das richtig?
37 A: ((Musik erklingt)) ja. ((Musik bricht ab))
38 E: bestätigendes Klangzeichen
39 S: weiter geht's.
40 in welchem umkreis sollte dein wunschpartner wohnen?

41 oder wieviele kilometer würdest du maximal zurücklegen wollen, um ihn oder sie zu treffen?
42 A: ((Musik erklingt)) maxima:l dreissig kilometer.((Musik bricht ab))
43 E: bestätigendes Klangzeichen
44 S: so, jetzt muss ich natürlich auch wissen, wo du wohnst.
45 bitte nenn mir die postleitzahl deines wohnorts oder gib sie per tastatur ein.
46 ((Musik erklingt, bricht ab als A die Zahlen eintippt))
47 E: bestätigendes Klangzeichen
48 S: deine postleitzahl lautet also: eins null vier drei fünf.
49 ist das richtig?
50 A: ((Musik erklingt)) <<all> ja>. ((Musik bricht ab))
51 E: bestätigendes Klangzeichen
52 S: schön.
53 jetzt geht's um deine erreichbarkeit.
54 an welchen wochentagen können dich interessierte kontaktpartner telefonisch erreichen?
55 bitte nenne ALLe in frage kommenden tage einzeln.
56 A: ((Musik erklingt)) montag. ((Musik bricht ab))
57 E: bestätigendes Klangzeichen
58 S: gu:t.
59 die tage stehn.
60 dann geht's jetzt um die uhrzeit.
61 zu welchen tageszeiten möchtest du an den eben genannten tagen angerufen werden?
62 mach bitte angaben in vollen Stunden, zum beispiel von fünfzehn bis achtzehn uhr.
63 A: ((Musik erklingt)) von achtzehn bis zweiundzwanzig uhr. ((Musik bricht ab))
64 E: bestätigendes Klangzeichen
65 S: kommen wir jetzt zu deiner telefonnummer.
66 diese nummer muss übrigens eine bundesdeutsche festnetz- oder mobilfunknummer sein.

```
67        ausländische anschlüsse können nicht
          berücksichtigt werden.
68        ja (.), so ist das.
69        und keine angst, deine nummer bleibt
          natürlich geheim und wird von uns nur
          benutzt, um potentielle Wunschpartner zu dir
          durchzustellen.
70        los geht's mit dem ersten teil.
71        bitte sag mir die vorwahl deiner rufnummer
          oder gib sie über die tasten deines telefons
          ein.
72    A:  ((Musik erklingt)) null drei null. ((Musik
          bricht ab))
73    E:  bestätigendes Klangzeichen
74    S:  nochmal zum check.
75        deine vorwahl lautet also: null drei null.
76        ist das richtig?
77    A:  ((Musik erklingt)) ja. ((Musik bricht ab))
78    E:  bestätigendes Klangzeichen
79    S:  prima.
80        und jetzt brauch ich noch deine restliche
          nummer.
81        sag mir bitte deine telefonnummer ohne
          vorwahl oder gib sie über die tastatur
          deines telefons ein.
82    A:  ((Musik erklingt)) eins eins eins (.) eins
          eins eins (.) eins eins. ((Musik bricht ab))
83    E:  bestätigendes Klangzeichen
84    S:  nochmal zum check.
85        deine rufnummer lautet also: eins eins eins
          eins drei eins eins eins eins null.
86        ist das richtig?
87    A:  ((Musik erklingt kurz)) nein. ((Musik bricht
          ab))
88    E:  bestätigendes Klangzeichen
89    S:  sag mir bitte deine telefonnummer ohne
          vorwahl oder gib sie über die tastatur
          deines telefons ein.
90    A:  ((Musik erklingt)) <<len> Eins eins eins eins
          eins> ((Musik bricht ab))
91    E:  bestätigendes Klangzeichen unterbricht
          Äusserung von A
```

92 S: nochmal zum check.
93 deine rufnummer lautet also: eins eins eins eins.
94 ist das richtig?
95 A: ((Musik erklingt)) nein. ((Musik bricht ab))
96 E: bestätigendes Klangzeichen
97 S: sag mir bitte deine telefonnummer ohne vorwahl oder gib sie über die Tastatur deines Telefons ein.
98 A: ((Musik erklingt, bricht ab als A die Zahlen auf der Tastatur eintippt))
99 E: bestätigendes Klangzeichen
100 S: nochmal zum check.
101 deine rufnummer lautet also: eins eins eins eins eins eins eins eins.
102 ist das richtig?
103 A: ((Musik erklingt)) ja. ((Musik bricht ab))
104 E: bestätigendes Klangzeichen
105 S: <<f>glückwunsch>.
106 den ersten teil hätten wir.
107 damit ich dich in zukunft wiedererkenne, nenne ich dir jetzt deinen persönlichen lucy-namen.
108 am besten schon mal einen stift bereitlegen, denn dein lucy-pseudonym besteht aus einem vornamen und vier ziffern.
109 also notier dir jetzt bitte dein persönliches lucy-pseudonym:(.) julia fünf vier vier drei.
110 (.) okay.
111 zur sicherheit wiederhole bitte noch einmal deinen eben genannten lucy-namen.
112 A: ((Musik erklingt)) Julia fünf vier vier drei. ((Musik bricht ab))
113 E: bestätigendes Klangzeichen
114 S: sehr gut.
115 zu deinem lucy-namen gehört auch eine persönliche geheimnummer: deine geheime lucy pin.
116 mit der kombination aus beidem kannst du dich dann in zukunft bei lucy anmelden.
117 bitte notier dir jetzt folgende geheime lucy pin.

118 sie lautet: fünf fünf zwei drei zwei acht.
119 (-) so, und damit ich weiss, dass alles angekommen ist, wiederhole jetzt bitte noch einmal deine geheime lucy-pin.
120 A: ((Musik erklingt nur kurz)).h fünf fünf zwei drei zwei acht. ((Musik bricht ab))
121 E: bestätigendes Klangzeichen
122 S: prima.
123 als nächstes erhälst du von mir eine geheime lucy-telefonnummer.
124 unter dieser nummer können andere lucy-nutzer dich anrufen, ohne deine richtige telefonnummer zu kennen.
125 ist doch praktisch, denn somit kannst du anonyme kontaktgespräche führen.
126 also, schreibe dir jetzt deine geheime lucy telefonnummer auf und teile sie bei interesse einem zukünftigen Kontakt mit.
127 die Vorwahl deiner lucy-telefonnummer lautet: null eins zwei drei vier fünf sechs.
128 deine geheime lucy-telefonnummer selber lautet: eins zwei fünf drei vier drei sieben.
129 wiederhol bitte zur sicherheit nochmal deine geheime lucy-telefonnummer.
130 die vorwahl null eins zwei drei vier fünf sechs brauchst du dabei nicht noch einmal zu wiederholen.
131 A: ((Musik erklingt)) eins zwei fünf drei vier drei sieben.((Musik bricht ab))
132 E: bestätigendes Klangzeichen
133 S: deine grunddaten lauten also wie folgt-
134 du bist eine frau.
135 du bist (.) dreiundzwanzig Jahre jung.
136 du suchst nach einem partner im umkreis von dreissig kilometern.
137 du selbst <<abgehackt> kommmst aus (.) berlin>.
138 du bist MONtags zu erreichen.
139 angerufen werden möchtest du von achtzehn bis zweiundzwanzig uhr.
140 deine vorwahl lautet: null drei null.

141 deine rufnummer lautet: eins eins eins eins eins eins eins eins.
142 ist das richtig?
143 A: ((Musik erklingt)) ja. ((Musik bricht ab))
144 E: bestätigendes Klangzeichen ertönt
145 S: prima.
146 dann haben wir jetzt die wichtigsten daten beisammen.
147 ein paar sachen würde ich aber gerne noch von dir wissen.
148 zum beispiel: welchen familienstand hast du?
149 A: ((Musik erklingt)) ledig. ((Musik bricht ab
150 E: bestätigendes Klangzeichen
151 S: kommen wir zum nachwuchs.
152 also, wieviele kinder hast du?
153 A: ((Musik erklingt nur ganz kurz)) keine.
154 E: bestätigendes Klangzeichen
155 S: alles klar soweit.
156 aber ein bisschen neugierig bin ich noch.
157 mal sehen.
158 hast du einen studienabschluss oder eine abgeschlossene berufsausbildung?
159 A: ((Musik erklingt)) nein. ((Musik bricht ab))
160 E: bestätigendes Klangzeichen
161 S: prima.
162 kommen wir zu deinem beruf.
163 bist du angestellter, selbständiger, rentner, student, auszubildender oder sonstiges?
164 A: ((Musik erklingt)) angestellte. ((Musik bricht ab))
165 E: bestätigendes Klangzeichen
166 S: jetzt geht's um liebe geld.
167 antworte bitte mit ja oder nein.
168 verdienst du mehr als eintausendfünfhundert euro netto im monat?
169 A: ((Musik erklingt)) nein. ((Musik bricht ab))
170 E: bestätigendes Klangzeichen
171 S: als nächstes geht es um religion.
172 welcher glaubensgemeinschaft gehörst du an?
173 A: ((Musik erklingt)) keiner. ((Musik bricht ab))

```
174 E: bestätigendes Klangzeichen
175 S: so:, jetzt wird's spirituell.
176    welchem sternzeichen gehörst du an?
177 A: ((Musik erklingt)) fisch. ((Musik bricht ab))
178 E: bestätigendes Klangzeichen
179 S: zu deinen lebensumständen hast du folgende Angaben gemacht.
180    du bist single.
181    du hast keine kinder.
182    du hast keine abgeschlossene ausbildung.
183    du bist angestellter.
184    du hast ein einkommen unter eintausendfünfhundert euro.
185    laut deinen angaben gehörst du keiner glaubensgemeinschaft an.
186    du wurdest im zeichen der fische geboren.
187    (.) ist das richtig?
188 A: ((Musik erklingt)) ja. ((Musik bricht ab))
189 E: bestätigendes Klangzeichen
190 S: dann machen wir mal weiter.
191    in den nächsten fragen geht es um dein äusseres.
192    (.) also, wie gross bist du?
193 A: ((Musik erklingt)).h einssiebzich. ((Musik bricht ab))
194 E: bestätigendes Klangzeichen
195 S: kommen wir zu deiner figur.
196    würdest du dich eher als normal, schlank, sportlich oder mollig beschreiben?
197 A: ((Musik erklingt)) normal. ((Musik bricht ab))
198 E: bestätigendes Klangzeichen
199 S: kommen wir jetzt zu deinem typ.
200    würdest du dich eher als europäisch, südländisch oder vielleicht auch asiatisch bezeichnen?
201 A: ((Musik erklingt)) europäisch. ((Musik bricht ab))
202 E: bestätigendes Klangzeichen
203 S: leider kann ich dir übers telefon nicht in die augen schauen, deshalb musst du mir jetzt weiterhelfen.
```

204 welche augenfarbe hast du?
205 A: ((Musik erklingt)) <<langsam> blau>. ((Musik bricht ab))
206 E: Klangzeichen für falsche Eingabe
207 S: hmm, das ist irgendwie nicht bei mir angekommen.
208 also sag mir bitte nochmal, welche farbe ich entdecke, wenn ich dir in die augen schaue.
209 A: ((Musik erklingt)) <<langsam> bLau>. ((Musik bricht ab))
210 E: bestätigendes Klangzeichen
211 S: na, schade, dass ich mich davon nicht persönlich überzeugen kann.
212 und weiter geht's mit deinen haaren.
213 welche haarfarbe hast du?
214 A: ((Musik erklingt)) <<langsam> braun>. ((Musik bricht ab))
215 E: Klangzeichen für falsche Eingabe
216 S: wie lautete grade deine haarfarbe?
217 A: ((Musik erklingt)) <<langsam> BRAUn>. ((Musik bricht ab))
218 E: bestätigendes Klangzeichen
219 S: und nun zur haarlänge.
220 sind deine haare lang, mittellang, kurz oder sehr kurz?
221 A: ((Musik erklingt)).h mittellang. ((Musik bricht ab))
222 E: bestätigendes Klangzeichen
223 S: die nächste frage mit weitblick: trägst du eine brille?
224 A: ((Musik erklingt)) nein. ((Musik bricht nicht ab))
225 <<cresc> NEin>. ((Musik bricht ab))
226 E: bestätigendes Klangzeichen
227 S: dann würde ich als nächstes gerne wissen, wie du dein erscheinungsbild insgesamt beschreiben würdest.
228 ist dein auftreten eher modern, sportlich, elegant, normal oder ausgefallen?
229 A: ((Musik erklingt vergleichsweise lange)).h modern. ((Musik bricht ab))

230 E: bestätigendes Klangzeichen
231 S: so, mal sehen, was als nächste frage ansteht.
232 a:h ja, rauchst du?
233 A: ((Musik erklingt)) nein. ((Musik bricht nicht ab))
234 <<cresc> nein>. ((Musik bricht ab))
235 E: bestätigendes Klangzeichen
236 S: (-) ich fasse die angaben zu deinem aussehen noch einmal kurz zusammen.
237 du bist <<abgehackt> einen meter siebzig gross.>
238 du bist (.) von normaler statur.
239 du bist (.) ein hellhäutiger typ.
240 S: zu deiner augenfarbe hast du keine angaben gemacht.
241 du hast <<abgehackt> braune Haare.>
242 du hast <<abgehackt> mittellange Haare.>
243 du trägst keine brille.
244 dein erscheinungsbild beschreibst du als modern.
245 du bist nichtraucher.
246 (.) ist das richtig?
247 A: ((Musik erklingt)) ja..h ((Musik bricht ab))
248 E: bestätigendes Klangzeichen
249 S: neues kapitel, neues glück.
250 weiter geht's mit fragen zu deiner freizeitgestaltung.
251 (.) also, was ist für dich wichtig in einer guten beziehung.
252 nenn mir bitte einen oder mehrere der folgenden begriffe: humor, vertrauen, sicherheit, geborgenheit, abwechslung, treue oder toleranz.
253 A: ((Musik erklingt)) toleranz. ((Musik bricht ab))
254 (-) T[reuEE]
255 E: [bestätigendes Klangzeichen]
256 A: <<singend> la li[li>
257 S: [so, lass uns jetzt mal übers ausgehen sprechen.
258 A: ((A lacht))

259 S: stell dir folgende situation vor.
260 es ist samstag, zwanzig uhr.
261 wo bist du da am liebsten?
262 (.) sag zum beispiel in der kneipe, im
theater, auf einer party, bei freunden oder
zuhause auf der couch.
263 A: ((Musik erklingt)) <<t> In der KneipÖE>.
((Musik bricht ab))
264 E: bestätigendes Klangzeichen
265 S: vom sonnenanbeter bis zum weltenbummler.
266 jetzt geht's um die schönste zeit des jahres.
267 wo verbringst du deinen urlaub am liebsten?
268 auf dem campingplatz, am strand, zuhause oder
(.) auf entdeckungsreise?
269 A: ((Musik erklingt nur kurz)).h am strand.
((Musik bricht ab))
270 E: bestätigendes Klangzeichen
271 S: na, prima.
272 vielleicht finden wir ja jemanden, mit dem du
deinen nächsten urlaub verbringen kannst.
273 weiter geht's.
274 besitzt du ein auto?
275 A: ((Musik erklingt)) nein. ((Musik bricht ab))
276 E: bestätigendes Klangzeichen
277 S: so:, jetzt kommt bewegung in die sache.
278 bei welcher sportart kann man dich denn in
deiner freizeit bewundern?
279 A: ((Musik erklingt vergleichsweise lange))
KI↑ckboxen. ((Musik bricht ab))
280 E: bestätigendes Klangzeichen
281 S: prima.
282 vom sport zur musik.
283 welche art von musik hörst du vorwiegend?
284 A: ((Musik erklingt)) rock. ((Musik bricht ab))
285 E: bestätigendes Klangzeichen
286 S: kommen wir zu bello und den anderen besten
freunden des menschen.
287 welche haustiere hast du?
288 (.) [du kannst…]
289 A: [keine.]
290 S: =natürlich auch keine sagen.

291 A: =kei:ne:. ((Musik erklingt ganz kurz))
292 E: Klangzeichen falsche Eingabe
293 S: hmm, das hab ich jetzt nicht verstanden.
294 sag mir deshalb bitte ein weiteres mal, was für ein haustier du hast.
295 sag dafür zum beispiel hund, katze, fisch, vogel, hamster, meerschweinchen oder pferd.
296 ach ja, falls das etwas ganz exotisches ist, sag bitte sonstige.
297 und wenn du kein haustier besitzt, kein Problem, dann sag einfach keine.
298 A: ((Musik erklingt)) keine. ((Musik bricht ab))
299 E: bestätigendes Klangzeichen
300 S: haustiere können ja schon ein schönes hobby sein.
301 aber darüber hinaus ist natürlich noch viel mehr denkbar.
302 also erzähl doch mal, welchen hobbies gehst du nach?
303 A: ((Musik erklingt relativ lange)) <<zögernd> lesen?> ((Musik bricht ab))
304 E: bestätigendes Klangzeichen
305 S: jetzt mal eine ganz andere frage.
306 kannst du dir vorstellen mit deinem lucy-kontaktgesuch auch an die öffentlichkeit zu gehen?
307 zum beispiel in zeitschriften oder ins fernsehen?
308 A: ((Musik erklingt kurz)) nein. ((Musik bricht ab))
309 E: bestätigendes Klangzeichen
310 S: zu deinen freizeitbeschäftigungen hast du folgende angaben gemacht.
311 in einer beziehung legst du besonderen wert AUF (-) toleranz.
312 am samstag abend findet man dich am ehesten (.) in der kneipe.
313 den urlaub verbringt man mit dir am besten (-)
am strand.
314 du besitzt kein auto.

315 du betreibst in deiner freizeit eine kampfsportart.
316 als musikrichtung magst du besonders gern rock.
317 du hast keine haustiere.
318 =du liest gerne.
319 du hast kein interesse an öffentlichen auftritten.
320 ist das richtig?
321 A: ((Musik erklingt)) <<f> jja>. ((Musik bricht ab))
322 E: bestätigendes Klangzeichen
323 S: in den folgenden fragen geht es darum, herauszufinden, wie du dir deinen traumpartner vorstellst.
324 los geht's.
325 welchen familienstand soll dein traumpartner haben?
326 A: ((Musik erklingt kurz)) verheiratet. ((Musik bricht ab))
327 E: bestätigendes Klangzeichen
328 S: als nächstes würd ich gern folgendes wissen.
329 darf ein künftiger partner kinder haben?
330 A: ((Musik erklingt)) <<all> ja>. ((Musik bricht ab))
331 A: bestätigendes Klangzeichen
332 S: und weiter, welcher religion sollte dein traumpartner angehören?
333 A: ((Musik erklingt)).h buddhist. ((Musik bricht ab))
334 E: bestätigendes Klangzeichen
335 S: so:, jetzt folgt der blick in die sterne.
336 welchem sternzeichen sollte dein traumpartner angehören?
337 A: ((Musik erklingt)) zwilling. ((Musik bricht ab))
338 E: bestätigendes Klangzeichen
339 S: wie gross soll der traumpartner ungefähr sein?
340 A: ((Musik erklingt)) einsneunzich ((Musik bricht ab))

```
341  E: bestätigendes Klangzeichen
342  S: weiter geht's mit der figur deines
        traumpartners.
343     sollte der partner eher schlank, sportlich,
        normal oder mollig sein?
344  A: ((Musik erklingt kurz)) mollig. ((Musik
        bricht ab))
345  E: bestätigendes Klangzeichen
346  S: alles klar.
347     neben der figur spielt womöglich auch der typ
        eine rolle.
348     deshalb würde mich brennend interessieren:
        stehst du eher auf den europäischen,
        südländischen oder asiatischen typ?
349  A: ((Musik erklingt)) asiatisch. ((Musik bricht
        ab))
350  E: bestätigendes Klangzeichen
351  S: so, mal sehen, was als nächstes kommt.
352     welche augenfarbe sollte dein traumpartner
        haben?
353  A: ((Musik erklingt)) bgrün. ((Musik bricht ab))
354  E: bestätigendes Klangzeichen
355  S: wir bleiben beim thema farbe.
356     welche haarfarbe sollte dein traumpartner
        haben?
357  A: ((Musik erklingt)) brraun. ((Musik bricht
        nicht ab))
358     <<cresc> braun>. ((Musik bricht ab))
359  E: bestätigendes Klangzeichen
360  S: wir bleiben noch ein wenig bei den haaren.
361     wie lang sollten denn die haare des
        traumpartners sein?
362  A: ((Musik erklingt)) schulterlang. ((Musik
        bricht ab))
363  E: bestätigendes Klangzeichen
364  S: und noch eine frage zum thema haare.
365     darf oder soll dein traumpartner einen bart
        tragen?
366  A: ((Musik erklingt)) er SOLL einen bart tragen.
        ((Musik bricht ab))
367  E: bestätigendes Klangzeichen
368  S: wir beschäftigen uns weiter mit dem gesicht.
```

369 darf dein traumpartner eine brille tragen?
370 A: ((Musik erklingt)) nein. ((Musik bricht ab))
371 E: bestätigendes Klangzeichen
372 S: kommen wir jetzt zur gesamterscheinung deines wunschpartners.
373 sollte dein künftiger partner eher sportlich, elegant, modern oder normal auftreten?
374 A: ((Musik erklingt)) elegant. ((Musik bricht ab))
375 E: bestätigendes Klangzeichen
376 S: um konfliktpotential von anfang an auszuschliessen, sollten wir noch folgende frage klären.
377 darf dein traumpartner raucher sein?
378 A: ((Musik erklingt)) jja. ((Musik bricht ab))
379 E: bestätigendes Klangzeichen
380 S: zu deinem wunschpartner hast du folgende angaben gemacht.
381 der partner sollte kein single sein.
382 der partner darf kinder haben.
383 S: dein wunschpartner sollte buddhist sein.
384 dein wunschpartner sollte vom sternzeichen zwilling sein.
385 der partner sollte (.) ungefähr ein Meter (.) neunzig (.) gross sein.
386 =dein partner sollte (.) mollig sein.
387 der partner sollte (.) ein asiatischer typ sein.
388 dein wunschpartner sollte (.) grüne augen haben.
389 der wunschpartner sollte (.) braune (.) haare haben.
390 =der wunschpartner sollte (.) schulterlange (.) haare haben.
391 dein partner sollte einen bart haben.
392 der wunschpartner sollte keine brille tragen.
393 =das erscheinungsbild des partners sollte elegant sein.
394 du wünschst dir einen Raucher.
395 (.)ist das richtig?
396 A: ((Musik erklingt)) ja. ((Musik bricht ab))

397 E: bestätigendes Klangzeichen
398 S: so, das war's.
399 damit weiss ich jetzt genug über dich und deinen wunschpartner.
400 ich mach mich auch gleich auf die suche.
401 (.) zwei der wichtigsten lucy-telefonnummern will ich dir aber nochmal geben.
402 folgende nummer musst du in zukunft wählen, um dein eigenes profil oder das partnerprofil zu ändern: null eins zwei drei vier fünf sechs sieben acht zwei zwei zwei.
403 und wähle bitte folgende rufnummer, um mit deinen möglichen Traumpartnern zu telefonieren, die ich für dich gefunden habe: null eins zwei drei vier fünf sechs sieben acht eins eins eins.
404 also, dann mach's erst mal gut, und bis zum nächsten mal unter einer der beiden telefonnummern.
((Leitung wird unterbrochen, Rufton, A legt auf))

Bibliographie

Àgel, Vilmos, Kehrein, Roland (Hrsg.) (2002): Das Wort – Sprech- und/oder Schreibzeichen? Ein empirischer Beitrag zum latenten Gegenstand der Linguistik. In: Àgel, Vilmos, Gardt, Andreas, Hass-Zumkehr, Ulrike, Roelcke, Thorsten (Hrsg.): Das Wort. Seine strukturelle und kulturelle Dimension. Tübingen: Max Niemeyer, S. 3–28.

Amalberti, René, Carbonell, Noelle, Falzon, Pierre (1993): User Representations of Computer Systems in Human-Computer Speech Interaction. In: International Journal of Man-Machine Studies 38/4, S. 547–566.

André, Elisabeth, Dybkjaer, Leila, Minker, Wolfgang, Heisterkamp, Paul (Hrsg.) (2004): Affective Dialogue Systems. Tutorial and Research Workshop: Proceedings ADS 2004, Kloster Irsee, Germany. Berlin: Springer.

Antos, Gerd (1988): Zwischen Kunde und Computer. Interaktionsprobleme bei telefonischen Reklamationsgesprächen. In: Gutenberg, Norbert (Hrsg.): Kann man Kommunikation lehren? Konzepte mündlicher Kommunikation und ihrer Vermittlung. (Vorträge auf der 19. Fachtagung der Deutschen Gesellschaft für Sprechwissenschaft und Sprecherziehung vom 8. – 10. Oktober 1987 in Saarbrücken). Frankfurt a. M.: Scriptor, S. 9–18.

Auer, Peter (1999): Sprachliche Interaktion: Eine Einführung anhand von 22 Klassikern. Tübingen: Max Niemeyer.

Balentine, Bruce (2007): It's Better to Be a Good Machine Than a Bad Person. Annapolis, Maryland: ICMI Press.

Balentine, Bruce (1999): Re-Engineering the Speech Menu: A "Device" Approach to Interactive List-Selection. In: Gardner-Bonneau, Daryle (Hrsg.): Human Factors and Voice Interface Systems. Norwell, MA: Kluwer Academic Publishers, S. 213–215.

Balentine, Bruce, Morgan, David P. (2001): How to Build a Speech Recognition Application. A Style Guide for Telephony Dialogues. (Second Edition). San Ramon: EIG Press.

Bateman, John (2010): Angewandte natürlichsprachliche Generierungs- und Auskunftsysteme. In: Carstensen, Kai-Uwe, Ebert, Christian, Ebert,

Cornelia, Jekat, Susanne, Klabunde, Ralf, Langer, Hagen (Hrsg.): Computerlinguistik und Sprachtechnologie. 3. überarbeitete und erweiterte Auflage. Heidelberg: Spektrum S. 633–642.

Becker, Tilman (2010): (Multimodale) Dialogsysteme. In: Carstensen, Kai-Uwe, Ebert, Christian, Ebert, Cornelia, Jekat, Susanne, Klabunde, Ralf, Langer, Hagen (Hrsg.): Computerlinguistik und Sprachtechnologie. Eine Einführung. 3. erweiterte und überarbeitete Auflage. Heidelberg: Spektrum, S. 624–632.

Becker-Mrotzek, Michael (2009): Mündliche Kommunikationskompetenz. In: Becker-Mrotzek, Michael (Hrsg.): Mündliche Kommunkation und Gesprächsdidaktik (Deutschunterricht in Theorie und Praxis. Handbuch zur Didaktik der deutschen Sprache und Literatur in elf Bänden, Band 3). Baltmannsweiler: Schneider Verlag Hohengehren, S. 66–83.

Becker-Mrotzek, Michael, Meier, Christoph (1999): Arbeitsweisen und Standardverfahren der Angewandten Diskursforschung. In: Brünner, Gisela, Fiehler, Reinhard, Kindt, Walther (Hrsg.): Angewandte Diskursforschung. Band 1: Grundlagen und Beispielanalysen. Opladen: Westdeutscher Verlag, S. 18–45.

Becker-Mrotzek, Michael, Meier, Christoph (2002): Arbeitsweisen und Standardverfahren der Angewandten Diskursforschung. In: Brünner, Gisela, Fiehler, Reinhard, Kindt, Walther (Hrsg.): Angewandte Diskursforschung. Band 1: Grundlagen und Beispielanalysen. Radolfzell: Verlag für Gesprächsforschung, S. 18–45.

Bendel, Sylvia (2007): Sprachliche Individualität in der Institution. Telefongespräche in der Bank und ihre individuelle Gestaltung. Tübingen, Basel: A. Francke.

Bergmann, Jörg (1991): Konversationsanalyse. In: Flick, Uwe et al. (Hrsg.): Handbuch qualitative Sozialforschung. München), S. 213–218.

Bergmann, Jörg, R. (1981): Ethnomethodologische Konversationsanalyse. In: Schröder, Peter, Steger, Hugo (Hrsg.): Dialogforschung. Jahrbuch 1980 des Instituts für deutsche Sprache. Düsseldorf: Pädagogischer Verlag Schwann, S. 9–52.

Bergmann, Jörg, R. (1994): Ethnomethodologische Konversationsanalyse. In: Fritz, Gerd, Hundsnurscher, Franz (Hrsg.): Handbuch der Dialoganalyse. Tübingen: Max Niemeyer, S. 3–16.

Bergmann, Jörg, R. (2001): Das Konzept der Konversationsanalyse. In: Brinker, Klaus, Antos, Gerd, Heinemann, Wolfgang, Sager, Sven F. (Hrsg.): Text- und Gesprächslinguistik. Ein internationales Handbuch zeitgenössischer Forschung. 2. Halbband. Berlin, New York: de Gruyter, S. 919–927.

Bernsen, Niels Ole, Dybkjaer, Hans, Dybkjaer, Laila (1998): Designing Interactive Speech Systems: From First Ideas to User Testing. London: Springer.

Bräunlein, Jürgen (1997): Ästhetik des Telefonierens. Berlin: Wissenschaftlicher Verlag Spiess.

Briggs Myers, Isabel, McCaulley, Mary H. (1985): Manual: A Guide to the Development and Use of the Myers-Briggs Type Indicator. Consulting Psychologists Press.

Brinker, Klaus, Sager, Sven F. (2010): Linguistische Gesprächsanalyse. Eine Einführung. 5. neu bearbeitete Auflage. Berlin: Erich Schmidt.

Brown, Penelope, Levinson, Stephen C. (1987): Politeness: Some Universals in Language Usage. Cambridge: University Press.

Brünner, Gisela (2000): Wirtschaftskommunikation. Linguistische Analyse ihrer mündlichen Form. Tübingen: Max Niemeyer.

Bucher, Hans-Jürgen (1994): Frage-Antwort-Dialoge. In: Fritz, Gerd, Hundsnurscher, Franz (Hrsg.): Handbuch der Dialoganalyse. Tübingen: Max Niemeyer, S. 239–258.

Bush, Ryan, Guerra, Lisa (2006): Yes/No Questions are Simple, Right? In: Meisel, William (Hrsg.): VUI Visions. Expert Views on Effective Voice User Interface Design. Victoria, CA: Trafford Publishing, S. 93–96.

Carstensen, Kai-Uwe, Ebert, Christian, Endriss, Cornelia, Jekat, Susanne, Klabunde, Ralf, Langer, Hagen (2001): Computerlinguistik und Sprachtechnologie. Eine Einführung. (1. Auflage). Heidelberg, Berlin: Spektrum.

Cassell, Justine, Tartaro, Andrea (2007): Intersubjectivity in Human-Agent Interaction. In: Interaction Studies/8:3, S. 391–410.

Clark, Herbert H. (1996): Using Language. Cambridge: Cambridge University Press.

Clark, Herbert H. (1999): How Do Real People Communicate with Virtual Partners? In: Proceedings of AAAI-99 Fall Symposium, Psychological Models of Communication in Collaborative Systems, November 5–7th, 1999, North Falmouth, MA, S. 43–47.

Clark, Herbert H., Schaefer, Edward F. (1989): Contributing to Discourse. In: Cognitive Science 13, S. 259–294.

Cohen, Michael H., Giangola, James P, Balogh, Jennifer (2007): Voice User Interface Design. (Second Printing). Addison-Wesley.

Cook, John, Salvendy, Gavriel (1989): Perception of Computer Dialogue Personality: an Exploratory Study. In: International Journal of Man-Machine Studies 31/1, S. 717–728.

Couper-Kuhlen, Elizabeth (2007): Prosodische Prospektion und Retrospektion im Gespräch. In: Hausendorf, Heiko (Hrsg.): Gespräch als Prozess. Linguistische Aspekte der Zeitlichkeit verbaler Interaktion. (Studien zur Deutschen Sprache; Band 37). Tübingen: Gunter Narr, S. 69–94.

Danieli, Morena (2004): Designing Error Recovery Dialogs. In: Dahl, Deborah (Hrsg.): Practical Spoken Dialog Systems. Dordrecht, Boston, London: Kluwer Academic Publishers, S. 65–83.

Delogu, Cristina, di Carlo, Andrea, Sementina, Ciro, Stecconi, Silvia (1993): A Methodology for Evaluating Human-Machine Spoken Language Interaction. In: Proceedings of 3rd European Conference on Speech Communication and Technology (EUROSPEECH '93), S. 1427–1430.

Demberg, Vera, Winterboer, Andi, Moore, Johanna, D. (2011): A Strategy for Information Presentation in Spoken Dialog Systems. In: Computational Linguistics 37/3, S. 489–539.

Deppermann, Arnulf (2008): Gespräche analysieren. Eine Einführung. 4. Auflage. Wiesbaden: VS Verlag für Sozialwissenschaften.

Deppermann, Arnulf, Spranz-Fogasy, Thomas (Hrsg.) (2002): Bedeuten. Wie Bedeutung im Gespräch entsteht. Tübingen: Stauffenburg.

Dichtl, Erwin, Issing, Otmar (Hrsg.) (1994): Vahlens grosses Wirtschaftslexikon. München: C.H. Beck.

DIN, Deutsches Institiut für Normung (2010): Ergonomie der Mensch-System-Interaktion - Teil 210: Prozess zur Gestaltung gebrauchstauglicher interaktiver Systeme (ISO 9241–210:2010); Deutsche Fassung EN ISO 9241–210:2010. Berlin: Beuth.

Dybkjaer, Hans, Dybkjaer, Laila (2006): DialogDesigner: Tools Support for Dialogue Model Design and Evaluation. In: Computer and the Humanities 40/1, S. 87–107.

Dybkjaer, Laila, Bernsen, Niels Ole, Minker, Wolfgang (2004): Evaluation and Usability of Multimodal Spoken Language Dialogue Systems. In: Speech Communication 43 /1–2, S. 33–54.

Edlund, Jens, Gustafson, Joakim, Heldner, Matthias, Hjalmarsson, Anna (2008): Towards Human-Like Spoken Dialogue Systems. In: Speech Communication/50, S. 630–645.

Ehlich, Konrad et al. (2005): Anforderungen an Verfahren der regelmässigen Sprachstandsfeststellung als Grundlage für die frühe und individuelle Förderung von Kindern mit und ohne Migrationshintergrund. Berlin: Bundesministerium für Bildung und Forschung (Bildungsreform Band 11).

Engelbrecht, Klaus-Peter, Quade, Michael, Möller, Sebastian (2009): Analysis of a New Simulation Approach to Dialog System Evaluation. In: Speech Communication 51/12, S. 1234–1252.

Erbach, Gregor (2000): Sprachdialogsysteme für Telefondienste. Stand der Technik und zukünftige Entwicklungen. http://mcgreg.x10.mx/pub/ivsw00/ivsw2000-erbach.pdf, zitiert 9.2.2013.

Evert, Stefan, Frötschl, Bernhard, Lindstrot, Wolf (2010): Statistische Grundlagen. In: Carstensen, Kai-Uwe, Ebert, Christian, Ebert, Cornelia, Jekat, Susanne, Klabunde, Ralf, Langer, Hagen (Hrsg.): Computerlinguistik und Sprachtechnologie. (3. überarbeitete und erweiterte Auflage). Heidelberg: Spektrum, S. 114–157.

Falzon, Pierre, Amalberti, René, Carbonell, Noelle (1986): Dialogue Control Strategies in Oral Communication. In: Hopper, K., Newman, I. A. (Hrsg.): Foundation for Human-Computer Communication. Proceedings of the IFIP WG 2.6 Working Conference on The Future of Command Languages: Foundations for Human-Computer Communication, Rome, Italy, Sept., 1985. Amsterdam: Elsevier, S. 73–98.

Fiehler, Reinhard (1986): Zur Konstitution und Prozessierung von Emotionen in der Interaktion. Emotionsaufgaben, Emotionsregeln und Muster der Kommunikation von Emotionen. In: Kallmeyer, Werner (Hrsg.): Kommunikationstypologie: Handlungsmuster, Textsorten, Situtationstypen. Düsseldorf: Schwann-Bagel, S. 280–325.

Fiehler, Reinhard (2009a): Gesprochene Sprache. In: Duden. Die Grammatik. Berlin: Dudenverlag, S. 1165–1244.

Fiehler, Reinhard (2009b): Mündliche Kommunikation. In: Becker-Mrotzek, Michael (Hrsg.): Mündliche Kommunkation und Gesprächsdidaktik (Deutschunterricht in Theorie und Praxis. Handbuch zur Didaktik der deutschen Sprache und Literatur in elf Bänden, Band 3). Baltmannsweiler: Schneider Verlag Hohengehren, S. 25–51.

Fischer, Kerstin (1999): Repeats, Reformulations, and Emotional Speech: Evidence for the Design of Human-Computer Speech Interfaces. In: Bullinger, Hans-Jörg, Ziegler, Jürgen (Hrsg.): Human-Computer Interaction: Ergonomics and User Interfaces. Volume 1 of Proceedings of the 8th International Conference on Human-Computer Interaction in Munich. London: D. Lawrence Erlbaum Ass., S. 560–565.

Fischer, Kerstin (2000): What is a Situation? In: Proceedings of Götalog 2000, 4th Workshop on the Semantics and Pragmatics of Dialogue. Volume 00, Number 05 of Gothenburg Papers in Computational Linguistics, June 15–17, Göteborg University, S. 85–92.

Fischer, Kerstin (2003): Linguistic Methods for Investigating Concepts in Use. In: Stolz, Thomas, Kolbe, Katja (Hrsg.): Methodologie in der Linguistik. Frankfurt a.M.: Peter Lang, S. 39–62.

Fischer, Kerstin (2006): What Computer Talk Is and Isn't. Human-Computer Conversation as Intercultural Communication. (Sprachwissenschaft-Computerlinguistik. Linguistics – Computational Linguistics. Band 17). Saarbrücken: AQ-Verlag.

Fojut, Simone (2008): Call Center Lexikon. Die wichtigsten Fachbegriffe der Branche verständlich erklärt. Wiesbaden: Betriebswirtschaftlicher Verlag Dr. Th. Gabler, GWV Fachverlage GmbH.

Ford, Cecilia, Fox, Barbara, Thompson, Sandra A. (1996): Practice in the Construction of Turns: the „TCU" Revisited. In: Pragmatics 6/3, S. 427–454.

Fraser, Norman M., Gilbert, G. Nigel (1991a): Simulating Speech Systems. In: Computer Speech and Language/5, S. 81–99.

Fraser, Norman M., Gilbert, G. Nigel (1991b): Effects of System Voice Quality on User Utterances in Speech Dialogue Systems. In: Proceedings of 2nd European Conference on Speech Communication and Technology (EUROSPEECH '91). Genova), S. 57–60.

Fritz, Gerd (1994): Grundlagen der Dialogorganisation. In: Fritz, Gerd, Hundsnurscher, Franz (Hrsg.): Handbuch der Dialoganalyse. Tübingen: Max Niemeyer, S. 177–201.

Fukubayashi, Yuichiro, Komatani, Kazunori, Ogata, Tetsuya, Okuno, Hiroshi G. (2006): Dynamic Help Generation by Estimating User's Mental Model in Spoken Dialogue Systems. In: Proceedings of International Conference of Spoken Language Processing (INTERSPEECH), S. 1946–1949.

Garfinkel, Harold (1967): Studies in Ethnomethodology. Englewood Cliffs, New Jersey: Prentice-Hall.

Gay, Friedbert (2004): Das DISG-Persönlichkeitsprofil. Persönliche Stärke ist kein Zufall. Remchingen: persolog GmbH.

Gentner, Derdre, Stevens, Albert L. (1983): Mental Models. Hillsdale: Lawrence Erlbaum Asociates.

Germesin, Sebastian, Becker, Tilman, Poller, Peter (2008): Domain-specific Classification Methods for Disfluency Detection. In: INTERSPEECH 2008, S. 2518–2521.

Gibbon, Dafydd, Mertins, Inge, Moore, Roger K. (2000): Handbook of Multimodal and Spoken Dialogue Systems. Norwell, MA, USA: Kluwer Academic Publishers.

Gieselmann, Petra, Waibel, Alex (2005): What Makes Human-Robot Dialogues Struggle? In: Proceedings of the 9th Workshop on the Semantics and Pragmatics of Dialogue 2005, DIALOR 2005.

Goffman, Erving (1977): Rahmen-Analyse. Ein Versuch über die Organisation von Alltagserfahrung. Frankfurt a.M.: Suhrkamp.

Goffman, Erving (1978): Response Cries. In: Language 54, S. 787–815.

Gravano, Agustìn, Hirschberg, Julia (2011): Turn-Taking Cues in Task-Oriented Dialogue. In: Computer Speech and Language 25/3, S. 601–634.

Grice, Paul H. (1975): Logic and Conversation. In: Cole, Peter, Morgan Jerry L. (Hrsg.): Syntax and Semantics, Volume 3, Speech Acts. New York: University Press, S. 41–58.

Grothendieck, John, Gorin, Allen L., Borges, Nash M. (2011): Social Correlates to Turn-Taking Style. In: Computer Speech and Language 25/4, S. 789–801.

Gruber, Helmut (2002): Die Struktur von Gesprächssequenzen. In: Brinker, Klaus, Antos, Gerd, Heinemann, Wolfgang, Sager, Sven F. (Hrsg.): Text- und Gesprächslinguistik: ein internationales Handbuch zeitgenössischer Forschung. Berlin: de Gruyter, S. 1226–1241.

Gumperz, John J. (1982): Discourse Strategies. Cambridge: Cambridge University Press.

Harris, Randy Allen (2005): Voice Interaction Design. Crafting the New Conversational Speech Systems. San Francisco: Elsevier Inc.

Hausendorf, Heiko (2007): Die Prozessualität des Gesprächs als Dreh- und Angelpunkt der Gesprächsforschung. In: Hausendorf, Heiko (Hrsg.): Gespräch als Prozess. Linguistische Aspekte der Zeitlichkeit verbaler Interaktion. Studien zur Deutschen Sprache, 37. Tübingen: Gunter Narr, S. 11–32.

Heritage, John (1984): Garfinkel and Ethnomethodology. Cambridge: Polity Press.

Heritage, John (2007): Intersubjectivity an Progressivity in Person (and Place) Reference. In: Enfield, Nick J., Stivers, Tanya (Hrsg.): Person Reference in Interaction. Cambridge: Cambridge University Press, S. 255–280.

Hess-Lüttich, Ernest W.B. (Hrsg.) (1990): Das Telefonat als Mediengesprächstyp. In: Hess-Lüttich, Ernest W.B., Posner, Roland (Hrsg.): Code-Wechsel. Texte im Medienvergleich. Opladen, S. 271–293.

Hirschauer, Stefan, Amann, Klaus (1997): Die Befremdung der eigenen Kultur. Zur ethnographischen Herausforderung soziologischer Empirie. Frankfurt a.M.: Suhrkamp.

Hirschberg, Julia, Littmann, Diane, Swerts, Marc (1999): Prosodic Cues to Recognition Errors. City.

Hitzenberger, Ludwig, Womser-Hacker, Christa (1995): Experimentelle Untersuchungen zu multimodalen natürlichsprachigen Dialogen in der Mensch-Computer-Interaktion. In: Sprache und Datenverarbeitung 19 (1), S. 51–61.

Hjalmarsson, Anna (2011): The Additive Effect of Turn-Taking Cues in Human and Synthetic Voice. In: Speech Communication 53/1, S. 23–35.

Hoeppner, Wolfgang (Hrsg.) (2001): Der Mensch-Maschine-Dialog. In: Brinker, Klaus, Antos, Gerd, Heinemann, Wolfgang, Sager, Sven F. (Hrsg.): Text- und Gesprächslinguistik. Ein internationales Handbuch zeitgenössischer Forschung. Berlin, New York: Walter de Gruyter, S. 1607–1618.

Höflich, Joachim R. (1996): Technisch vermittelte interpersonale Kommunikation. Opladen: Westdeutscher Verlag GmbH.

Höflich, Joachim R. (2000): Die Telefonsituation als Kommunikationsrahmen. Anmerkungen zur Telefonsozialisation. In: Bräunlein, Jürgen, Flessner, Bernd (Hrsg.): Der sprechende Knochen. Perspektiven von Telefonkulturen. Würzburg: Königshausen & Neumann, S. 85–100.

Hopper, Robert (1992): Telephone Conversation. Bloomington, Indianapolis: Indiana University Press.

Hutchby, Ian, Wooffitt, Robin (2008): Conversation Analysis. Cambridge, UK: Polity Press.

Hutter, Hans-Peter, Jekat, Susanne (2010): Evaluation von sprachverstehenden und -generierenden Systemen. In: Carstensen, Kai-Uwe, Ebert, Christian, Ebert, Cornelia, Jekat, Susanne, Klabunde, Ralf, Langer, Hagen (Hrsg.): Computerlinguistik und Sprachtechnologie. 3. überarbeitete und erweiterte Auflage. Heidelberg: Spektrum, S. 659–678.

Imo, Wolfgang (2013): Sprache in Interaktion. Analysemethoden und Untersuchungsfelder. Berlin/Boston: Walter de Gruyter GmbH.

Izdebski, Krzysztof (Hrsg.) (2008): Emotions in the Human Voice. San Diego, Oxford, Brisbane: Plural Publishing.

Jeong, Minwoo, Jung, Sangkeun, Lee, Gary G. (2004): Speech Recognition Error Correction Using Maximum Entropy Language Model. In: Proceedings of INTERSPEECH 2004, S. 2137–2140.

Jeong, Minwoo, Kim, Byeongchang, Lee, Gary G. (1996): Semantic-Oriented Error Correction for Spoken Query Processing. In: Proceedings of International Conference on Spoken Language Processing (ICSLP) 1996, S. 807–900.

Johnstone, Anne, Berry, Umesh, Ngyuen, Tina, Asper, Alan (1994): There Was a Long Pause: Influencing Turn-Taking Behaviour in Human-Human and Human-Computer Spoken Dialogues. In: International Journal of Human-Computer Studies 41, S. 383–411.

Jurafsky, Daniel, Martin, James H. (2000): Speech and Language Processing. An Introduction to Natural Language Processing, Computational Linguistics and Speech Recognition. Upper Saddle River: Prentice Hall.

Kallmeyer, Werner (1979): Kritische Momente. Zur Konversationsanalyse von Interaktionsstörungen. In: Frier, Wolfgang, Labroisse, Gerd (Hrsg.): Grundfragen der Textwissenschaft. Linguistische und literaturwissenschaftliche Aspekte. Amsterdam: Rodopi, S. 59–110.

Kallmeyer, Werner (Hrsg.) (1981): Aushandlung und Bedeutungskonstitution. In: Schröder, Peter, Steger, Hugo (Hrsg.): Dialogforschung. Düsseldorf: Pädagogischer Verlag Schwann, S. 89–127.

Kallmeyer, Werner (1988): Konversationsanalytische Beschreibung. In: Ammon, Ulrich, Dittmar, Norbert, Mattheier, Klaus J. (Hrsg.): Soziolinguistik. Ein Internationales Handbuch zur Wissenschaft von Sprache und Gesellschaft. 2. Halbband. Berlin, New York: de Gruyter, S. 1095–1108.

Kallmeyer, Werner, Schütze, Fritz (1976): Konversationsanalyse. In: Studium Linguistik 1, S. 1–28.

Kellner, Andreas (2001): Dialogsysteme. In: Carstensen, Kai-Uwe, Ebert, Christian, Endriss, Cornelia, Jekat, Susanne, Klabunde, Ralf, Langer, Hagen (Hrsg.): Computerlinguistik und Sprachtechnologie: Eine Einführung. Heidelberg, Berlin: Spektrum, S. 484–491.

Kennedy, Alan, Wilkes, Alan, Elder, Leona, Murray, Wayne S. (1988): Dialogue with Machines. In: Cognition 30, S. 37–72.

Klabunde, Ralf (2010): Automatentheorie und Formale Sprachen. In: Carstensen, Kai-Uwe, Ebert, Christian, Ebert, Cornelia, Jekat, Susanne, Klabunde, Ralf, Langer, Hagen (Hrsg.): Computerlinguistik und Sprachtechnologie. 3. überarbeitete und erweiterte Auflage. Heidelberg: Spektrum, S. 66–93.

Kockmann, Marcel, Burget, Lukas, Cernocky, Jan Honza (2011): Application of Speaker- and Language Identification State-of-the-Art Techniques for Emotion Recognition. In: Speech Communication 53/9–10, S. 1172–1185.

Komatani, Kazunori, Ikeda, Satoshi, Ogata, Tetsuya, Okuno, Hiroshi G. (2007): Managing Out-of-Grammar Utterances by Topic Estimation with Domain Extensibility in Multi-Domain Spoken Dialogue Systems. In: Speech Communication 50, S. 863–870.

Komatani, Kazunori, Kanda, Naoyuki, Nakano, Mikio, Nakadai, Kazuhiro, Tsujino, Hiroshi, Ogata, Tetsuya, Okuno, Hiroshi G. (2006): Multi-Domain Spoken Dialogue System with Extensibility and Robustness against Speech Recognition Errors. In: Proceedings of 7th SIGdial Workshop on Discourse and Dialogue, S. 9–17.

Kotelly, Blade (2003): The Art and Business of Speech Recognition: Creating the Noble Voice. Boston: Pearson Education Inc.

Krallmann, Dieter, Pape, Martin (1981): Zur maschinellen Rekonstruktion natürlich-sprachlicher Dialoge. In: Schröder, Peter, Steger, Hugo (Hrsg.): Dialogforschung. Sprache der Gegenwart, Bd. 54. Jahrbuch des Instituts für Deutsche Sprache 1980. Düsseldorf: Pädagogischer Verlag Schwann, S. 178–186.

Krause, Jürgen (1992): Fazit und Ausblick: Registermodell versus metaphorischer Gebrauch von Sprache in der Mensch-Computer-Interaktion. In: Krause, Jürgen, Hitzenberger, Ludwig (Hrsg.): Computer Talk. Hildesheim: Olms, S. 157–170.

Krause, Jürgen, Hitzenberger, Ludwig (1992): Computer Talk. Hildesheim: Olms.

Krauss, Robert M., Pardo, Jennifer S. (2004): Is Alignment Always the Result of Automatic Priming? In: Behavioral and Brain Sciences 27, S. 203–204.

Kroll, Florian A. (2009): Gesprächsanalyse. Voraussetzungen und Probleme empirischer Kommunikationsforschung am Anwendungsbeispiel von Beratungsgesprächen mit ausländischen Gaststudenten. Aachen: Shaker.

Labov, William (1980): Einige Prinzipien linguistischer Methodologie. In: Labov, William (Hrsg.): Sprache im sozialen Kontext. Königstein: Athenäum, S. 1–24.

Larson, James A. (2004): Voice User Interface Design for Novice and Experienced Users. In: Dahl, Deborah (Hrsg.): Practical Spoken Dialog Systems. Dordrecht, Boston, London: Kluwer Academic Publishers, S. 41–63.

Levinson, Stephen C. (2000): Pragmatik. (3. Aufl., neu übersetzt v. M. Wiese). Tübingen: Niemeyer.

Levow, Gina-Anne (1998): Characterizing and Recognizing Spoken Corrections in Human Computer Dialogue. In: Proceedings of COLING-ACL 1998, Association for Computational Linguistics, S. 736–742.

Levow, Gina-Anne (1999): Understanding Recognition Failures in Spoken Corrections in Human-Computer-Dialogue. In: Proceedings of ESCA Workshop on Dialogue and Prosody.

Li, Ming, Han, Kyu J., Narayanan, Shrikanth (2013): Automatic Speaker Age and Gender Recognition Using Acoustic and Prosodic Level Information Fusion. In: Computer Speech and Language 27/1, S. 151–167.

Litman, Diane, Hirschberg, Julia, Swerts, Marc (2006): Characterizing and Predicting Corrections in Spoken Dialogue Systems. In: Computational Linguistics 32/3, S. 417–438.

Lopez-Cozar, Ramon, Callejas, Zoraida (2007): ASR Post-Correction for Spoken Dialogue Systems Based on Semantic, Syntactic, Lexical and Contextual Information. In: Speech Communication 50, S. 745–766.

Lopez-Cozar, Ramon, Silovsky, Jan, Kroul, Martin (2011): Enhancement of Emotion Detection in Spoken Dialogue Systems by Combining Several Information Sources. In: Speech Communication 53/9–10, S. 1210–1228.

Lüger, Heinz-Helmut (1988): Routine und Gesprächsorganisation: Zur Beschreibung ‚zweckorientierter' Kommunikationsabläufe in Zugauskünften. In: Papiere zur Linguistik Nr. 39 (Heft 2, 1988), S. 3–22.

McGlashan, Scott, Burnett, Daniel, Carter, Jerry, Danielsen, Peter, Ferrans, Jim, Hunt, Andrew, Lucas, Bruce, Porter, Brad, Rehor, Ken, Tryphonas, Steph (2004): Voice Extensible Markup Language (VoiceXML) Version 2.0 (http://www.w3.org/TR/voicexml20/, zitiert 10.2.2013).

McTear, Michael F. (2004): Spoken Dialogue Technology: Toward the Conversational User Inteface. London: Springer.

Metze, Florian, Ajmera, Jitendra, Englert, Roman, Bub, Udo, Burkhardt, Felix, Stegmann, Joachim, Müller, Christian, Huber, Richard, Andrassy, Bernt, Bauer, Josef G., Littel, Bernhard (2007): Comparison of Four Approaches to Age and Gender Recognition for Telephone Applications. In: Proceedings of ICASSP (2007), S. 2277–2280.

Miller, George A. (1956): The Magical Number Seven, Plus or Minus Two: Some Limits on our Capacity for Procesing Information. In: Psychological Review 63, S. 81–97.

Möbius, Bernd (2001): Sprachsynthesesysteme. In: Carstensen, Kai-Uwe, Ebert, Christian, Endriss, Cornelia, Jekat, Susanne, Klabunde, Ralf, Langer, Hagen (Hrsg.): Computerlinguistik und Sprachtechnologie: Eine Einführung. (1. Auflage). Heidelberg, Berlin: Spektrum, S. 462–468.

Möbius, Bernd, Haiber, Udo (2010): Verarbeitung gesprochener Sprache. In: Carstensen, Kai-Uwe, Ebert, Christian, Ebert, Cornelia, Jekat, Susanne, Klabunde, Ralf, Langer, Hagen (Hrsg.): Computerlinguistik und Sprachtechnologie. (3. überarbeitete und erweiterte Auflage). Heidelberg: Spektrum, S. 214–235.

Möller, Sebastian (2004): Quality of Telephone-Based Spoken Dialogue Systems. New York: Springer Science+Business Media, Inc.

Möller, Sebastian, Krebber, Jan, Raake, Alexander, Smeele, Paula, Rajman, Martin, Melichar, Mirek, Pallota, Vincenzo, Tsakou, Gianna, Kladis, Basilis, Vovos, Anestis, Hoonhout, Jettie, Schuchardt, Dietmar, Fakotakis, Nikos, Ganchev, Todor, Potamitis, I. (2004): INSPIRE: Evaluation of a Smart-Home System for Infotainment Management and device Control. In: Proceedings of the 4th International Conference on Language Resources and Evaluation, LREC 2004, S. 1603–1606.

Möller, Sebastian, Smeele, Paula, Boland, Heleen, Krebber, Jan (2007): Evaluating Spoken Dialogue Systems According to De-Facto Standards: A Case Study. In: Computer Speech and Language 21, S. 26–53.

Mondada, Lorenza (Hrsg.) (2007): *Turn taking* in multimodalen und multiaktionalen Kontexten. In: Hausendorf, Heiko (Hrsg.): Gespräch als Prozess. Linguistische Aspekte der Zeitlichkeit verbaler Interaktion. Tübingen: Narr, S. 247–275.

Morel, M.-A. (1989): Computer-Human Communication. In: Taylor, M., Neel, F., Bouhuis, D. (Hrsg.): The Structure of Multimodal Communication. Amsterdam: North-Holland Elsevier, S. 323–330.

Nass, Clifford, Brave, Scott (2005): Wired for Speech. How Voice Activates and Advances the Human-Computer Relationship. Cambridge, MA: MIT Press.

Nass, Clifford, Gong, Li (2004): Ten Principles for Designing Human-Computer Dialog Systems. In: Dahl, Deborah (Hrsg.): Practical Spoken Dialog Systems. Dordrecht, Boston, London: Kluwer Academic Publishers, S. 25–40.

Nass, Clifford, Moon, Youngme (2000): Machines and Mindlessness: Social Responses to Computers. In: Journal of Social Issues 56/1, S. 81–103.

Nielsen, Jakob (1993): Usability Engineering. San Diego, CA, USA: Academic Press.

Nöth, Elmar, Fischer, Volker (2010): Sprachein- und ausgabe. In: Carstensen, Kai-Uwe, Ebert, Christian, Ebert, Cornelia, Jekat, Susanne, Klabunde, Ralf, Langer, Hagen (Hrsg.): Computerlinguistik und Sprachtechnologie. 3. überarbeitete und erweiterte Auflage. Heidelberg: Spektrum, S. 616–623.

Nothdurft, Werner (1994a): Herstellung der Beratungssituation. In: Nothdurft, Werner, Reitemeier, Ulrich, Schröder, Peter (Hrsg.): Beratungsgespräche. Analyse asymmetrischer Dialoge. Tübingen: Gunter Narr, S. 19–87.

Nothdurft, Werner (1994b): Kompetenz und Vertrauen in Beratungsgesprächen. In: Nothdurft, Werner, Reitemeier, Ulrich, Schröder, Peter (Hrsg.): Beratungsgespräche. Analyse asymmetrischer Dialoge. Tübingen: Gunter Narr, S. 183–228.

Oberlindober, Hannes (2001): Die globale Warteschleife. Call-Center: Kunden und Beschäftigte in der Servicefalle. Eine Polemik. Hamburg: discorsi.

Oevermann, Ulrich (1986): Kontroversen über sinnverstehende Soziologie. Einige wiederkehrende Probleme und Missverständnisse in der Rezeption der ‚objektiven Hermeneutik'. In: Aufenanger, Stefan, Lenssen, Margrit (Hrsg.): Handlung und Sinnstruktur. Bedeutung und Anwendung der objektiven Hermeneutik. München: Kindt, S. 19–83.

Ogawa, Atsunori, Nakamura, Atsushi (2012): Joint Estimation of Confidence and Error Causes in Speech Recognition. In: Speech Communication 54/9, S. 1014–1028.

Ogden, William C., Bernick, Philipp (1997): Using Natural Language Interfaces. In: Helander, Martin G., Landauer, Thomas K., Prabhu, Prasad V. (Hrsg.): Handbook of Human-Computer Interaction. Second, completely revised Edition. Amsterdam: Elsevier Science B.V., S. 137–161.

Oviatt, Sharon (1995): Predicting Spoken Disfluencies During Human-Computer Interaction. In: Computer Speech and Language 9, S. 19–35.

Oviatt, Sharon, Levow, Gina-Anne, Moreton, Elliott, MacEachern, Margaret (1998): Modeling Global and Focal Hyperarticulation during Human Computer Error Resolution. In: Journal of the Acoustical Society of America/104, S. 3080–3098.

Pfammatter, René (2004): Das Bemühen der Produzenten: Wie testet man die Usability einer Website? In: Kleinberger Günther, Ulla, Wagner, Franc (Hrsg.): Neue Medien – Neue Kompetenzen? Texte produzieren und rezipieren im Zeitalter digitaler Medien. Frankfurt a. M.: Peter Lang, S. 109–126.

Pfänder, Stefan, Wagner, Jörg (2009): Warum wir sprechen, wenn wir klicken. Die Mensch-Maschine-Interaktion als zukunftsweisendes Thema für sprach- und medienwissenschaftliche Module in germanistischen und romanistischen Studiengängen. In: Kailuweit, Rolf, Pfänder, Stefan (Hrsg.): Franko-Media: Aufriss einer französischen Sprach- und Medienwissenschaft. Berlin: BWV, S. 89–98.

Pickering, Martin J., Garrod, Simon (2004): Toward a Mechanistic Psychology of Dialogue. In: Behavioral and Brain Sciences 27, S. 169–226.

Pirker, Hannes, Loderer, Georg, Trost, Harald (1999): Thus Spoke the User to the Wizard. In: Proceedings of EUROSPEECH 1999.), S. 1171–1174.

Plog, Kirsten (1996): Telefonmarketing. Ziele und Methoden aus linguistischer Perspektive. Opladen: Westdeutscher Verlag GmbH.

Polzehl, Tim, Schmitt, Alexander, Metze, Florian, Wagner, Michael (2011): Anger Recognition in Speech Using Acoustic and Linguistic Cues. In: Speech Communication 53/9–10, S. 1198–1209.

Pomerantz, Anita (1984): Agreeing and Disagreeing with Assessments: Some Features of Preferred/Dispreferred Turn Shapes. In: Atkinson, J. Maxwell, Heritage, John (Hrsg.): Structures of Social Action. Studies in Conversation Analysis. Cambridge), S. 57–102.

Porzel, Robert, Baudis, Manja (2004): The Tao of Chi: Towards Effective Human-Computer Interaction. In: Proceedings of HLT-NAACL.

Preece, Jenny, Rogers, Yvonne, Sharp, Helen (2002): Interaction Design: Beyond Human-Computer Interaction. New York: John Wiley and Sons.

Rath, Rainer (2002): Gesprächsschritt und Höreraktivitäten. In: Brinker, Klaus, Antos, Gerd, Heinemann, Wolfgang, Sager, Sven F. (Hrsg.): Text- und Gesprächslinguistik: ein internationales Handbuch zeitgenössischer Forschung. Berlin: de Gruyter, S. 1213–1226.

Reeves, Byron, Nass, Clifford (1996): The Media Equation. How People Treat Computers, Television, and New Media Like Real People and Places. CSLI Publications.

Richards, M. A., Underwood, K. (1984a): How should people and computers speak to each other? In: Proceedings of Interact 84, S. 33–36.

Richards, M. A., Underwood, K. (1984b): Talking to Machines. How are People Naturally Inclined to Speak? In: Megaw, E.D. (Hrsg.): Contemporary Ergonomics. Proceedings of the Ergonomics Society's Conference 2–5 April 1984. London: Taylor & Francis, S. 62–67.

Ringger, Eric K., Allen, James F. (1996): A Fertility Model for Post Correction of Continuous Speech Recognition. In: Proceedings of International Conference on Spoken Language Processing (ICSLP) 1996, S. 897–900.

Sacks, Harvey, Schegloff, Emanuel A. (1979): Two Preferences in the Organization of Reference to Persons in Conversation and their Interaction. In: Psathas, George (Hrsg.): Everyday Language. New York: Center for the Study of Ethnomethodology and Conversation Analysis, S. 15–21.

Sacks, Harvey, Schegloff, Emanuel A., Jefferson, Gail (1974): A Simplest Systematics for the Organization of Turn-Taking for Conversation. In: Language 50/4, S. 696–735.

Schäflein-Armbruster, Robert (1994): Dialoganalyse und Verständlichkeit. In: Fritz, Gerd, Hundsnurscher, Franz (Hrsg.): Handbuch der Dialoganalyse. Tübingen: Max Niemeyer, S. 493–517.

Schegloff, Emanuel A. (1968): Sequencing in Conversational Opening. In: American Anthropologist 70, S. 1075–1095.

Schegloff, Emanuel A. (1972): Notes on a Conversational Practice: Formulating Place. In: Sudnow, David (Hrsg.): Studies in Social Interaction. New York: Free Press, S. 75–119.

Schegloff, Emanuel, A. (1972): Sequencing in Conversational Openings. In: Gumperz, John Joseph, Hymes, Dell H. (Hrsg.): Directions in Sociolinguistics: the Ethnography of Communication. New York: Holt, Rinehart and Winston, S. 346–380.

Schegloff, Emanuel, A. (1979): Identification and Recognition in Telephone Conversation Openings. In: Psathas, George (Hrsg.): Everyday Language. Studies in Ethnomethodology. New York: Irvington Publishers, Inc., S. 23–78.

Schegloff, Emanuel, A. (1996): Turn Organization: One Intersection of Grammar and Interaction. In: Ochs, Elinor, Schegloff, Emanuel A., Thompson, Sandra A. (Hrsg.): Interaction and Grammar Cambridge: Cambridge University Press, S. 52–133.

Schegloff, Emanuel A. (2007): Conveying Who You Are: The Presentation of Self, Strictly Speaking. In: Enfield, Nick J., Stivers, Tanya (Hrsg.): Person Reference in Interaction. Cambridge: Cambridge University Press, S. 123–148.

Schegloff, Emanuel A., Jefferson, Gail, Sacks, Harvey (1977): The Preference for Self-Correction in the Organization of Repair in Conversation. In: Language 53, S. 361–382.

Schegloff, Emanuel A., Sacks, Harvey (1973): Opening up Closings. In: Semiotica 8, S. 289–327.

Schmale, Günter (1988): «pour un bébé qui a de la diarrhée». Telefonische Kommunikation – technisch übertragene oder technisierte Kommunikation? In: Weingarten Rüdiger, Fiehler, Reinhard (Hrsg.): Technisierte Kommunikation. Opladen: Westdeutscher Verlag, S. 9–30.

Schmitt, Reinhold, Deppermann, Arnulf (2009): „damit sie mich verstehen": Genese, Verfahren und recipient design einer narrativen Performance. In: Buss, Mareike, Habscheid, Stephan, Jautz, Sabine, Liedtke, Frank, Schneider, Jan Georg (Hrsg.): Theatralität des sprachlichen Handelns. Eine Metaphorik zwischen Linguistik und Kulturwissenschaften. München: Wilhelm Fink, S. 79–114.

Schmitt, Reinhold, Heidtmann, Daniela (Hrsg.) (2003): Stile interaktiven Führungshandelns. In: Habscheid, Stephan, Fix, Ulla (Hrsg.): Gruppenstile. Forum Angewandte Linguistik. Band 42. Frankfurt a.M.: Peter Lang, S. 101–116.

Schneider, Wolfgang (2008): Ergonomische Gestaltung von Benutzungsschnittstellen. Kommentar zur Grundsatznorm DIN EN ISO 9241–110. Berlin, Wien, Zürich: Beuth.

Schuller, Björn, Baltiner, Anton, Steidl, Stefan, Seppi, Dino (2011): Recognising Realistic Emotions and Affect in Speech: State of the Art and Lessons Learnt from the First Challenge. In: Speech Communication 53/9–10, S. 1062–1087.

Schütz, Alfred, Luckmann, Thomas (2003): Strukturen der Lebenswelt. Konstanz: UVK.

Schwitalla, Johannes (1976): Dialogsteuerung. Vorschläge zur Untersuchung. In: Berens, Franz Josef, Jäger, Karl-Heinz, Schank, Gerd, Schwitalla, Johannes (Hrsg.): Projekt Dialogstrukturen. Ein Arbeitsbericht. (Heutiges Deutsch. Linguistische und didaktische Beiträge für den deutschen Sprachunterricht. Reihe 1: Linguistische Grundlagen. Band 12). München: Max Hueber, S. 73–104.

Schwitalla, Johannes (1996): Telefonprobleme. (Leidvolle) Erfahrungen mit einem neuen Medium. In: Zeitschrift für germanistische Linguistik. Deutsche Sprache in Gegenwart und Geschichte. (24), S. 153–174.

Selting, Margret (1996): On the Interplay of Syntax and Prosody in the Constitution of Turn-Constructional Units and Turns in Conversation. In: Pragmatics/6, 3, S. 371–389.

Selting, Margret (2000): The Construction of Units in Conversational Talk. In: Language in Society/29, S. 477–517.

Selting, Margret (2007): Beendigung(en) als interaktive Leistung. In: Hausendorf, Heiko (Hrsg.): Gespräch als Prozess. Linguistische Aspekte der Zeitlichkeit verbaler Interaktion. Tübingen: Narr, S. 307–338.

Selting, Margret, Auer, Peter, Barth-Weingarten, Dagmar, Bergmann, Jörg, Bergmann, Pia, Birkner, Karin, Couper-Kuhlen, Elizabeth, Deppermann, Arnulf, Gilles, Peter, Günthner, Susanne, Hartung, Martin, Kern, Friederike, Mertzlufft, Christine, Meyer, Christian, Morek, Miriam, Oberzaucher, Frank, Peters, Jörg, Quasthoff, Uta, Schütte, Wilfried, Stukenbrock, Anja, Uhmann, Susanne (2009): Gesprächsanalytisches Transkriptionssystem 2 (GAT 2). In: Gesprächsforschung – Online-Zeitschrift zur verbalen Interaktion/10.

Selting, Margret, Couper-Kuhlen, Elizabeth (2000): Argumente für die Entwicklung einer ‚interaktionalen Linguistik'. In: Gesprächsforschung – Online-Zeitschrift zur verbalen Interaktion/1, S. 76–95.

Seneff, Stephanie, Hurley, Ed, Lau, Raymond, Pao, Christine, Schmid, Philipp, Zue, Victor (1998): GALAXY-II: A Reference Architecture for Conversational System Development. In: Proceedings of 5th International Conference on Spoken Language Processing (ICSLP '98), S. 931–934.

Shinoda, Koichi, Watanabe, Yasushi, Iwata, Kenji, Liang, Yuan, Nakagawa, Ryuta, Furui, Sadaoki (2011): Semi-Synchronous Speech and Pen Input for Mobile User Interfaces. In: Speech Communication 53/3, S. 283–291.

Shneiderman, Ben (1982): System Message Design: Guidelines and Experimental Results. In: Badre, Albert, Shneiderman, Ben (Hrsg.): Directions in Human/Computer Interaction. Norwood, NJ, USA: Alex Publishing Corporation, S. 55–78.

Shneiderman, Ben (1997): Designing the User Interface. Reading, MA: Addison-Wesley.

Skantze, Gabriel, House, David, Edlund, Jens (2006): User Responses to Prosodic Variation in Fragmentary Grounding Utterances in Dialogue. In: Proceedings of Interspeech 2006, ICSLP, S. 2002–2005.

Soltau, Hagen, Waibel, Alex (2000): Specialized Acoustic Models for Hyperarticulated Speech. In: Proceedings of IEEE, International Conference on Acoustics, Speech and Signal Processing 3, S. 1779–1782.

Stent, Amanda J., Huffman, Marie K., Brennan, Susan E. (2008): Adapting Speaking after Evidence of Misrecognition: Local and Global Hyperarticulation. In: Speech Communication/50, S. 163–178.

Sugita, Yuko (2004): Gesprächserwartungen. Eine kontrastive Studie über die Gesprächsführung in deutschen und japanischen Telefonaten. Frankfurt a. M.: Peter Lang.

Tartter, Vivien C. (1991): Identifiability of Vowels and Speakers from Whispered Syllables. In: Perception & Psychophysics 49/4, S. 365–372.

Tartter, Vivien C. (1989): What's in a Whisper? In: Journal of the Acoustical Society of America 86/5, S. 1678–1683.

Tartter, Vivien C., Braun, David (1994): Hearing Smiles and Frowns in Normal and Whisper Registers. In: Journal of the Acoustical Society of America 96/4, S. 2101–2107.

Theissing, Florian (2001): Interaktionsarbeit und Softwaregestaltung. In: Matuschek, Ingo, Henninger, Annette, Kleemann, Frank (Hrsg.): Neue Medien im Arbeitsalltag. Empirische Befunde – Gestaltungskonzepte – Theoretische Perspektiven. Wiesbaden: Westdeutscher Verlag GmbH, S. 147–162.

Tiittula, Liisa (2001): Formen der Gesprächssteuerung. In: Brinker, Klaus, Antos, Gerd, Heinemann, Wolfgang, Sager, Sven F. (Hrsg.): Text- und Gesprächslinguistik. Ein internationales Handbuch zeitgenössischer Forschung. Berlin, New York: Walter de Gruyter, S. 1361–1374.

Toshio, Irino, Aoki, Yoshie, Kawahara, Hideki, Patterson, Roy D. (2012): Comparison of Performance with Voiced and Whispered Speech in Word Recognition and Mean-Formant-Frequency Discrimination. In: Speech Communication 54/9, S. 998–1013.

Turing, Alan (1950): Computing Machinery and Intelligence. In: Mind 59/236, S. 433–460.

Ward, Karen, Heeman, Peter A. (2000): Acknowledgements in Human Computer Interaction. In: Proceedings of the ANLP-NAACL, S. 281–287.

Ward, Nigel G., Vega, Alejandro, Baumann, Timo (2012): Prosodic and Temporal Features for Language Modeling for Dialog. In: Speech Communication 54/2, S. 161–174.

Weizenbaum, Joseph (1966): Eliza – a Computer Program for the Study of Natural Language Communication between Man and Machine. In: Communications of the Association for Computing Machinery 9, S. 36–45.

Werlen, Iwar (1984): Ritual und Sprache: zum Verhältnis von Sprechen und Handeln in Ritualen. Tübingen: Gunter Narr.

Wiencke, Wolfgang, Koke, Dorothee (1999): Call Center Praxis. Den telefonischen Kundenservice erfolgreich organisieren. Stuttgart: Schäffer-Poeschel.

Winterboer, Andi K., Tietze, Martin I., Wolters, Maria K., Moore, Johanna D. (2011): The User Model-Based Summarize and Refine Approach Improves Information Presentation in Spoken Dialog Systems. In: Computer Speech and Language 25/2, S. 175–191.

Wiren, Mats, Eklund, Robert, Engberg, Fredrik, Westermark, Johan (2007): Experiences of an In-Service Wizard-of-Oz Data Collection for the Deployment of a Call-Routing Application. In: Bridging the Gap: Academic and Industrial Research in Dialog Technology, HLT-NAACL Workshop.

Wittig, Thies (1979): Der Dialog zwischen Mensch und Maschine. In: Heindrichs, Wilfried, Rump, Gerhard Charles (Hrsg.): Dialoge. Beiträge zur Interaktions- und Diskursanalyse. Hildesheim: Gerstenberg, S. 86–98.

Womser-Hacker, Christa (1992): Experimentelle Grundlagen und statistische Auswertung von Hypothesentests zur Mensch-Computer-Interaktion. In: Krause, Jürgen, Hitzenberger, Ludwig (Hrsg.): Computer Talk. Hildesheim, Zürich, New York: Olms, S. 84–104.

Zelinka, Petr, Sigmund, Milan, Schimmel, Jiri (2012): Impact of Vocal Effort Variability on Automatic Speech Recognition. In: Speech Communication 54/6, S. 732–742.

Zhou, Zheng-Yu, Meng, Helen (2004): A Two-Level Schemata for Detecting Recognition Errors. In: Proceedings of International Conference on Spoken Language Processing (ICSLP) 2004, S. 449–452.

Zielke, Barbara (2007): Sozialer Konstruktionismus. Göttingen: Vandenhoeck & Ruprecht.

Zoeppritz, Magdalena (1985): Computer Talk. Technical Report TN 85.05, IBM Heidelberg Scientific Center.

Zoltan-Ford, Elizabeth (1991): How to Get People to Say and Type what Computers Can Understand. In: International Journal of Man-Machine Studies 34/1, S. 527–547.

Zue, Victor, Seneff, Stephanie, Glass, James R., Polifroni, Joseph, Pao, Christine, Hazen, Timothy J., Hetherington, Lee (2000): JUPITER: A Telephone-Based Conversational Interface for Weather Information. In: IEEE Transactions on Speech and Audio Processing 8/1, S. 85–96.

Sprache in Kommunikation und Medien

Herausgegeben von
Ulla Kleinberger, Martin Luginbühl & Franc Wagner

Die Reihe „Sprache in Kommunikation und Medien“ (SKM) ist ein attraktives Forum für innovative Publikationen mit dem Fokus auf Sprache in den Medien. Sie ist offen für neue und gewandelte Formen medialer Kommunikation, die aus den technischen Fortschritten resultieren.
Die Reihe vereint sowohl theoretische als auch angewandte Arbeiten aus dem Bereich der Medienlinguistik. Gleichzeitig bietet sie eine Plattform für semiotische, soziologische, psychologische sowie kommunikations- und kulturwissenschaftliche Studien, die sich mit der Sprachverwendung in Medien auseinandersetzen. Es werden Monographien sowie systematisch angelegte und thematisch zentrierte Sammel- und Tagungsbände aufgenommen. Manuskripte auf Deutsch, Englisch, Französisch und Italienisch können berücksichtigt werden.

Band 1: Ulla Kleinberger, Franc Wagner (Hrsg.)
Sprach- und Kulturkontakt in den Neuen Medien
ISBN: 978-3-0343-0327-9

Band 2: Martin Luginbühl, Daniel Perrin (Hrsg.)
Muster und Variation
Medienlinguistische Perspektiven auf Textproduktion und Text
ISBN: 978-3-0343-0593-8

Band 3: Stefan Hauser, Ulla Kleinberger & Kersten Sven Roth (Hrsg.)
Musterwandel – Sortenwandel
Aktuelle Tendenzen der diachronen Text(sorten)linguistik
ISBN: 978-3-0343-1488-6

Band 4: Martin Luginbühl
Medienkultur und Medienlinguistik
Komparative Textsortengeschichte(n) der amerikanischen „CBS Evening News“ und der Schweizer „Tagesschau“
ISBN: 978-3-0343-1333-9

Band 5: Franc Wagner, Ulla Kleinberger (Hrsg.)
Sprachbasierte Medienkompetenz von Kindern und Jugendlichen
ISBN: 978-3-0343-1489-3

Band 6: Giancarmine Bongo, Giuditta Caliendo (eds / Hrsg.)
The Language of Popularization: Theoretical and Descriptive Models
Die Sprache der Popularisierung: theoretische und deskriptive Modelle
ISBN: 978-3-0343-1374-2

Band 7: Stefan Hauser, Martin Luginbühl (Hrsg.)
Hybridisierung und Ausdifferenzierung
Kontrastive Perspektiven linguistischer Medienanalyse
ISBN: 978-3-0343-1624-8

Band 8: Evelyn Thar
„Ich habe Sie leider nicht verstanden.“ Linguistische Optimierungsprinzipien für die mündliche Mensch-Maschine-Interaktion
ISBN: 978-3-0343-1682-8

www.ingramcontent.com/pod-product-compliance
Ingram Content Group UK Ltd.
Pitfield, Milton Keynes, MK11 3LW, UK
UKHW021942290926
8980IPUK00016B/1758

9 783034 316828